中国梦的世界图式

建设和谐世界新解

和谐世界

李秋发◎著

时事出版社

图书在版编目（CIP）数据

中国梦的世界图式：建设和谐世界新解/李秋发著. —北京：时事出版社，2014. 2

ISBN 978-7-80232-688-0

Ⅰ. ①中… Ⅱ. ①李… Ⅲ. ①对外政策—研究—中国 Ⅳ. ①D820

中国版本图书馆 CIP 数据核字（2014）第 009157 号

出 版 发 行：时事出版社
地 址：北京市海淀区巨山村 375 号
邮 编：100093
发 行 热 线：（010）82546061 82546062
读者服务部：（010）61157595
传 真：（010）82546050
电 子 邮 箱：shishichubanshe@ sina. com
网 址：www. shishishe. com
印 刷：北京昌平百善印刷厂

开本：787 × 1092 1/16 印张：15 字数：202 千字
2014 年 2 月第 1 版 2014 年 2 月第 1 次印刷
定价：58. 00 元

目　　录

前言

在进入21世纪第二个10年后，经过30多年改革开放的大发展，我国社会主义现代化建设在各个领域都取得了一系列历史性的伟大成就，同时我国经济社会发展进入了转型的关键期，改革进入了攻坚期和深水区。深化改革，转变经济发展方式，避免“中等收入陷阱”，推进我国经济、政治、社会、文化、生态全面协调可持续发展，攻克社会转型期的各种结构性矛盾与障碍，促进社会结构良性运行和社会主义和谐社会建设，建设富强、民主、文明、和谐的社会主义现代化国家，成为摆在我们面前的艰巨的历史任务。从国际环境看，2008年国际金融危机加剧了国际体系演进和国际关系的深刻变化。一方面，中国国际地位及其在国际体系中的作用达到了近代以来前所未有的高度；另一方面，中国快速发展所产生的张力及其面临的阻力也达到了前所未有的程度。世界经济发展和我国的国际环境与周边安全环境出现了一系列新问题、新挑战，中国发展面临的外部压力和阻力持续增大。在这一背景下，2012年11月，我党召开了具有历史性意义的十八大，为建设中国特色社会主义，为推进中华民族伟大复兴把舵定向。以“高举中国特色社会主义伟大旗帜，以邓小平理论、‘三个代表’重要思想、科学发展观为指导，解放思想，改革开放，凝聚力量，攻坚克难，坚定不移沿着中国特色社会主义道路前进，为全面建成小康社会而奋斗”① 为主题的党的

① 胡锦涛：《坚定不移沿着中国特色社会主义道路前进，为全面建成小康社会而奋斗》，人民出版社，2012年版，第47页。

十八大，无疑为处于发展关键期的中国特色社会主义建设指明了方向，对于凝聚全党全国人民的共识和力量，攻坚克难，实现“两个一百年”的奋斗目标，具有重大的现实意义和深远的历史意义。

党的十八大开启了全面建成小康社会新的历史征程。以习近平为总书记的党中央吹响了向实现中华民族伟大复兴的中国梦进军的号角。中华民族伟大复兴的中国梦从过去中国人不懈奋斗的远景目标变成了当下的现实任务，在中国政府议事日程上进入了倒计时阶段。中国道路为实现中国梦扬帆领航，中国精神为实现中国梦凝心聚力，中国力量为实现中国梦提供支撑。今天的中国已经全方位地深度地融入了世界，中国的发展与世界的发展高度互动。中国的前途命运与世界的前途命运紧密相连。习近平强调：“我们要实现的中国梦不仅造福中国人民，而且造福各国人民。”[①] 在向中国梦迈进的新的历史征程中，中国人民也努力地塑造着自己的“世界梦”。党的十八大报告强调指出：“中国始终高举和平、发展、合作的旗帜，致力于推动建设持久和平、共同繁荣的和谐世界。”[②] “中国人民热爱和平、渴望发展，愿同各国人民一道为人类和平与发展的崇高事业而不懈努力。”[③] 推动建设持久和平、共同繁荣的和谐世界就是中国人的“世界梦”，或中国梦的世界版。和平、发展、合作、共赢构成了中国梦世界图式的核心要素。习近平指出：“中国梦要实现民族复兴、国家富强、人民幸福，是和平、发展、合作、共赢之梦，与包括美国梦在内的世界各国人民的美好梦想相通。”[④]

这是追求世界持久和平之梦。战争与和平问题与人类社会发展相伴随，历来是世界性的战略问题。和平是人类社会发展的前提，是人类永恒的追求。如何维护世界和平，不同的国家和人们给予了

---

① 习近平：《顺应时代前进潮流，促进世界和平发展——在莫斯科国际关系学院的演讲》，《人民日报》，2013 年 3 月 24 日。

② 胡锦涛：《坚定不移沿着中国特色社会主义道路前进，为全面建成小康社会而奋斗》，第 1 页。

③ 同上书，第 49 页。

④ 习近平：《中国梦与美国梦相通》，《文汇报》2013 年 6 月 9 日。

各式各样的不同的方式选择，提出了多种多样的和平观和政策主张。有的国家秉持霸权政治思维，谋求霸权治理下的有限和平；有的国家崇尚多极制衡，谋求均势状态下的消极和平；有的学者主张通过国家的国际社会化，达成国际社会的同质化，以实现所谓“民主和平”，或世界共同体下的永久和平；有的学者主张通过区域性安全共同体建设，达成局部性永久和平状态等等。

中国既不赞成以权力政治为基础的单极或多极制衡下的和平观，又认为国际社会同质化条件下的共同体和平不可能实现。中华民族具有深厚的和平主义传统与“和合”主义精神，始终秉持以和为贵的价值追求。自古以来，在处理国家间关系上力主善其身，兼天下，协和万邦，崇尚王道，摈弃霸道，推崇“和而不同，和实生物”的理念，强调天下万事万物共处一体，在中道基础上各安其位，共存共荣，和谐相处。当今的中国既传承了中华民族这一“和合”文化的精髓，又把马克思主义强调的社会主义外交的首要原则就是维护和平这一思想融入了自己的外交理念之中，把维护世界和平作为中国特色社会主义的本质要求，始终不渝地坚持走和平发展道路，积极倡导新安全观，强调在尊重世界多样性基础上谋求区域性和世界的共同安全与持久和平。改革开放以来，中国政府根据时代发展变化，先后提出了和平与发展的时代主题观、新安全观、新文明观、新型大国关系、新国际秩序观等一系列国际战略新理念，构成了中国的世界和平观。中国主张尊重世界多样性，主张国与国之间应通过政治上相互尊重、平等协商，共同推进国际关系民主化，在国际关系中弘扬民主、和睦、协作、共赢精神；在安全上相互信任、加强合作，坚持用和平方式而不是战争手段解决国际争端，共同维护世界和平稳定。这是一种以尊重世界多样性为基础，以协商民主为基本原则，以综合安全、合作安全、共同安全和集体安全为要旨的和平观，具有鲜明的中国特色。

当今世界，经济全球化深入发展导致各国相互依存不断增强、国家间共同利益和人类共同利益不断增长，国际权力不断流散，消解霸权的力量不断增强，国际体系结构朝着多体、多元、多层次、复合化方向发展，且属性日益多样化。同时，伴随着主权国家全球性拓展、世界多极化深入发展，文化多样化不断增强，世界各国的主体性不断增强。这就要求世界各国既要注重人类社会整体的发展，关注国家共同利益和人类共同利益，又要充分尊重各国的主体性地位，尊重世界多样性。因此，以协商民主为基础、以促进国际关系民主化为目标、以拓展国际社会共同安全与集体安全为指向的国际和平观，适应了世界整体性与主体多元性发展的时代潮流的需要，具有深厚的时代基础。

这是追求世界共同发展之梦。发展是人类永恒的主题。马克思主义认为，生产力的发展是一切社会发展的根本动因。随着资本主义生产方式的确立和发展，人类历史从国别、地区的历史逐步进入了“世界历史”的新阶段。一个国家的发展不再是单纯的国内问题，而是被纳入了“世界历史”的体系之中。一个国家的国际发展战略成为该国发展战略的重要组成部分。不同的国家基于其历史文化、经济结构和国际地位等因素的影响，有着不同的发展理念和政策选择。以欧美为代表的先发现代化国家凭借其强大的经济、军事、科技和文化实力，采取了武力扩张、殖民掠夺等方式，运用马克思所说的“血与火”的手段，强行把亚非拉国家纳入资本主义体系之中，完成了自身的现代化过程，同时也缔造了一个资本主义主导的不平等、不均衡发展的世界。第二次世界大战后，伴随着亚非拉殖民地国家的独立，世界体系出现了主权国家全球拓展的新局面。发展中国家获得民族独立后，其首要任务就是发展民族经济，改变世界经济发展不平衡的局面，为此先后提出了依附性发展、自主式发展等各种发展理念和政策主张。苏联东欧国家由于经济政治体制自我封闭，脱离世界经济体系，弊端丛生，结果在进行激进变革中走向解体和剧变。

在总结世界各国正反两方面发展经验的基础上，结合自身国家发展战略的需要与国情，中国提出了自己的国际发展战略。从邓小平提出中国的发展离不开世界，到党的十八大提出牢固树立人类命运共同体意识，实现合作共赢的发展；从20世纪80年代初的制度性对外开放，到2006年我党正式提出互利共赢开放战略；从加入世界贸易组织，到和平发展战略的实行。无论是针对南北关系提出的共同发展要求，还是针对经济全球化浪潮提出的普惠、均衡、共同发展的政策主张，共同发展始终是我国国际发展战略的核心目标和要求。和平发展战略所蕴含的顺应经济全球化趋势发展需要，努力促进开放式发展、合作式发展、共同发展、互利共赢发展、以自身的发展促进世界共同发展，不把自己的发展建立在损害他国和世界经济发展之上等发展理念，充分反映了我国国际发展战略的精髓。至于国内发展模式，我们则始终坚持尊重各国自主选择社会制度和发展模式的权利，走各国自主式发展道路。

经济全球化是当今时代发展潮流之一，也是当今国际社会经济基础领域最为深刻的变化。社会生产力和科技发展必然导致各国生产和社会再生产的国际化和全球化，经济全球化是社会生产力发展到一定历史阶段的必然产物，具有自然属性。同时，一定的经济全球化往往受到参与者的社会性质的影响，具有一定的社会属性。看不到其自然属性，就会把经济全球化简单地等同于资本主义化或西方化、美国化；看不到其社会属性，就不能有效应对经济全球化的发展。20世纪80年代以来，伴随着信息技术的大发展，人类历史上出现了深度和广度前所未有的新一轮经济全球化发展浪潮，且呈现出多元力量自主参与经济全球化的现象，导致经济全球化与世界多极化并存发展态势不断加强。经济全球化的发展一方面加强了各国之间的相互依存和共同利益，另一方面加剧了世界经济发展的不平衡性，使世界可持续发展面临严峻挑战，并对各国与世界的和平稳定带来了深刻的影响。如何促进世界经济健康全面协调可持续发展，成为国际社会面临的战略性问题。共同发展思想不仅着眼于现存世界经济体系的结构性特征和矛盾，融入和借助经济全球化的发展求得自身的发展，规避资本主义对世界经济垄断带来的弊端，而且又致力于推进国际经济结构和经济秩序朝着合理化、公正化、均等化方向转变，推动世界各国经济朝着均衡和共同繁荣的方向发展，充分彰显了经济全球化时代互利共赢的新思维，顺应了时代发展的新要求。

这是以合作共赢促世界和谐之梦。数千年来，中外贤哲一直倡导人类社会的和谐。从中国古代的大同思想，到古希腊的世界主义理想，从欧洲空想社会主义的和谐社会思想，到当代全球主义者追求的世界一体化，追求世界和谐始终贯穿于人类历史演进过程。现代世界文明发展向人类昭示，走向和谐是世界历史发展的大趋势，也是人类社会的共同愿望。马克思主义的科学社会主义与共产主义思想蕴含着世界和谐的丰富内涵。我党提出的推动建设和谐世界主张，立足当今世界现实，以马克思主义方法论为指导，揭示了世界走向和谐的科学之路，这就是通过建立以合作共赢为核心的新型国际关系，加强国际社会平等互利合作，让世界变得更加和谐。

随着人类社会的发展，特别是在新一轮经济全球化发展的推动下，国际合作正从国际冲突的附属品转变为国际关系运行的重要形态之一。不同的学派基于其价值观念、文化传统等因素影响，往往对国际体系结构给予不同的解读，并因此推导出不同的国际政策主张与国际合作观。综观西方国际政治学主流学派理论，不难发现，现实主义（包括古典现实主义和结构现实主义）把国际社会的无政府状态看成一个竞争完全无序的结构，强调无政府状态意味着竞争与冲突。在这一体系中，主权国家唯一的生存方式就是自助，即通过不断扩大自己的权力，确保自己的安全和利益，冲突与战争因而成为国际关系的主要形态，合作则是权力竞争与扩张的附属品。古典现实主义明确提出国际政治就是争取权力和财富斗争；结构现实主义则认为，大国权力结构构成国际体系的核心，权力制衡是和平的基本保障；进攻性现实主义则强调大国必霸。在现实主义看来，国际合作仅仅是为了扩大国家权力，或加强权力制衡不得已而为之的行为。军事结盟成为这一合作形态的主要表现形式。西方自由主义（包括新自由主义）则认为，无政府状态的国际社会不仅存在冲突，也存在合作。基于国际组织和国际制度自身所具有的一系列独特功能，通过建立国际组织、加强国际制度建设，可以有效促进国际合作，避免国际冲突与战争。特别是新自由制度主义学者认为，全球化和跨国关系的发展导致国家间出现了复合相互依存，既改变了国家权力生成和运行的方式，又促使国际体系结构发生深刻变化，导致国际制度成为影响国际体系变化的重要变量，主张通过加强国际制度建设促进国际合作。自由主义对国际合作的见解，无疑扩展了人们对国际体系及国际关系运行方式的认识，但国际制度仅仅是影响国际合作的一个重要因素，而不是唯一的因素。新自由制度主义在制度生成和制度的价值取向上，带有浓厚的西方中心主义色彩。20 世纪 80 年代后期兴起的建构主义，一方面解构了现实主义有关无政府状态的既定学说，另一方面开创了从文化和观念角度认识国际关系的新视角。建构主义认为权力、利益等现实主义和自由主义学派的核心概念都是物质主义的，实际上，无政府状态是由国家建构的，权力和利益等都是观念建构的产物。国际体系结构实际上是一种观念结构，随着人们社会交往的增加，必然导致集体认同增强，推动国际体系结构逐步从霍布斯文化结构（敌对关系）向洛克文化结构（竞争关系）转变，最后走向康德文化结构（朋友关系）。国际合作将随着这种集体认同的加强而不断增加。建构主义尽管揭示了互信与认同对于国际合作的重要性，但其把观念作为国际体系建构的核心要素、对集体认同生成原因的认识等，带有浓厚的唯心主义色彩，显然难以服众。某种程度上看，当今国际关系实际上是三种文化结构同时并存，并不存在三者循序递进的发展逻辑。英国国际社会学派主张通过国家的国际社会化发展，形成具有共同价值观和共同制度与法律规范的国际社会共同体，以此促进国际合作，这实际上是一种欧洲中心论思想的反映，其目的是谋求世界的西方化或同质化。

我党运用马克思主义唯物史观，把“和合”文化传统与马克思主义唯物主义方法论及当今时代发展特征相结合，提出了自己的国际合作观，积极倡导以合作共赢为核心的新型国际关系。习近平指出：“面对国际形势的深刻变化和世界各国同舟共济的客观要求，各国应该共同推动建立以合作共赢为核心的新型国际关系，各国人民应该一起来维护世界和平、促进共同发展。”① 唯物主义认为，作为社会关系的国际体系，与生产力的发展有着密切的关系。生产力的发展必然引起各国社会生产和再生产的社会化和国际化，从而产生国际分工和世界性的交往与联系。国际关系同样是生产力发展的产物，建立在国际分工基础之上。国际体系结构变化则是国际社会分工的必然产物。因此，国际社会的无政府状态不是天生的、必然的，而是随着社会生产力的发展和国际分工的深化而不断发生变化。国际分工与国际交往的加强带来国际合作的需要。国际分工是国际合作产生的必要条件，有国际分工就必然有国际合作，国际分工越深化，国际合作就越增强。20 世纪 80 年代以来，经济全球化深入发展，导致全球合作向多层次全方位拓展，不仅合作的领域扩展，而且合作的水平都在扩大。国际合作已经从权力竞争的附属品上升为当今国际关系的重要形态之一，以合作谋和平、以合作求发展成为世界性的潮流。基于当今世界多样性与多极化发展的客观现实，我国主张各国应该在相互尊重、平等互利基础上，适应国际分工发展带来的国家间共同利益和人类共同利益不断增加的需要，通过增进互信促进国际合作。以合作维护国家间的共同安全和世界和平，以合作促进世界的共同发展，以合作促进世界和谐。建立以合作共赢为核心的新型国际关系无疑具有深厚的时代基础，对世界的和平与发展有着重大的现实意义和深远的历史意义。

环顾当今国际形势，要把中国梦的世界图式从理想变为现实，我们面临着前所未有的机遇，也面临着前所未有的挑战。2008 年爆发的国际金融危机引发了国际体系与国际形势的深刻变革，国际体系进入加速演变和深度调整时期。和平与发展仍然是时代主题。一方面，国际金融危机加剧了国际力量对比的变化，新兴国家和发展

① 习近平：《顺应时代前进潮流，促进世界和平发展——在莫斯科国际关系学院的演讲》，《人民日报》2013 年 3 月 24 日。

中国家整体实力增强，世界多极化进一步凸显，南北关系孕育着重大变化；经济全球化深入发展，科技革命孕育新突破，必将进一步促进世界生产力的发展以及世界经济联系与国际合作的加强，使全球合作进一步向多层次、全方位拓展；伴随着新兴市场国家实力的增强和文化多样性、社会信息化持续推进，世界多样性与世界发展的均衡化必将不断加强；国际力量对比朝着有利于维护世界和平的方向发展，保持国际形势总体稳定具备更多有利条件。另一方面，世界仍然很不安宁。国际金融危机影响深远，世界经济增长不稳定、不确定因素增多，全球发展不平衡加剧，霸权主义、强权政治和新干涉主义有所上升，局部动荡频繁发生，粮食安全、能源资源安全、网络安全等全球性问题更加突出，国际社会迫切需要加强国际合作，应对全球性问题的挑战。就中国自身而言，一方面，国际金融危机加速了中国国际地位的提升，使中国在世界经济中的地位和作用达到了近代以来前所未有的高度，使我们比历史上任何时期都更加接近中国梦的目标；另一方面，随着追逐中国梦脚步的加快，中国与世界的互动将进一步加强，对世界产生的张力越来越大，中国发展与外部之间的利益摩擦和矛盾也在增加，外部阻力将越来越大。正如习近平总书记所说的："随着我国国家利益快速向海外扩展延伸，我国安全和发展同外部世界更加紧密地联系在一起，国际和地区局势动荡、恐怖主义、海盗活动、重大自然灾害等都有可能对我国安全构成威胁，国际市场、海外能源资源和战略通道安全以及海外机构、人员和资产安全等海外利益安全问题凸显。世界急剧变化增大了我国安全的不稳定性不确定性，我国安全和发展的国际环境更加复杂。""中华民族伟大复兴绝不是轻轻松松、顺顺当当就能实现的，我们越发展壮大，遇到的阻力和压力就会越大，面临的外部风险就会越多。"[①] 和平、发展、合作、共赢既是当今时代发展的主潮流，

① 习近平：《习近平在全国人大解放军代表团会议上的讲话》，《解放军报》2013 年 3 月 12 日。

义是中国梦世界图式的核心要素。我们必须顺势而为，秉着以合作求和平、以合作促发展的思路，大力推进以合作共赢为核心的新型国际关系发展，全面把握机遇，沉着应对挑战，赢得主动，赢得未来，确保到2020年全面建成小康社会，确保到2050年基本实现社会主义现代化，完成“两个一百年”的奋斗目标，为推动建设和谐世界提供更大的正能量。

第一章　推动建设和谐世界的内涵与价值

党的十八大报告强调指出："人类只有一个地球，各国共处一个世界。历史昭示我们，弱肉强食不是人类共存之道，穷兵黩武无法带来美好世界。要和平不要战争，要发展不要贫穷，要合作不要对抗，推动建设持久和平、共同繁荣的和谐世界，是各国人民共同愿望。"[①] "中国将继续高举和平、发展、合作、共赢的旗帜，坚定不移致力于维护世界和平、促进世界共同发展。"[②] 推动建设和谐世界，既是我党外交战略思想传承发展的结果，又是应时代发展潮流的必然选择，不仅具有丰富深邃的科学内涵，而且对中国和世界的未来走向，具有重大的现实意义和深远的历史意义。

一、推动建设和谐世界的提出

党的十六大后，以胡锦涛为总书记的党中央开始逐步探索并形成了科学发展观的重大战略思想，并以此作为我国社会主义现代化建设的总体指导思想。在这一战略思想的指导下，我国社会各个领域的建设开始全面调整、转型，寻求创新发展。走和平发展

① 胡锦涛：《坚定不移沿着中国特色社会主义道路前进，为全面建成小康社会而奋斗》，第46页。

② 同上书，第47页。

道路，推动建设持久和平、共同繁荣的和谐世界，是在外交领域贯彻落实科学发展观实践探索的结果，成为科学发展观的重要组成部分。

（一）建设和谐世界理念首次公诸世界

进入21世纪之际，经过改革开放20多年的发展，中国对外开放在深度和广度上不断加强，中国与世界的关系发生了历史性变化。中国的前途命运与世界的前途命运紧密相连。为了统筹国内发展与对外开放，应对国际社会形形色色的“中国威胁论”，2002年底，我党提出了“和平崛起”的战略思想，并于2004年3月后调整为和平发展道路。中国要走和平发展道路必须有相应的国际环境作保障。没有和平稳定的国际环境，在一个弱肉强食的强权世界里，中国想独善其身，而不兼天下，自己走和平发展道路，是不可能的。没有世界的和谐，和平发展道路只能是中国的一厢情愿。和平发展道路与建设和谐世界是一个硬币的两面，两者相辅相成。正如胡锦涛所指出的：“建设和谐世界是和平发展道路的必然要求和努力目标，也是和平发展道路的重要条件。”[①] 因此，和平发展道路思想的形成是促成推动建设和谐世界战略思想的重要动因。2003年5月28日，胡锦涛在访问俄罗斯期间，在莫斯科国际关系学院发表的演讲中指出，“为着实现持久和平和共同繁荣”，国际社会要通力合作，不懈努力，建设和谐世界。这是胡锦涛首次向世界提出建设和谐世界的战略主张。[②]

构建社会主义和谐社会战略任务的提出直接推动了建设和谐世界战略思想的产生。2005年2月19日，胡锦涛在中共中央党校省部级主要领导干部提高构建社会主义和谐社会能力专题研讨班上发表

---

① 胡锦涛：《胡锦涛在中央外事工作会议上的讲话》，《人民日报》2006年8月24日。

② 赵进军主编：《和平·和谐·合作——中国外交十年历程》，世界知识出版社，2012年版，第14页。

重要讲话，系统阐述了构建社会主义和谐社会的重大战略思想，明确指出，构建社会主义和谐社会是我们党从全面建设小康社会、开创中国特色社会主义事业新局面的全局高度提出的一项重大战略举措，是我国抓住和用好战略机遇期、落实科学发展观的必然要求，是巩固党执政的社会基础、实现党执政的历史任务的必然要求。推动建设和谐世界是构建社会主义和谐社会在国际上的自然延伸和要求。从2005年开始，我党逐步向国际社会系统阐述推动建设和谐世界的战略思想。2005年4月22日，为纪念万隆会议召开五十周年，亚非一些国家领导人在印度尼西亚雅加达举行了亚非峰会。胡锦涛在会上发表了《与时俱进，继往开来，构筑亚非新型战略伙伴关系》的重要讲话，从尊重世界文明多样性角度，提出了推动建设和谐世界的思想。他指出："构筑长期稳定、内涵丰富、与时俱进的亚非新型战略伙伴关系，是我们共同关心的重大问题……文化上，我们亚非国家要成为相互借鉴、取长补短的合作伙伴。要发扬亚非会议求同存异的优良传统，倡导开放包容精神，尊重文明、宗教、价值观的多样性，尊重各国选择社会制度和发展模式的自主权，推动不同文明友好相处、平等对话、发展繁荣，共同构建一个和谐世界。"① 为了提升亚非国家合作水平，胡锦涛审时度势，倡导将构筑亚非战略伙伴关系落脚于推动建设和谐世界之上，立意高远，丰富和提高了南南合作的层次和内容，受到了与会各国领导人的高度赞扬。从此，建设和谐世界理念从雅加达传向了全世界。

（二）建设和谐世界理念首次成为国家间共识

2005年7月1日，胡锦涛在访问俄罗斯期间与俄罗斯领导人共

① 胡锦涛：《与时俱进，继往开来，构筑亚非新型战略伙伴关系》，《人民日报》2005年4月23日。

同发表了《中俄关于21世纪国际秩序的联合声明》，明确指出，建立合理和公正的21世纪国际秩序是一个不断寻求各方都可接受的立场和决定的过程。只有在国际社会所有成员都赞同其宗旨和准则的情况下，国际秩序才真正具有普遍性。为此，中俄两国决心与其他有关国家共同努力，建设发展与和谐的世界，成为安全的世界体系中重要的建设性力量。这一宣示表明，中俄两国已经把“建设发展与和谐的世界”作为推动建立国际新秩序的重要任务。这是建设和谐世界理念第一次被确认为国与国之间的共识，标志着建设和谐世界理念步入了国际关系规则之列。

（三）推动建设和谐世界思想的系统阐述

2005年9月中旬，在纽约举行了联合国成立六十周年纪念大会。9月15日，在第二次首脑会议上，胡锦涛发表了题为《努力建设持久和平、共同繁荣的和谐世界》的重要讲话，第一次向全世界系统而全面地阐述了推动建设和谐世界战略思想的深刻内涵，发出了推动建设和谐世界的战略倡议。他指出：“我们应该尊重各国自主选择社会制度和发展道路的权利，相互借鉴而不是刻意排斥，取长补短而不是定于一尊，推动各国根据本国国情实现振兴和发展；应该加强不同文明的对话和交流，在竞争中取长补短，在求同存异中共同发展，努力消除相互疑虑和隔阂，使人类更加和睦，让世界更加丰富多彩；应该以平等开放的精神，维护文明的多样性，促进国际关系民主化，协力构建各种文明兼容并蓄的和谐世界。”① 此后，胡锦涛、温家宝等中央领导同志在不同场合多次阐述推动建设和谐世界的重大战略思想，进一步丰富和发展了其内涵，使其内涵从文化层面逐步扩展到安全、政治、经济等其他领域，描绘了对未来国际秩序和人类社会发展的美好愿景。2005年12月22日，国务院新闻办

---

① 胡锦涛：《努力建设持久和平、共同繁荣的和谐世界》，《人民日报》2005年9月16日。

公室发表了第一份《中国的和平发展道路》白皮书，系统地阐述了推动建设和谐世界的基本内涵，该白皮书指出："人类只有地球这一个家园，建设持久和平、共同繁荣的和谐世界，是世界各国人民的共同心愿，是中国走和平发展道路的崇高目标。"① 该白皮书系统阐述了推动建设和谐世界的原则要求，认为和谐世界应该是民主的世界、和睦的世界、公正的世界、包容的世界，强调通过坚持民主平等，实现协调合作；坚持和睦互信，实现共同安全；坚持公正互利，实现共同发展；坚持包容开放，实现文明对话等基本原则，推动建设和谐世界。

（四）推动建设和谐世界成为中国外交战略任务

2006年8月底，中共中央召开了外事工作会议。会议决定把推动建设和谐世界作为新世纪新阶段中国外交工作的重要目标和任务。胡锦涛在讲话中指出："推动建设和谐世界，是我们坚持走和平发展道路的必然要求，也是我们实现和平发展的重要条件。要致力于同各国相互尊重、扩大共识、和睦相处，尊重各国人民自主选择社会制度和发展道路的权利，坚持各国平等参与国际事务，促进国际关系民主化；致力于同各国深化合作、共同发展、互利共赢，推动共享经济全球化和科技进步的成果，促进世界的普遍繁荣；致力于促进不同文明加强交流、增进了解、相互促进，倡导多样性，推动人类文明发展进步；致力于同各国加深互信、加强对话、增强合作，共同应对人类面临的各种全球性问题，促进和平解决国际争端，维护世界和地区安全稳定。"② 同年10月11日，党的十六届六中全会通过的《中共中央关于构建社会主义和谐社会若干重大问题的决定》，明确地把坚持走和平发展道路，推动建设和谐世界，营造良好

① 国务院新闻办公室：《〈中国和平发展道路〉白皮书》，《人民日报》2005年12月23日。
② 胡锦涛：《胡锦涛总书记在中央外事工作会议上的讲话》，《人民日报》2006年8月24日。

外部环境，作为构建社会主义和谐社会的重要战略路径之一，要求“按照和平共处五项原则和其他公认的国际关系准则同世界各国发展友好关系，推动建设持久和平、共同繁荣的和谐世界”。[①] 2007 年 10 月，在党的十七大上，胡锦涛在报告中对推动建设和谐世界进行了新的阐发，指出：“共同分享发展机遇，共同应对各种挑战，推进人类和平与发展的崇高事业，事关各国人民的根本利益，也是各国人民的共同心愿。我们主张，各国人民携手努力，推动建设持久和平、共同体繁荣的和谐世界。”[②] 他还系统阐述了推动建设和谐世界应该遵循的基本原则，以及在政治、经济、安全、文化和生态五个方面的原则要求。至此，推动建设和谐世界不仅成为中国外交的重大战略任务，而且成为全党和全国人民的奋斗目标和中国的国家意志，成为中国的“世界梦”。

党的十八大报告对推动建设和谐世界作了进一步丰富发展，指出：“人类只有一个地球，各国共处一个世界。历史昭示我们，弱肉强食不是人类生存之道，穷兵黩武无法带来美好世界。要和平不要战争，要发展不要贫穷，要合作不要对抗，推动建设持久和平、共同繁荣的和谐世界，是各国人民共同愿望。”[③] 报告强调，“我们主张，在国际关系中弘扬平等互信、包容互鉴、合作共赢的精神，共同维护国际公平正义”，并对这一精神要求作了具体阐述。报告明确提出：“中国将继续高举和平、发展、合作、共赢的旗帜，坚定不移致力于维护世界和平、促进世界共同发展。”[④]

---

① 中共中央文献研究室编：《深入学习实践科学发展观活动领导干部学习文件选编》，中央文献出版社，党建读物出版社，2008 年版，第 253 页。

② 胡锦涛：《高举中国特色社会主义伟大旗帜，为夺取全面建设小康社会新胜利而奋斗》，人民出版社，2007 年版，第 49 页。

③ 胡锦涛：《坚定不移沿着中国特色社会主义道路前进，为全面建成小康社会而奋斗》，第 46—47 页。

④ 胡锦涛：《坚定不移沿着中国特色社会主义道路前进，为全面建成小康社会而奋斗》，第 47 页。

二、推动建设和谐世界战略思想的主要内涵

推动建设持久和平、共同繁荣的和谐世界，是我党国际战略思想传承与发展的结果，是我党把马克思主义与中国实际、时代特征相结合而提出的创新性的国际战略思想，是中国特色社会主义道路的重要内容，具有深厚的时代基础和丰富的科学内涵。绝不像一些国外学者所说的，这一战略主张仅仅是中国争取国际舆论支持、改善国际形象的说辞，更不像一些人所说的，建设和谐世界是遥不可及的“乌托邦”。尽管人们对其内涵的解读存在多种不同看法，但以下几点是把握这一战略思想的关键所在。

（一）建立以协商民主为基础的国际秩序

推动建设和谐世界战略思想首先是一种国际秩序观。国际秩序是国际关系运行的机制和方式，反映一个国家对世界的基本认识和期望，对国家的国际行为和外交战略具有重要指导作用。当今世界存在各种各样不同的国际秩序观。有霸权主导下的国际秩序观，有多极制衡的国际秩序观，有欧洲部分国家倡导的以国际法和国际制度为基础、通过实行国家的同质化达成国际社会共同体的国际秩序观，有发展中国家倡导的以自主、平等、均衡和公平为要旨的国际秩序观。作为一种国际秩序观，推动建设和谐世界主张对国际社会政治、经济、文化、安全、生态等各个领域的运行机制和规则提出了具体的原则要求。它强调政治上应相互尊重，共同协商；经济上相互促进，共同发展；文化上相互借鉴，共同繁荣；安全上相互信任，共同维护，树立互信、互利、平等协作的新安全观；环保上相互帮助，协力推进，共同呵护人类赖以生存的地球家园。党的十八

大报告特别强调，在国际关系中弘扬平等互信、包容互鉴、合作共赢的精神，共同维护国际公平正义。“平等互信，就是要尊重联合国宪章宗旨和原则，坚持国家不分大小强弱、贫富一律平等，推动国际关系民主化，尊重主权，共享安全，维护世界和平稳定。包容互鉴，就是要尊重世界文明多样性、发展道路多样化，尊重和维护各国人民自主选择社会制度和发展道路的权利，相互借鉴，取长补短，推动人类文明进步。合作共赢，就是要倡导人类命运共同体意识，在追求本国利益时兼顾他国合理关切，在谋求本国发展中促进各国共同发展，建立更加平等均衡的新型全球发展伙伴关系，同舟共济，权责共担，增进人类共同利益。”① 由此不难看出，推动建设和谐世界主张谋求建构的是在尊重世界多样性基础上，依照和平共处五项原则和国际法基本准则，以合作共赢为主旨，平等协商处理国际事务和全球问题，协调各国间的利益关系矛盾，不断促进国际社会和谐的国际秩序观。和谐世界是平等的世界、和睦的世界、合作的世界、共同发展的世界。这是一种多元多体、平等协商的国际秩序，或者可以称为以协商民主为基础的国际秩序观。这种协商民主秩序观既关注人类共同利益，又维护各国的国家利益，主张把中国人民的根本利益与世界人民根本利益相结合，作为处理国际事务的出发点和落脚点；注重各国对国际事务的平等参与和共同治理，倡导国际关系民主化，注重国际社会公平正义；它所包含的新安全观、新发展观、新文明观等，既不同于以权力政治为基础的霸权主导或多极制衡的国际秩序观，又不同于欧洲倡导的以国际社会同质化为基础的国际秩序观，充分反映了我国传统的和而不同、和实生物的世界主义哲学思想与我国当下政治体系中典型的协商民主的政治特性。既强调尊重世界各国的主体性，又注重多元一体；既促进国际社会的民主与平等，又倡导合作共赢。这种以协商民主为基础的国际秩序观，符

① 胡锦涛：《坚定不移沿着中国特色社会主义道路前进，为全面建成小康社会而奋斗》，第47页。

合当下以主权国家全球性拓展与国家间相互依存不断加强为主要特征的国际体系结构转型的现实需要，符合霸权消解与世界多极化进程不断发展的时代要求，有利于维护世界和平，促进共同发展。

（二）以追求持久和平与共同繁荣为核心目标

任何一种社会秩序都反映着社会主体的价值追求。推动建设和谐世界谋求建立的国际新秩序，其核心价值和目标在于维护世界的持久和平，促进世界的共同发展繁荣。和平与发展是当今世界两大主题，也是两个还没有解决的全球性战略问题。胡锦涛指出："世界和平与发展这两大问题还没有得到根本解决。因种种原因导致的局部战争和冲突时起时伏，地区热点问题错综复杂，南北差距进一步拉大，许多国家人民的基本生存甚至生命安全得不到保障，国际恐怖势力、民族分裂势力、极端宗教势力在一些地区还相当活跃，环境污染、毒品走私、跨国犯罪、严重传染性疾病等跨国问题日益突出。人类实现普遍和平、共同发展的理想任重道远。"① 推动建设和谐世界顺应时代潮流，立足于解决困扰当今世界和平与发展的重大战略问题，把追求世界的持久和平和共同繁荣作为战略目标，抓住了当今世界的核心问题和主要矛盾，反映了世界人民的共同愿望和价值诉求。

和平是人类发展的基本前提和保障，是人类永恒的追求。基于对国际体系结构的不同认识和各国战略理念的差异，世界存在多种不同的和平观。有霸权主导下的有限和平观，有多极制衡条件下的均势和平论，有安全共同体论，有制度和平论、民主和平论、贸易和平论等等，不一而足。我党历来倡导在和平共处五项原则和其他公认的国际关系准则的基础上，通过民主协商与合作，达成世界的持久和平。推动建设和谐世界强调，坚持平等互信，遵循联合国宪

① 胡锦涛：《努力建设持久和平、共同繁荣的和谐世界》，《人民日报》2005年9月16日。

章宗旨和原则，坚持国家不分大小、强弱、贫富一律平等，相互尊重、平等协商，推动国际关系民主化，在国际关系中弘扬民主、和睦、协作、共赢精神；安全上相互信任、加强合作，坚持用和平方式而不是战争手段解决国际争端，尊重主权，共享安全，维护世界和平稳定。这是一种以新安全观（其核心为互信、互利、平等、协作）为基础的和平观，要旨在于综合安全、合作安全、共同安全。正如习近平所指出的："和平犹如空气和阳光，受益而不觉，失之则难存。没有和平，发展就无从谈起。国家无论大小、强弱、贫富，都应该做和平的维护者和促进者，不能这边搭台、那边拆台，而应该相互补台、好戏连台。国际社会应该倡导综合安全、共同安全、合作安全的理念，使我们的地球村成为共谋发展的大舞台，而不是相互角力的竞技场，更不能为一己之私把一个地区乃至世界搞乱。"① 这一和平观既符合世界多样性和世界多极化发展的客观现实，又致力于维护世界的公平正义，是适应和平、发展、合作时代主潮流的必然选择，有着深厚的时代基础。

发展是人类的永恒主题。不同的国家基于其历史文化、经济结构和国际地位等因素的影响，有着不同的国际发展理念和政策选择。推动建设和谐世界战略思想，把科学发展观运用到国际发展战略，认为发展问题是当今世界的核心问题，其核心是发展中国家的发展。经济全球化的发展既促进了国家间共同利益和人类共同利益，又加剧了南北发展的不平衡，必须树立共同发展理念。这一战略坚持全面发展，即促进世界经济、政治、社会、文化、生态各个领域的发展和世界各国的共同发展，并为此提出了各个领域发展的原则要求；坚持可持续发展，从南北均衡发展，到促进经济全球化的均衡、普惠、共赢发展，蕴含着世界可持续发展的思想内涵；合作共赢、共同发展是推动建设和谐世界的基本要义。十八大报告倡导增强人类

① 习近平：《共同创造亚洲和世界的美好未来——在博鳌亚洲论坛2013年年会上的主旨演讲》，《人民日报》2013年4月8日。

命运共同体意识，在追求本国利益时兼顾他国合理关切，在谋求本国发展中促进各国共同发展，建立更加平等均衡的新型全球发展伙伴关系，同舟共济，权责共担，增进人类共同利益。习近平明确指出："共同发展是可持续发展的重要基础，符合各国人民长远利益和根本利益。我们生活在同一个地球村，应该牢固树立命运共同体意识，顺应时代潮流，坚持同舟共济，推动亚洲和世界发展不断迈上新台阶。"① 推动建设和谐世界强调，世界各国共同分享发展机遇，实现共同繁荣，使21世纪真正成为"人人享有发展的世纪"。

持久和平，共同繁荣，两者相辅相成，构成推动建设和谐世界的核心目标。和平是促进发展的前提，没有和平，不仅共同繁荣无从谈起，而且以往的人类文明成果也可能毁于一旦。世界的共同发展与繁荣是实现世界持久和平的有力保障。发展有助于消解和消除一些国家和地区的不稳定因素。发展中国家的普遍发展是遏制霸权主义和强权政治，促进国际关系民主化与维护世界和平的重要力量的发展。在和平中求发展，以发展促和平，是人类社会走向美好未来的基本途径，也是推动建设和谐世界的本质要求。

（三）以合作共赢作为促进世界和谐的现实途径

冲突与合作历来是国际关系运行的两种基本形态。不同的学派基于其价值观念、文化传统等因素影响，往往对国际体系结构给予不同的解读，并因此推导出不同的国际合作思想。综观西方国际政治学主流学派理论，不难发现，现实主义仅仅把国际合作视为权力竞争与制衡的附属品，新自由主义则过分注重国际制度的功能对国际合作的作用，建构主义强调观念或认同对国际合作的作用，英国学派强调国际社会共同体建设中的国际合作。美国学者罗伯特·基

① 习近平：《共同创造亚洲和世界的美好未来——在博鳌亚洲论坛2013年年会上的主旨演讲》，《人民日报》2013年4月8日。

欧汉认为："和谐是指一种状态，在这种状态中，行为者的政策（追求自身利益而不考虑其他人）能够自动地促进其他行为者目标的实现。"[①] 而"合作需要通过谈判的过程（即我们所说的政策协调）将各个独立的个体或组织的行动（并不是处于先在的和谐状态）变得互相一致起来"，"通过政策协调过程，当行为者将它们的行为调整到适应其他行为者现行的或可预料的偏好上时，合作就出现了"。[②] 他认为，"和谐是非政治的，在这种情况下，沟通是没有必要的，也不需要施加影响能力。相反，合作是高度政治的，不管怎样，行为模式必须作出改变。"[③] "因此合作并不意味着没有冲突，相反，它显然是与冲突混合在一起的，并部分说明要采取成功的努力去克服潜在或现实的冲突的必要性。合作只会在行为者认为它们的政策处于实际或潜在冲突的情况下，而不是和谐的情况下才会发生。合作不应该被视为没有冲突的状态，而应该被视为对冲突或潜在冲突的反应。没有冲突的凶兆，也就没有必要进行合作了。"[④]

建设和谐世界是一个不断化解矛盾、加强合作的过程。和谐是合作的必然结果。马克思主义唯物史观认为，生产力与生产关系的矛盾运动是人类历史发展的根本动力。生产力的发展必然导致各国生产和社会再生产的国际化与全球化，导致国际分工与各国交往和联系的加强，从而产生国际合作。推动建设和谐世界，强调在尊重主权和平等互信互利基础上，着眼于国家间的共同利益和人类共同利益，以合作谋和平，以合作促进世界的共同发展。由此不难看出，达成世界和谐的根本途径在于促进国际合作。十八大报告指出，必须在国际关系中弘扬平等互信、包容互鉴、合作共赢的精神，共同维护国际公平正义，增强人类命运共同体意识，在追求本国利益时

---

① ［美］罗伯特·基欧汉：《霸权之后：世界政治经济中的合作与纷争》，苏长和等译，上海人民出版社，2001年版，第61页。

② 同上书，第62页。

③ 同上书，第64页。

④ 同上书，第63页。

兼顾他国合理关切，在谋求本国发展中促进各国共同发展，建立更加平等均衡的新型全球发展伙伴关系，同舟共济，权责共担，增进人类共同利益。习近平明确指出："面对国际形势的深刻变化和世界各国同舟共济的客观要求，各国应该共同推动建立以合作共赢为核心的新型国际关系，各国人民应该一起来维护世界和平、促进共同发展。"①

三、推动建设和谐世界的价值与意义

推动建设和谐世界，立足中国，面向世界，既是中国的，又是世界的，既有中国特色，又具有鲜明的时代特征，"符合人类社会发展规律，符合时代要求，符合中国人民根本利益，符合世界人民共同愿望"，② 不仅丰富发展了我国的对外战略思想，而且创新发展了马克思主义国际关系思想，对处于深刻变化和转型中的当今世界的走向具有重要的启示意义和深远的历史意义。

（一）创造性地发展了马克思主义国际关系理论

按照我国学者普遍认同的看法，马克思主义国际关系思想大致可以分为四个组成部分：以世界交往、国际阶级斗争与世界革命为主要视野的经典马克思主义国际关系思想；以帝国主义战争、民族解放为主要视野的苏联特色马克思主义国际关系思想；以霸权、批评精神和资本主义世界为主要视野的西方马克思主义国际关系思想；

---

① 习近平：《顺应时代前进潮流，促进世界和平发展——在莫斯科国际关系学院的演讲》，《人民日报》2013 年 3 月 24 日。

② 叶大波：《坚持不懈推动建设持久和平共同繁荣的和谐世界》，载本书编写组：《十八大报告辅导读本》，人民出版社，2012 年版，第 357 页。

以和平与发展、国家发展和融入世界为主要视野的中国特色马克思主义国际关系思想。[①] 中国化马克思主义国际关系理论是中国共产党几代领导人集中全党和社会各界的集体智慧，把马克思主义与中国实际和时代特征相结合，进行理论和实践创新的产物，是中国独立自主和平外交实践的经验总结，是马克思主义国际关系理论的重要组成部分。推动建设和谐世界，是中国化马克思主义国际关系思想的集大成，对创新发展马克思主义国际关系思想具有重要价值。

首先，发展了马克思主义时代主题思想。时代主题是马克思主义国际关系思想的重要内涵，是马克思主义国际关系理论研究的起点。时代主题是人类社会在一定历史阶段带有根本性、全局性、战略性的核心问题，是观察分析国际战略形势必须首先把握的重大战略问题。时代主题揭示了一定历史时期内世界经济政治的本质特征和世界的基本矛盾、发展趋势等，揭示了一定历史阶段社会发展的一般运动规律，对世界经济政治的性质和国际形势的走向有根本的规定性。时代主题是对世界经济政治总体发展趋势的判断。国际形势千变万化，但万变不离其宗。在历史发展的特定时代，世界政治经济发展中都存有一个总趋势，即世界的主要矛盾。它决定着世界经济政治的发展方向，引领国际社会发展潮流，成为国家或政党制定战略或内外政策的根本依据。列宁指出："首先估计到区别不同'时代'的基本特征（而不是个别国家历史上的个别情节），我们才能够正确制定自己的策略。只有认清了这个时代的基本特征，我们才能以此为根据来估计这国或那国的更详细的特点。"[②] 列宁非常强调区别不同时代基本特征的意义，甚至把它提到了"马克思主义理论的绝对要求"[③] 的高度。

以马克思、恩格斯为代表的经典马克思主义依据历史唯物主义，

---

① 郭树勇：《从国际主义到新国际主义——马克思主义国际关系思想发展研究》，时事出版社，2006年版，第11页。

② 《列宁全集》，第25卷，人民出版社，1984年版，第143页。

③ 《列宁全集》，第25卷，人民出版社，1984年版，第229页。

认为不同的生产方式、不同的经济社会形态，形成了不同的人类历史时代。从这种观点出发，“大体说来，亚细亚的、古代的、封建的和现代资产阶级的生产方式可以看作是经济的社会形态演进的几个时代”。[①] 由此可以看出，马克思基本上是以社会形态来划分时代的，并把他们所处的时代称为“资产阶级从革命走向反动，无产阶级准备进行解放自己的革命”的时代。首次对时代概念进行系统论述的是列宁。列宁认为时代有着特定的含义：“这里谈的是大的历史时代，每个时代都有而且总有个别的、局部的、有时前进有时后退的运动，都有而且总有各种偏离运动的一般形式和一般速度的情形。”[②]“因为时代是各式各样现象的总和，其中除了典型的现象外，往往还有其他的现象。”[③] 由此可见，列宁所说的时代是指历史上的大时代，不是个别的、具体的小时代；时代是世界演化的一般运动和运动的一般速度的各种倾向，具有普遍性、客观性和历史必然性；时代是通过各种社会现象的总和表现出来的。时代的主要特征构成时代的主要内容。针对资本主义从自由竞争发展到自由垄断阶段，即帝国主义阶段，列宁多次谈到了当时的时代问题，先后提出了“最新资本主义时代”、“垄断资本主义时代”、“帝国主义时代”、“殖民地政策的时代”、“无产阶级革命时代”等看法。1917 年俄国二月革命后，列宁提出了“无产阶级社会主义革命的时代”，并揭示了这一时代存在的主要矛盾，即无产阶级与垄断资产阶级的矛盾，帝国主义国家之间的矛盾，帝国主义国家与殖民地和半殖民地之间的矛盾。各种矛盾日益激化，引起帝国主义全面危机，导致帝国主义战争和无产阶级革命的爆发。1924 年，斯大林在《论列宁主义基础》一书中，将帝国主义时代和无产阶级革命时代合并为“帝国主义和无产阶级革命的时代”，从而确立了战争与革命的时代主题观。应该说，这一时代主题观反映了 19 世纪后期到 20 世纪上半叶的世界基本矛

---

① 《马克思恩格斯选集》，第 2 卷，人民出版社，1995 年版，第 33 页。
② 《列宁全集》，第 21 卷，人民出版社，1990 年版，第 123 页。
③ 《列宁全集》，第 47 卷，人民出版社，1990 年版，第 412 页。

盾及其运动变化规律，揭示了时代的主要特征。两次世界大战、大批社会主义国家的诞生，帝国主义殖民体系的瓦解和亚非拉民族解放运动的发展，主权国家体系的全球性拓展等世界历史发展的事实，充分说明了这一时代判断的正确性。从新民主主义革命到改革开放前，中国共产党人基本上坚持了战争与革命的时代主题思想。

20 世纪 80 年代，邓小平提出了和平与发展的时代主题观。这一时代主题观的确立对马克思主义时代观的发展具有革命性意义。这种革命性的变化不仅表现在对时代主题内涵的创新上，而且表现在观察分析时代主题的方法论的变化上。就时代主题的内涵而言，邓小平抓住了 20 世纪 70 年代以后世界基本矛盾的变化，从揭示东西矛盾和南北矛盾入手，提出了和平与发展问题是当今世界两大战略性问题，并系统阐述了和平与发展时代主题的内涵，用和平与发展取代了战争与革命。和平与发展时代主题反映了两大阵营分化、解体后国际格局变化的基本态势，同时阐明了殖民体系瓦解后南北关系的新变化，发展问题成为世界的首要问题。从分析时代主题的方法论上看，邓小平完全超越了无产阶级革命的视野和马克思的阶级分析方法，运用了“两点论”方法揭示时代主题，一方面认为和平与发展已经成为世界的主潮流；另一方面，强调和平与发展仍然是没有解决的两大战略性问题。这充分表明，中国外交战略超越了此前的意识形态束缚，蕴含着中国融入国际体系、推进世界和平与发展的目标指向，反映了中国外交全新的利益诉求和对待世界全新的态度。这一时代主题的创新不仅揭示了社会主义国家和发展中国家的历史任务，即追求和平与发展，而且反映了全球性主权国家体系形成后国际关系发展所具有的主要特征。

20 世纪 90 年代以后，冷战体制解体，经济全球化深入发展，世界多极化不断推进，高新科技日新月异，导致世界出现大变革、大调整。世界的基本矛盾和时代主题的内涵发生了一系列新的变化。江泽民、胡锦涛等领导人在继承邓小平的和平与发展时代主题思想的基础上，对这一时代主题思想作了进一步的丰富和发展。江泽民多次强调指出："世界要和平，人民要合作，国家要发展，社会要进步，是时代的潮流。"[①] 人类的和平与发展既面临难得的机遇，也面临着严峻的挑战。胡锦涛也多次强调指出："和平与发展仍然是时代主题，求和平、谋发展、促合作已经成为不可阻挡的时代潮流。"[②] 他们不仅结合冷战后国际形势的新变化，阐明了促进和平与发展面临的新机遇和有利因素，而且指出了和平与发展面临的新挑战和新问题，[③] 同时，在时代主题中增加了"合作"这一新的时代内涵。胡锦涛在十七大报告中明确指出："全球和区域合作方兴未艾。"[④] 强调必须高举和平、发展、合作旗帜，努力推进人类和平与发展的崇高事业。推动建设和谐世界，正是适应这一时代主题变化而提出的新的重大战略思想，不仅把追求世界的持久和平与共同繁荣作为这一战略的核心目标，而且指明了实现这一目标的根本路径，即世界各国携手合作，谋求共赢。其所蕴含的和平、发展、合作的时代内涵，正是和平与发展时代主题的具体展开和实践运用。推动建设和谐世界的战略主张，抓住了当今世界的根本问题，指明了解决这些问题的基本路径，从而为人们提供了观察世界的新视角，指明了世界前进的新方向，标志着我党对时代主题问题的认识达到了一个新的历史高度。

其次，继承和发展了马克思主义的国际体系思想。马克思的国际体系思想集中体现在其"世界历史观"上。随着资本主义生产方式的普遍确立，资本主义大工业生产的拓展，以及人类交往的普遍发展，马克思提出了著名的"世界历史"观。马克思认为，人类社会的历史是一个从低级到高级逐步发展的过程，表现为横向和纵向

---

① 《江泽民文选》，第 3 卷，人民出版社，2006 年版，第 472 页。

② 胡锦涛：《高举中国特色社会主义伟大旗帜，为夺取全面建设小康社会新胜利而奋斗》，人民出版社，2007 年版，第 43 页。

③ 关于和平与发展时代主题内涵的具体阐述，可参见党的十五大、十六大和十七大报告相关内容。

④ 胡锦涛：《高举中国特色社会主义伟大旗帜，为夺取全面建设小康社会新胜利而奋斗》，人民出版社 2007 年版，第 43 页。

两个方面。纵向是指各个民族和国家的生产方式和社会形态的演进。依据生产力与生产关系之间基本矛盾的不同性质，马克思把人类社会划分为原始社会、奴隶社会、封建社会、资本主义社会、社会主义社会和共产主义社会等不同发展阶段。横向是指各个民族和国家之间经历由分散、封闭和孤立的发展到相互交往和交融的不同阶段，从而形成密切联系、不可分割的整体。马克思认为："世界历史不是过去一直存在的；作为世界历史的历史是结果。"① 马克思所说的"世界历史"是指现代社会产生以来，世界经济、政治、文化等领域朝着一体化方向发展，各民族由过去相对孤立的发展走向全面的彼此相互影响、相互渗透、相互融合的历史状态和趋势。它不是各个民族和国家历史的简单相加，而是在一定的生产力和生产关系基础上，以世界性的经济、政治、文化等领域的交往为纽带，以各个民族和国家间的相互影响、相互制约、相互作用为机制而形成的有机统一体。世界历史是与资本主义的现代性紧密联系在一起的。在马克思看来，所谓现代性就是资产阶级性，它建立在资本主义大工业和世界市场形成的基础上，并在此基础上形成了现代政治和现代文化。"世界历史"的发展过程就是现代性发展和解体的过程，也是世界所有民族及其特性消亡的过程，民族国家不再有充分的主动性，反而服从于世界历史的进程。世界历史发展的最后结果必然是共产主义的实现。马克思还揭示了世界历史发展的内在矛盾，认为世界历史发展具有总体性特征，这一总体性与各民族国家的特性存在矛盾。世界历史的发展寓于各个民族和国家的发展之中，民族国家的发展以世界历史的发展为前提，两者既对立又相互促进。世界历史发展具有不平衡性，包括地区发展不平衡、国家间发展不平衡；世界历史发展具有周期性，它与资本主义经济危机相伴随，呈现出周期性波动的特征。此外，马克思还论述了世界历史与世界文化、世界历史与人的发展、世界历史与共产主义等相互关系问题。

① 《马克思恩格斯选集》，第2卷，人民出版社，1995年版，第28页。

马克思的“世界历史”观揭示了现代国际社会形成及其发展变化的规律，指明了世界历史发展的最终目标必然是走向共产主义。推动建设和谐世界，继承了马克思世界历史观的合理内核，同时结合世界历史发展新阶段的阶段性特征，对其内涵作了进一步的充实和发展，表现在以下几点。一是继承了马克思的世界主义立场。推动建设和谐世界主张致力于实现世界持久和平与共同繁荣的崇高目标，体现了对世界和人类社会的整体性关照，认为当今世界是一个不断开放、融合和相互依存、相互制约的世界。各国的发展离不开世界，世界的发展离不开各国自身的发展。同时，看到了世界发展的不平衡性和差异性，并谋求着力解决这种世界历史发展过程中的各种矛盾和问题。推动建设和谐世界主张充分认识到了经济全球化的深入发展和高新科技迅猛发展对当今世界历史整体性特征的深化，以及对世界经济、政治和安全等带来的深刻变化，看到了各民族国家在世界一体化进程中互动而产生的各种矛盾，并提出了应对策略。二是发展了马克思的世界历史观的内涵。推动建设和谐世界主张着眼于当今世界多样性存在的客观现实，不再以马克思强调的世界无产阶级与资产阶级的矛盾斗争为主要关照，而是着力寻求在主权国家全球性拓展与经济全球化带来的不断加强的相互依存并存的历史条件下，如何促进不同社会制度、不同民族、不同文化的国家之间的和谐共存与共同发展，既关照世界整体发展，又尊重主体多元性，从而超越了马克思的阶级联合与斗争的立场，主张以协商民主秩序为基础，推进国际社会的民主、公正、和睦、平等、互利、共赢等，从而揭示了“世界历史”发展到和平与发展新时代的核心问题和历史任务。三是发展了马克思主义的国际主义思想。马克思在分析批判各种小资产阶级和空想社会主义者的世界主义思想的基础上指出，无产阶级国际主义是世界历史发展迄今为止的最高成果。“无产阶级只有在世界历史意义上才能存在。”无产阶级本质上是一种国际主义的阶级。马克思的国际主义思想是以自由资本主义不断发展，资本主义世界体系不断扩展，世界历史中的无产阶级与资产阶级矛盾斗争日益加剧为基本线路而展开的。基于全世界无产者共同的社会地位、共同的历史使命、共同的政治愿望和打击资产阶级国际同盟的共同需要，马克思提出了“全世界无产者，联合起来!”的伟大口号。马克思的国际主义思想是与“世界市场的发展”、“世界历史”、“无产阶级的世界革命”等观念联系在一起的，其核心内涵就是加强各国无产阶级兄弟般的团结与合作，共同致力于推翻资产阶级政权，实现无产阶级世界革命的胜利，为此各国无产阶级必须超越民族、国家等界限，达成世界性大团结、大联合。列宁对马克思国际主义有一个明确的界定，他指出：“真正的国际主义只有一种，就是进行忘我的工作来发展本国的革命运动和革命斗争，毫无例外地支持（用宣传、同情和物质来支持）所有国家的同样的斗争、同样的路线、而且只支持这种斗争和这种路线。”① 推动建设和谐世界主张适应和平、发展、合作的时代要求，立足主权国家全球性拓展的现实，不再把无产阶级革命作为无产阶级国际主义的核心目标，而是以推进不同社会制度、不同文化、不同发展水平的国家和平共处、共同发展，促进世界的持久和平与共同繁荣为目标，以国家间的平等合作，促进国际秩序的合理化、公正化为主要战略路径，以民主、和睦、包容、开放、公正等普遍公认的国际关系准则为规范，显示了和平与发展的新时代背景下中国的国际主义新的视野和新的目标追求。它放弃了马克思以阶级为本位的国际主义，以承认不同社会制度的主权国家全球性共存的现实为前提，以全球化深入发展带来的国家间共同利益和世界人民的根本利益为基础，以各国国家利益和世界共同利益的拓展为目的，以促进世界各国的和谐共存和共同发展为主要价值取向。这种国际主义把传统马克思主义的国际主义推向了一个新的境界。国际主义与民族主义是一个矛盾统一体。正如马克思在世界历史观中所揭示的，世界历史的整体性与各个民族和国家的特殊性存在着矛盾互动关系。近代以来国际关系发展的

① 《列宁全集》，第24卷，人民出版社，1990年版，第52—53页。

事实证明，民族主义、民族特性并不因为世界历史的发展而完全消失。在一定历史时期内，民族主义仍然具有自己的存在空间。随着世界历史的发展，民族主义的内涵和形式也在不断发生变化。近代西方盛行一时的民族沙文主义、种族优越论等狭隘民族主义，随着世界历史的演进，已经失去了其存在的经济和社会基础。民族与国家的平等已经成为全球性主权国家体系形成后世界历史发展的内在要求。推动建设和谐世界内含的新国际主义正是适应世界历史发展到新阶段的时代需要而产生的，具有时代的进步性与合理性。

再次，发展了马克思关于社会主义国家对外关系的思想。19 世纪中叶，马克思、恩格斯为了动员各国工人阶级加强团结，进行对资产阶级的革命，曾经一度研究欧洲国家的外交问题，指出“国际政治的秘密”是大国之间的霸权政治和侵略战争。在批判资产阶级外交的基础上，马克思曾经就社会主义新社会的外交问题提出了一系列具体思想。推动建设和谐世界主张继承和发展了这些思想，表现在以下几点。一是继承发展了马克思倡导的社会主义国家首要的国际原则就是维护和平，促进国际民主的思想。马克思认为私有制是战争的根源。无产阶级必须支持正义战争，反对非正义战争。铲除战争，争取和平的最根本途径是进行无产阶级革命。无产阶级革命不仅在于“根绝一切战争”，用国际主义的民主政策取代旧制度的血腥又怯懦的政策，而且要创造一个新社会。“同那个经济贫困和政治昏聩的旧社会相对立，正在诞生一个新社会，而这个新社会的国际原则将是和平。”① 马克思认为社会主义社会消灭了私有制，消除了战争的根源，各个民族、各个国家自然就能够平等相待、和平共处，从而实现世界的和平与民主。马克思强调，“各国的社会主义者都拥护和平”。和平是社会主义的本质要求。推动建设和谐世界主张继承了马克思主义关于社会主义的国际原则是和平与民主的思想，

① 《马克思恩格斯选集》，第 3 卷，人民出版社，1995 年版，第 19 页。

把追求世界持久和平作为战略目标。同时，根据时代的变化，对实现世界持久和平的路径进行了丰富和发展，改变了马克思所强调的以无产阶级革命求和平的思想，而是倡导不同社会制度、不同文化、不同大小的所有国家本着平等互利、相互尊重等国际关系基本准则，通过加强国际合作实现世界和平，标志着我党国际战略理念已经从推动世界革命彻底转向了促进世界和谐，完成了从革命党到执政党的历史性转变和执政理念的历史性跨越。二是继承发展了马克思主义倡导的尊重各个民族国家独立自主与国际合作的思想。马克思尽管十分强调无产阶级联合的国际主义，但同时又强调，这种国际主义必须建立在尊重各个民族和国家独立自主的基础上。马克思认为民族的发展和繁荣是以独立自主为前提的。恩格斯指出："一个大民族，只要还没有民族独立，历史地看，就甚至不能比较严肃地讨论任何内政问题……排除民族压迫是一切健康和自由的发展的基本条件。"① 马克思认为，随着世界历史的发展，各个民族和国家的相互依赖不断加强。这种相互依赖不可避免地促进了各民族国家在政治、经济、文化等领域进行不同程度的交往、协调与合作。各个民族和国家实现国际合作的根本基础在于坚持独立自主、平等互利，因为"国际合作只有在平等者之间才有可能"。"不恢复每个民族的独立和统一，那就不可能有无产阶级的国际联合，也不可能有各民族为达到共同目的而必须实现的和睦的与自觉的合作。"② 推动建设和谐世界，继承了马克思有关国际合作的思想，强调在尊重主权和国家平等地位的基础上，通过加强在政治、经济、安全、文化等各个领域的国际合作，建立持久和平与共同繁荣的和谐世界。三是继承发展了马克思主义主张运用道德和正义原则规范国际关系的思想。马克思在抨击资产阶级国家发展对外关系不讲道德，践踏正义的同时，指出了民族国家之间应该遵循的准则，"努力做到使私人关系间应该

---

① 《马克思恩格斯全集》，第35卷，人民出版社，1971年版，第260—261页。
② 《马克思恩格斯选集》，第1卷，人民出版社，1995年版，第269页。

遵循的那种简单的道德和正义的准则，成为各民族之间的关系中的至高无上的准则”。[①] 平等相待、互相尊重、友好往来、和睦相处、不干涉他人私事、不侵犯他人利益等私人关系中应该遵循的原则在国际关系中同样适用。推动建设和谐世界，继承了马克思这一思想，强调运用和平共处五项原则和公认的国际关系准则处理国家间的关系。

（二）发展和升华了中国的外交战略

中国共产党人秉承马克思主义追求世界持久和平和人类进步的宗旨，始终把中国的发展与世界的进步联系起来，根据自身的历史任务和不同时代主题确定自己的外交战略和任务，坚持和发展独立自主的和平外交。推动建设和谐世界主张既是中国外交实践经验的总结，又是中国外交理论集大成的产物。

继承和发展了中国外交的宗旨与目标。改革开放以来，中国依据和平与发展时代主题的判断，调整了中国的外交战略，把反对霸权主义，维护世界和平，促进世界的共同发展作为中国外交战略的宗旨。2006 年的中央外事工作会议和党的十七大明确地把推动建设和谐世界作为我国外交战略的核心任务和目标，表明中国外交战略不仅延续了反对霸权主义，维护世界和平，促进世界共同发展的战略宗旨，而且把这一宗旨提升到建设持久和平、共同繁荣的和谐世界这一新的战略高度，指明了新世纪中国外交战略的努力方向。外交是内政的延伸。一个国家的外交战略目标既是该国发展战略的需要，又必须与世界发展潮流相适应。中国外交战略新目标的确定是中国发展战略的需要。作为成长中的世界大国必须有自己的政治理念的指引。中国特色社会主义现代化建设是在复杂的国际体系中进行的。中国的改革开放已经进入了关键时期。尽管改革开放取得了历史性的巨大成就，但在社会主义现代化建设进程中也出现了一些

① 《马克思恩格斯全集》，第 22 卷，人民出版社，1965 年版，第 19 页。

新难题、新挑战。中国的社会现代性转型与经济全球化和世界多极化带来的世界政治转型同步而行。这就要求转型中的中国必须把自己的发展战略与世界政治经济体系转型紧密结合起来，探索出两者能够有机结合而又相互促进的内外战略。为此，我党对内提出了科学发展观与建设社会主义和谐社会等重大战略思想，对外则提出了走和平发展道路，推动建设和谐世界的战略主张。对内谋求科学发展、和谐发展，对外实现和平发展、共同发展。内建和谐社会，外推世界和谐，两者相辅相成，相得益彰。和谐社会与和谐世界相互促进，体现了中国的自身发展与人类共同进步之间的密切互动关系，从而实现了我国内政与外交的有机统一和协调。因此，把推动建设和谐世界作为中国外交战略目标是中国特色社会主义现代化建设进入到新的历史阶段的必然要求，同时也向世界阐明了成长中的世界大国——中国的国际理想和战略取向，阐明了“中国梦”的世界图式。

丰富发展了中国外交战略的基本原则。中国是推动建设和谐世界的倡导者和积极推动者。坚持独立自主的和平外交政策，始终不渝走和平发展道路，是中国既定的外交方针。和平发展与和谐世界相辅相存。建设和谐世界是和平发展战略的战略目标和重要保障条件。作为中国外交战略的奋斗目标，推动建设和谐世界自身具有的实践要求和原则规定性，必然成为中国外交战略应该遵循的基本准则。推动建设和谐世界主张确定的基本准则不仅包含了中国倡导的和平共处五项原则，而且结合世界经济与政治的发展，提出了一系列新的富有时代特色的处理国际关系的原则和理念，如均衡、普惠、合作、共赢、开放、包容、共同安全等具有普世性的原则规定性。这些原则将成为发展中的中国身体力行的国际行为规范。

创新了中国外交战略理念。推动建设和谐世界蕴含着中国改革开放以来外交实践总结出来的一系列新的国际战略思想，如新时代观、新安全观、新发展观、新国际格局观、新国际秩序观、新文明观、新型大国关系、和平发展道路等等。推动建设和谐世界集合了这些国际战略新理念，是独立自主和平外交思想的集大成，是统揽全局的国际战略主张。同时，建设和谐世界主张是中国应对经济全球化发展的战略规划，是应对国际体系转型的方案，表明了中国对待经济全球化和国际体系转型的基本立场和理念。推动建设和谐世界揭示的以加强国际合作作为实现世界持久和平与共同繁荣的战略路径，表达了中国作为成长中的世界大国的国际战略诉求和谋求和平发展的战略思路，旗帜鲜明地形塑了中国谋求和平、发展、合作、共赢的国际形象。

（三）有利于提升中国国际形象和软实力

推动建设和谐世界，作为一种新的国际秩序观，内含着丰富的和平观、发展观与国际合作观等，充分体现了经济全球化发展条件下的和谐共处、互利共赢、共同安全、共同发展等时代新思维，反映了一个快速发展的世界大国的国际战略理念、战略定位和价值诉求，对于提升我国的国际形象和软实力具有重要意义。

首先，有利于增强中国的国际话语权和国际政治动员能力。推动建设和谐世界是中国贡献给世界的一种理想的国际秩序规范，突破了西方既有的国际政治范式，打破了西方对国际政治话语的垄断权，有力地提升了中国的国际话语权。推动建设和谐世界的主张一经提出，就赢得了世界范围内广泛的赞誉和肯定，充分表明了这一理念的普世性和时代性。国际政治动员能力是一个国家软实力的重要标志，也是一个国家国际地位的重要标志。它建立在一个国家综合实力基础上，以国家的物质力量为基础。同时，一个国家的战略主张是否具有合时代性、合法性和普世性，是一个国家国际政治动员能力的重要考量。作为一个迅速发展的大国，中国的快速发展和综合国力的急剧增强，对国际社会产生了巨大张力和强烈冲击，撬动了世界政治经济版图，从而引起了国际社会的极大关注和不同的反响。世界普遍关注迅速崛起的中国需要一个什么样的世界及如何对待世界这一重大战略问题，关注中国的战略走向。“中国这个块头特别大的大象走进瓷器店，是把瓷器店搞得天翻地覆、支离破碎，还是与瓷器店安然共存?”世界拭目以待。推动建设和谐世界主张的提出，回答了世界普遍关心的重大战略课题，展示了中国积极融入世界的负责任态度，促进世界持久和平和共同繁荣的目标追求，向世界宣示了中国是促进世界和平与发展的重要战略力量，以及中国促进国际秩序进一步朝着公正、合理化方向改进的战略指向。

推动建设和谐世界理念既是中国的又是世界的，具有时代性和普世性。它顺应了和平、发展、合作的时代发展潮流需要，抓住了当今世界和平与发展的重大战略问题，因而赢得了世界多数国家和人民的赞赏，极大地提升了中国在国际社会的感召力和国际政治动员能力。从一些国际媒体的评论不难看出这一点。新加坡南亚问题研究所高级客座研究员伊夫特卡尔·乔杜里分析了从毛泽东时代到现在的中国外交政策，认为中国的世界观有一条清晰的脉络，就是“和平发展”，只是在崛起过程中，中国一直在对其战术姿态进行微调。他说：“中国的对外政策好似一条慢慢且蜿蜒流淌着的河流。因此，它不会突然改变方向。中国巨龙的情绪虽时有变化，但有一条脉络可循。如果世界希望在未来几十年里接纳中国并与之接触的话，就必须清楚这一点。”① 美国布鲁金斯学会高级研究员黄靖博士认为，很多美国的中国问题专家几乎都注意到了中国的“和谐世界”理念。这一理念（和谐）延伸到世界同样是可取的和积极的。英国布莱尔政府的主要智库之一——公共政策研究所发表的研究报告指出，西方国家要想在非洲事务上有所作为，就必须把已经在非洲地区发挥着重大作用的中国纳入其发展战略，因为致力于创建“和谐世界”的中国在非洲的经济势力可以带来实实在在的益处。法国国际关系问题专家皮卡尔表示，和谐世界理念意味着对强权逻辑说不，对于建设一个更加美好、和谐的国际社会具有积极意义。俄罗斯学者莫罗佐娃博士称，从“和平崛起”到“和平发展”再到现在的“和谐

① 《环球时报》2007年9月27日。

世界”，是21世纪中华民族复兴的口号。“和平发展”体现加强合作，而“和谐世界”理念则更为体现一种团结、合作、进取的内涵。建设“和谐世界”可以说是发展中国家融入世界、进入全球化时代的真正反响和积极回应，它绝不是一个政治口号，而是一个务实进取的发展路径。葡萄牙学者马丁斯表示，“和谐世界”是中国强调并促进多极世界、反对单极世界和国际霸权主义的发展方针。中国致力于增强各伙伴国的多样性，发展和加强国际联系，努力创建一个和平繁荣的国际环境。“和谐世界”发展观是中国领导人为中国的国际地位和发展方向作出的一种定向，是一种循序渐进、前赴后继的外交政策，它不会对世界构成挑战，而是为全球的共同发展做出努力。美国一家主流媒体认为，“和谐世界”已经成为中国和平发展的一大价值观，其重要性和影响力不亚于20世纪70年代前中国领导人提出的“三个世界”理论。目前，一些与美国存在矛盾的国家似乎对“和谐世界”的“软”纲领很感兴趣，这主要是因为它来自一个不在人权问题上指手画脚，并不断上升的世界大国——中国。中国正以一个与美国完全相反，将“不干涉”原则奉为信条的大国形象示人。向来对中国有不少偏见的美国《国际先驱论坛报》也不得不承认，中国倡导“构建和谐世界”，本身就包含民主因素，追求“和而不同”的多元化世界。德国《法兰克福汇报》、英国《经济学家》等国外主流媒体对和谐世界理念给予了积极评价，认为中国通过挖掘本民族的传统文化价值，向世界展现了独特的文化魅力；中国所主张的国际关系新理念有别于西方的价值观，对广大发展中国家更具吸引力；从长远来看，“和谐世界”这一主题的提出对中国软实力的提升将产生深远影响。新加坡《联合早报》指出：和谐世界思想有很强的道德追求，力图超越“外交只有永远利益”的既成规律，符合中华文化中的道德仁义追求，具有广泛的感召力。[①]《印度

① 秦治来：《和平·发展·合作——为什么要推动建设和谐世界?》，人民出版社，2008年版，第58页。

教徒报》发文认为：“中国的和谐世界理念和多元外交在世界上赢得了广泛的朋友，成功地消除了人们的‘恐华症’。”[①] 英国《经济学家》杂志认为，中国提出的和谐世界理念是“新的安全理念”，拉近了中国与世界的距离，推进了和平与繁荣，赢得了邻国尊重。[②] 欧盟前驻华大使赛日·安博认为：“和谐世界构想是中国政府提出的和谐社会思想的延伸。和谐社会思想强调以人为本，以促进经济社会和谐发展、人与自然和谐共存为特点，这一主张汲取了中国传统文化思想的内核；另一方面也是民主、法治、社会平等、环境保护等现代社会发展理念的高度集中。应该说，中国政府的和谐社会的建设思路和当前欧盟及欧盟各国经济社会发展所遵循的基本原则有很多共同点，并有很多可以互相借鉴之处。”将“和谐”思想进一步扩大到世界范围的“和谐世界”构想，也是强调和平与发展的当代国际关系理念的延伸和升华。世界历史进程中的经验和教训充分表明了持久和平、共同繁荣和国际合作的重要性。突尼斯驻华大使穆罕默德·萨赫比·巴斯里说，中国领导人从东方文明的传统思想出发，提出富有创造力的“和谐世界”构想，为国际社会的未来勾画出祥和、繁荣、安宁的美好远景，非常令人兴奋。[③]

其次，有利于提升中国的外交形象。良好的国际形象是国家重要的“软权力”。外交形象是一个国家国际形象最重要的组成部分。“外交形象是指在一定时期之内，一个主权国家中央政府的外交活动在国际社会中所产生的影响以及由此获得的基本评价。”[④] “角色定位是形象塑造的出发点。欲塑造良好的形象，必先进行科学的定位。”[⑤] 在考虑角色定位之时，首要的就是明确理念。因为“在一国外交形象的具体构成要素里，外交理念既是核心内容，又是易于为

---

① 秦治来：《和平·发展·合作——为什么要推动建设和谐世界?》，人民出版社，2008 年版，第 58 页。

② 同上书，第 58 页。

③ 黄仁伟，张幼文：《国际社会盛赞“和谐世界”理念》，《决策与信息》，2007 年第 10 期。

④ 金正昆：《试论当代中国外交形象的塑造》，《国际论坛》，2003 年第 3 期。

⑤ 同上。

人们所关注、识别之点”。① 外交理念成为国际社会对一国外交进行评价的重要因素。推动建设和谐世界主张打破了冷战后西方世界对国际政治的话语垄断权，向世界推出了一种全新的国际关系理念和外交理念，既继承了中国传统文化中“以和为贵”、“和而不同”的精神，具有中国特色，又适应了和平、发展、合作时代发展潮流的需要，是传统与时代相结合的产物，体现了时代性、合法性和一定的普世性，具有巨大的感召力。它具有的全球主义视野，反霸权性质，互利共赢、和睦互信、民主平等、共同发展、包容开放的精神，不仅容易被大多数发展中国家所接受，而且也被多数西方国家所认可，对促进中国与其他国家外交关系的发展，赢得其他国家和人民的理解与支持具有重要作用。

再次，有利于消解“中国威胁论”。众所周知，自20世纪90年代初期以来，随着中国快速发展和综合国力的迅速增强，国际上部分国家和人士对中国的迅速崛起心存疑虑和戒备，也有一些对中国不怀好意的国家和人士出于不同政治目的，肆意歪曲和妖魔化中国，制造了形形色色的“中国威胁论”，如“中国经济威胁论”、“中国能源威胁论”、“中国粮食威胁论”、“中国军事威胁论”、“中国文化（发展模式）威胁论”等等，不一而足。

中国自古以来就具有以和为贵、崇尚王道，反对霸道的文化传统。近代遭受殖民侵略的历史记忆以及社会主义性质的规定，造就了正在经历现代化转型的中国始终不渝地反对霸权主义、强权政治，致力于维护世界和平的国际政治角色与国家定位。新中国成立以来一直把反对霸权主义、强权政治作为外交的重要任务和使命。推动建设和谐世界主张延续了中国外交的一贯传统，不仅在目标追求上抛弃了西方一贯推崇的霸权主导和权力制衡的国际秩序模式，而且在实践要求上，强调以和平共处五项原则和其他公认的国际关系准则为基础，通过平等合作，合力解决全球政治、经济、安全、文化、

① 金正昆：《试论当代中国外交形象的塑造》，《国际论坛》，2003年第3期。

生态等各个领域面临的问题和挑战，并主张顺应时代发展潮流，致力于推进国际关系民主化，充分体现了中国决不称霸的国家意志，有利于提升中国的国际形象。

推动建设和谐世界，既表明了中国自身的国际战略定位，又表达了中国的国际秩序理想，阐明了中国对世界政治、经济、安全、文化、环保等领域的价值诉求和原则要求，摒弃了霸权主义和权力政治逻辑，着眼于世界的持久和平和共同繁荣，体现了中国爱国主义与国际主义相结合的高尚情怀。推动建设和谐世界蕴含的新发展观、开放观、新安全观、新文明观、新秩序观等，无疑是对形形色色“中国威胁论”的有力回击，使各种“中国威胁论”的立论依据不攻自破，对于改善中国的国际舆论环境，提升中国的国际形象具有重大意义。随着中国积极推动建设和谐世界外交的推进，中国致力于和平、发展、合作、和谐的国际形象将不断增强。新加坡《联合早报》报道，中国最近几年在外交上的成就是有目共睹的。与以往相比，中国在外交上有一个主要特征，即用具体的外交行动体现“和谐世界”的文化理念。人民币升值不仅在帮美国经济，也在帮世界经济；向冲突地区派遣维和部队，不仅在维护该地区的和平，也在维护世界和平。这种努力的结果是：美国的“中国威胁论”逐渐变成“祝中国成功”论；很多过去视中国为“竞争对象”的国家现在都改口称中国为“战略伙伴”。

（四）有利于促进国际关系的整体进步

推动建设和谐世界作为一种不同于西方的国际新秩序观，为当下国际体系变革与经济全球化的发展提供了新的思路，有利于促进国际关系民主化与国际秩序公正合理化。

一是有利于解决当今世界两大战略问题。任何一种国际战略理论或理念必须立足解决世界的重大现实问题才有生命力。当今世界正在发生大变革、大调整。经济全球化深入发展，高新科技日新月异，国际体系转型与世界多极化趋势继续发展，这些世界发展大势既给世界的和平与发展带来了新的战略机遇，同时也带来了一系列新的问题和挑战。一方面，谋和平，促合作，求发展已经成为世界性潮流；另一方面，和平与发展面临一系列新的挑战和难题。机遇前所未有，挑战亦前所未有。推动建设和谐世界，着眼于解决世界和平与发展两大战略性问题，顺应世界政治经济发展大势的需要，强调通过加强国际合作，共同应对各种难题和挑战，为促进世界持久和平和共同繁荣指明了方向和战略路径。推动建设和谐世界既是中国发展的需要，又是世界人民的根本利益所在，有利于促进以和平与发展为时代主题的国际关系的发展。

二是为经济全球化的发展指明了正确的方向。经济全球化是当今世界经济发展的主要趋势。它的发展不仅引起了世界经济、政治与国际安全的深刻变化，而且对各国经济、政治、社会和文化发展产生了重大影响。它既给世界的和平与发展带来了新的机遇，也带来了新的挑战。如何应对经济全球化，引导经济全球化的发展成为各国关注的重大问题。面对经济全球化发展带来的南北经济技术差距的持续扩大，推动建设和谐世界，强调推动经济全球化朝着公正、合理、互利共赢与均衡发展的方向发展，使21世纪成为人人享有发展的世纪。经济全球化的深入发展使世界不同文化相互接触与碰撞不断加强。西方部分国家力图借助经济全球化的发展，对世界进行所谓“民主化”改造，谋求实现世界的“西方化”或“美国化”，强化其文化霸权。推动建设和谐世界，着眼于主权国家全球性共存的现实，强调尊重世界多样性与差异性，尊重不同国家对社会制度和发展模式的自主选择，主张以包容互鉴的态度对待不同文明，强调不同文明和平共处，相互交流与借鉴，达到共存共荣。这一思想有利于国际体系转型期各种文明的共同发展。推动建设和谐世界，既适应了经济全球化发展带来的国家间相互依存不断加强，区域与全球合作方兴未艾的发展大势的需要，又指出了解决经济全球化发展带来的诸如南北经济技术差距持续扩大、全球性问题日益严重等战略性问题的出路，从而为经济全球化的发展指明了方向，有利于促进人类社会的整体发展和进步。

三是为当今国际体系转型提供了新的秩序范式。伴随着冷战体制的解体，经济全球化的深入发展，高新技术的迅猛发展，当今国际体系正在经历重大而深刻的变革和转型，不仅在进行吉尔平所说的“系统性变革”，而且伴随着体系性变革和互动性变革，是一种全方位的大调整。传统的大国霸权主导的国际体系正在逐渐式微，带有新质性的国际体系结构属性正在逐步成长。推动建设和谐世界主张适应了国际体系转型与国际关系深刻变革的要求，倡导不同国家和平共处、互利共赢，以和平方式解决国际争端，反对霸权主义；倡导合作与共赢，反对冷战思维和国家间对抗；另一方面，面对国际体系转型与世界多极化趋势的发展带来的一系列新挑战、新问题，如单极与多极矛盾斗争、因民族、宗教和领土争端引发的局部冲突与战争日益加剧，国际恐怖主义和各种非传统安全问题威胁日趋严重，推动建设和谐世界，强调立足世界多样性，注重国家利益与人类共同利益的结合，推进国际关系民主化，倡导互信、互利、平等、协作的新安全观，倡导发展新型大国关系，从而为解决世界和平与发展两大战略性问题指明了新的路径。

总之，推动建设和谐世界所包含的一系列创新性的国际战略理念，既发展了马克思主义国际关系思想，丰富发展了中国外交战略，又为当今国际体系的变革与转型指明了方向，为建构适应和平与发展时代要求的国际新秩序提供了重要的思想理论武器，对于推进人类社会进步具有重大的现实意义和深远的历史意义。

第二章　推动建设和谐世界理念的历史传承

中国之所以能够首倡推动建设和谐世界的战略思想，既是基于中华民族悠久的和平主义传统，又是中国共产党人长期追求世界和平与人类进步的实践探索的结果，有着深厚的历史基础和时代基础。正如有的学者所指出的："建设和谐世界主张是党中央汲取中华民族几千年文化传统精华，运用辩证唯物主义、历史唯物主义的世界观和方法论，在分析时代特征和世界矛盾运动规律，正确把握国际格局和国际关系变化特点，对人类社会发展规律进行新探索所取得的重大理论成果。"①

一、推动建设和谐世界的传统文化根柢

一个民族或国家的当前行为总是或多或少地植根于其历史记忆和经验之中。各民族所处的特定自然环境一定程度上决定了该民族特有的生活与思维方式，历经岁月的沉淀，形成该民族特有的历史与文化传统。这种传统一经形成便成为该民族的整体记忆和特有意

① 叶大波：《坚持不懈推动建设持久和平、共同繁荣的和谐世界》，载《十八大报告辅导读本》，人民出版社，2012 年版，第 357 页。

识，从灵魂深处影响和规定着该民族的思维与行为方式。胡锦涛指出："中华文明是世界古代文明中始终没有中断、连续五千多年发展至今的文明。中华民族在漫长历史发展中形成的独具特色的文化传统，深深地影响了古代中国，也深深影响着当代中国。现时代中国强调的以人为本、与时俱进、社会和谐、和平发展，既有着中华文明的深厚根基，又体现了时代发展的进步精神。"[①] 中国传统文化博大精深，在此仅就当今仍对中国人观察认识世界的思维方法和处理对外关系具有深厚影响的一些思想进行简要分析，以洞悉推动建设和谐世界理念的传统文化根柢。

（一）天下主义情怀

古代，由于生产力水平低下和交通不发达，世界各地的人民相互隔绝，各自生活于自己的国度或狭小的地域空间内。地球上出现的主要是以各个文明古国为中心的各自独立和封闭的区域国际体系。建立在现代主权国家和世界市场有机联系基础上的现代国际关系并未出现。因此，各个区域的人们大都认为自己的民族处在世界中心或宇宙中心，因而存在普遍的自我中心主义。自秦汉之后，中国按照天朝礼治思想建构了一个以中央王朝为中心的"天下体系"。该体系以天子和中央王朝为中心，按照不同等级，呈同心圆状，层层向外扩展。在古老的史籍《禹贡》中就记载了"五百里甸服，五百里侯服，五百里要服，五百里荒服"的国家构成模式。《国语》中曾记载："先王之制，邦内甸服，邦外侯服，侯卫宾服，蛮夷要服，戎狄荒服。甸服者祭，侯服者祀，宾服者享，要服者贡，荒服者王。"[②] 历代王朝不仅在自己行政管辖区域内设立严格的等级制度，而且对外确立了以朝贡制度为主的邦交体制。这一体系的长期发展铸就了

① 中共中央文献研究室编：《科学发展观重要论述摘编》，中央文献出版社，党建读物出版社，2008 年版，第 8 页。

② 翁独健：《中国民族关系史纲》，中国社会科学出版社，2001 年版，第 62 页。

中国大一统的历史传统和“天下主义”的视野与情怀。

古代中国只有天下概念，没有现代主权国家观念。我国著名哲学家冯友兰认为，“天”的概念是指“自然之天”、“主宰之天”、“道德之天”,[①] 包括了自然、神灵和道德。天下并不是单纯的物质概念，同时还是一个社会概念和文化概念。天下是自然与人文汇合的空间，是政治权威与社会秩序交融的载体。赵汀阳认为，中国的天下观概念包含了“天、地、人”三层意思：一指世界大地，相当于古代封建王朝管辖之地；二是居住在大地上的人，即人民和民意；三是指治理的方式或制度，即天下制度；因此，天下概念对世界的理解构成了一种世界观：世界被理解为物理世界（大地）、心理世界（民意）和政治世界（世界制度）的统一体。[②]《诗经·小雅·北山》中描绘的“普天之下，莫非王土；率土之滨，莫非王臣”正是这种天下观的生动体现。古代的天下观追求人类道德和文化方面的统一，讲求不同族类和国家间的互信与和睦，强调多元差异性基础上的共存与和平共处。冯友兰认为：“人们或许说中国人缺乏民族主义，但是我认为这正是要害。中国人缺乏民族主义是因为他们惯于从天下即世界的范围看问题。”[③]

古代中国的天下观具有世界主义的情怀和世界整体论的视野，视天下为一家，强调以天下观天下，立足天下整体思考问题和治理天下。费正清在评论中华秩序时就强调：中国视世界为一个整体，是一个有序的体系，不是诸国林立的战场，不具有霍布斯文化的天性。因此，他认为中华秩序是世界体系（world system）而不是国际体系（international system）。[④]“与本土不同的他乡只是陌生的、遥远的或疏远的，但绝非对立的，不可容忍的和需要征服的。对于天下，

---

① 冯友兰：《中国哲学史新编》，第一册，人民出版社，1982年版，第187页。

② 赵汀阳：《天下体系：世界制度哲学导论》，江苏教育出版社，2005年版，导论部分。

③ 冯友兰：《中国哲学简史》，北京大学出版社，1985年版，第221—222页。

④ John Fairbank, The Chinese World order: Traditional China's Foreign Relations, Cambridge, Massachusetts: Harvard University Press, 1968.

所有地方都是内部的，所有地方之间的关系都以远近亲疏界定，这样一种关系界定模式保证了世界的先验完整性，同时又保证了历史的多样性。”① 中国自古以来习惯把政治单位分为天下、国家、家庭和人，认为只有天下太平，才有国家的稳定，只有国家的稳定，才有家庭的安宁，这体现了“先天下之忧而忧，后天下之乐而乐”的“天下主义”情怀。从个人角度看，则把修身、齐家、治国、平天下作为人生追求的逐步提高的层次目标，平天下成为人生目标的最高境界。

由于时代的局限，中国古代的天下体系具有等级结构的特征。这种秩序结构既不是以敌对关系和无政府状态为特征的霍布斯文化，也不是以竞争为主的洛克文化，更不是以朋友关系为主要特征的康德文化结构，而是以一定的礼制为基础的差序结构。在中央王朝所涉及的天下体系中，各诸侯和朝贡国必须遵奉中央王朝和天子的至尊地位，按照各种君臣、行政与官僚等级的礼制名分，以朝贡和其他形式表达对皇帝至上地位的尊重与臣服。在这种中心—外围结构中，强调内外有别，“内其国而外诸侯，内诸夏而外夷狄”，带有明显的等级秩序特征。尽管这种天下观具有诸多封建的历史局限性，但是，“天下主义”所具有的世界整体论的思维和视野，追求世界和谐乃至大同的理想情怀，在全球化发展的今天日益显示出其可贵之处，也深刻地影响了中国观察世界的思维方法。“天下主义”情怀铸就了中国与西方完全不同的国际秩序观。

不可否认，西方历史上也存在着各种世界主义思想或理想。从古希腊的世界主义哲学到近代为改造资本主义而提出的各种空想社会主义思想，从古罗马时代世界帝国思想到当今世界借助全球化实现西方一统天下的全球主义理想，不一而足。但是，基于自然环境和文化传统的影响，二元对立的竞争性思维方式始终在西方占据主导地位，构成西方文化传统的鲜明特色。这种思维方式把天下分成

① 赵汀阳：《天下体系：世界制度哲学导论》，江苏教育出版社，2005年版，第51页。

自我与异己，把两者看成是分裂的、冲突的、对抗的，对待异己往往采取武力消灭、或者通过改造，变成自我，这是造成当今西方不少人仍然抱着冷战思维不放的重要原因所在。西方文化源头在古希腊。古希腊的自然环境造就了带有竞争性、冲突性和冒险性为特征的西方文化传统。众所周知，东西方传统文化最大区别之一在于，对待不同民族和文化，儒学强调中庸求和，和睦相处；西学则讲对抗冲突。这是中华民族为什么能够用自己的文化一统56个民族，而欧洲国家多为单一民族或少数几个民族构成的重要原因所在。发展到近代，在对待不同种族、不同文化的国家上，西方为什么能够运用殖民、战争甚至种族灭绝政策侵略或改造其他民族或国家，而中国始终强调和而不同，协和万邦。哥伦布航行发现美洲大陆掀起了欧洲殖民扩张浪潮，而郑和七下西洋带去的只有中国的礼品与礼仪，充分反映了两种不同文化的历史影响。中国视天下万事万物为一体，追求不同事物和谐共存，这是中国天下主义情怀的内核和精髓。西方则视不同事物为冲突的、对抗的，以征服异己为己任，至于手段方法，在不同时代随着文明程度的不同，则有所不同。由此可见，真要讲人道、人性，中国的天下主义具有至高至大的人道和人性。西方的人道与人性的境界无法与中华民族相比拟。

（二）追求和谐的和合主义思想

自董仲舒罢黜百家、独尊儒术之后，儒家学说在中国传统文化中一直占据统治地位。以和为贵，推崇“中”与“和”的思想是儒学的哲学基础。据考证，“中”的概念最早出自《论语》所记载的尧与舜的对话中。“尧曰：咨！尔舜！天之历数在尔躬，允执其中。”[①] 所谓“中”，指不偏不倚，无过无不及，恰到好处。“和”的

① 刘俊田等注译：《四书全译》，贵州人民出版社，1988年版，第23页。

概念最早出自《国语·郑语》所记载的西周末期史伯的话，即“夫和实生物，同则不继。以他平他谓之和，故能丰长而物归之；若以同裨同，尽乃弃矣。”由此不难看出“和”与“同”的区别。“和”强调不同的或对立的事物通过协调，构成一个协同的统一体。对待不同事物，中国人自古以来强调取和弃同，反对以己之见强加于人。“君子和而不同，小人同而不和”，儒家高度重视“和”。《论语·学而》写到：“有子曰：礼之用，和为贵……小大由之。有所不行，知和而和，不以礼节之，亦不可行。”“和”是有原则的，必须以礼节之，不是无条件地求和。把“中”与“和”结合起来形成的“中和”概念最早出自《礼记·中庸》。该书写到：“中也者，天下之大本也；和也者，天下之达道也。致中和，天地位焉，万物育焉。”①“和”哲学认为世间万事万物共处一体，构成和平与协调的有序联系，冲突与混乱只是暂时的失序、不协调与不平衡而已。和平共处构成“和”哲学的目标追求。人与人、人与社会、人与自然之间都有天然的内在联系和秩序规范。董仲舒强调，“万事万物与吾一体，固吾无所不爱”。这与西方传统的二元对立的思维方式完全不同。费孝通先生在谈到古代中国天下体系时认为：“中国的社会体系就像水里投入一块石头所产生的状态，水波四起，伸展无限。这就淡化了‘我’的绝对主体性，从本体论上取消了自我与他者的二元对立。”②“中和”思想强调尊重事物的差异性，承认不同事物的存在，在差异性基础上调和矛盾，使不同事物达到和平共处甚至和谐状态。所谓中庸之道就是允执其中，执其两端，用其中于民。孔子明确表示：“君子中庸，小人反中庸……君子而时中……小人而无忌惮也。”“君子和而不同，小人同而不和。”寻求差异性基础上的调和与共存，对立之间取其中，成为中和哲学的真谛。这一思想已经成为几千年来中国人的特有思维方法。正如有的学者指出的：“中为上，和为

---

① 刘俊田等注译：《四书全译》，贵州人民出版社，1988 年版，第 31 页。

② 费孝通：《乡土中国》，北京大学出版社，2005 年版，第 13 页。

贵，中庸是至德，和合是达道，便成了二千多年中国人的人格理想。中国人世世代代的生活轨迹便是由中和或中庸铺就的。”[①]

“中庸求和”一直是中国人处理人与人、国与国、人与社会的关系、人与自然关系的基本法则，为人与人、人与社会、人与自然之间的和谐提供了重要思想基础。以中庸之道处理人际关系带来社会和谐，以中和思想处理国家间关系，达到协和万邦，以中和对待世界，则世界和谐。《尚书·尧典》在赞美尧帝时指出：“帝尧……克明俊德，以亲九族。九族既睦，平章百姓，百姓昭明，协和万邦，黎民于变时雍。”[②] 中国不仅追求和谐，甚至追求在“和”基础上的大同。《礼记·礼运》强调：“大道之行，天下为公，选贤与能，讲信修睦。故人不独亲其亲，不独子其子，使老有所终，壮有所用，幼有所长，鳏寡孤独废疾者，皆有所养，……是谓大同。”“中和”思想被运用到国家关系上必然表现出宽容、和平与安顺。虽然这一思想“有时失之文弱，并在一定条件下流于折中调和”，但其中的“和平、温良则积淀为中华民族的优良美德”。[③] 这一思想奠定了中国传统和平主义深厚的思想基础。这一精神今天仍然深刻地影响着中国人观察和对待世界的态度和方法。毛泽东、周恩来、江泽民、胡锦涛等中国领导人多次在外交或国际场合阐述过中国的“中和”思想，以此作为处理国家间差异或矛盾的基本方法，阐明中国对待世界多样性的基本态度。江泽民曾强调指出：“两千多年前，中国先秦思想家孔子就提出了‘君子和而不同’的思想。和谐而又不千篇一律，不同而又不相互冲突。和谐以共生共长，不同以相辅相成。和而不同，是社会事物和社会关系发展的一条主要规律，是人类各种文明协调发展的真谛。”[④] 尊重世界多样性，主张各种文明共存共荣，强调国家间和平共处、和谐共存等今天中国具有的一些外交思

---

① 董根洪：《儒家中和哲学通论》，齐鲁书社，2001年版，第120页。

② 汤一介：《中国儒学文化大观》，北京大学出版社，2001年，第525页。

③ 同上书，第9—10页。

④ 《江泽民文选》第3卷，人民出版社，2006年版，第522页。

想，无不透示着“中和”思想的色彩。胡锦涛最早就是从如何对待世界文化多样性的角度提出建设和谐世界主张的。他主张不同文化加强交流，相互借鉴，取长补短，共存共荣。强调世界不能只有一种颜色，也不能只有一种文化。“和实生物”才是对待各种文明的正确之道。

在全球化深入发展的今天，主权国家全球性拓展与世界相互依存不断增强已经成为当今国际体系的两大基本特征。在这样的国际体系中，和而不同，以和为贵与追求和谐的思想在处理国际关系和国际新秩序建构方面给我们以重要启示。尊重世界多样性，尊重各国对社会制度和发展道路的自主选择，在多样性基础上，通过平等协商、互利共赢，寻求世界持久和平与共同繁荣，乃时代发展需要。英国著名历史学家阿诺德·汤因比认为：“如果说未来世界能够实现统一的话（世界统一是避免人类自杀之路），那么这种统一方式一定是和平的，而中国文化中包含着和平统一世界的智慧。中国将在世界和平统一进程中发挥重要作用。”① 抛开世界和平统一的未来理想不说，汤因比确实看到了中国“和合”文化的特质及其价值。这一特质对于化解当今世界的各种矛盾和冲突，无疑提供了重要启示。

（三）崇王道弃霸道的政治传统

仁爱是儒学的核心思想。它强调内圣外王，崇尚王道，反对霸道。孟子说：“以力假仁者霸，霸必有大国；以德行仁者王，王不待大。……以力服人者，非心也，力不瞻也；以德服人者，中心悦而诚服也。”② 儒家强调推行仁政王道，靠仁义道德而非武力争取民心，强调以德服人，反对以武力征服人。“国君好仁，天下无敌。”因此，大国必须对小国讲仁义，要帮助小国，小国必须对大国讲礼制，侍

---

① ［英］阿诺德·汤因比，［日］池田大作：《展望二十一世纪》，荀春生等译，国际文化出版公司，1985 年版，第 295 页。

② 刘俊田等注译：《四书全译》，贵州人民出版社，1988 年版，第 405 页。

奉大国。荀子强调务实王道，认为“王夺之人，霸夺之与，强夺之地。夺之人者臣诸侯，夺之与者友诸侯，夺之地者敌诸侯。臣诸侯者王，友诸侯者霸，敌诸侯者危”。荀子的王道、霸道、强道三分法与孟子的王道与霸道两分法的不同之处在于，荀子认为在德与力的关系上，德力不可分，德力并重，德在力中，既强调以德服人，又认为德离不开力的支撑，但坚决反对“强道”。由此不难看出，霸权主义，特别是以军事强权为基础的霸权主义与中国崇仁尚义的王道思想是格格不入的。

王道讲究反诸自己和忠恕之道。《孟子·离娄上》说：“行有不得者皆反求诸己，其身正而天下归之。”强调人际关系遇到矛盾和冲突时，不能首先责怪对方，而是反省自己，从自身找问题并加以改进。孔子在《论语·卫灵公》中说：“君子求诸己，小人求诸人”，“躬自厚而薄责于人，则远怨矣”，“吾日三省吾身，为人谋而不忠乎？与朋友交而不信乎？”这体现了儒家遇事严以自律的内省思维模式和君子风度。儒家倡导忠恕之道。对人必须忠诚守信，尽己之心待人。孔子就强调：“己所不欲，勿施于人。”应该推己及人，尽量替他人着想，不强求他人。这种人际关系准则推及到国家关系上，便体现出中国外交常常显示出的君子般大国风度，严以律己，宽以待人，自我约束，诚实守信，与邻为善，甚至成人之美。

王道倡导德政和仁政。德政强调加强对民众的道德教化，统治民众必须宽猛相济，作为统治者必须重民、爱民、富民，省刑罚，薄赋敛，争取民心。孔子强调为政以德，并认为德不孤，必有邻。《论语·述而》有悟：“志于道、据于德、依于仁、游于艺。”《礼记·中庸》说：“修身也，尊贤也，亲亲也，敬大臣也，体群臣也，子庶民也，来百工也，柔远人也，怀诸侯也。柔远人，则四方归之。怀诸侯，则天下畏之。送往迎来，嘉善而矜不能；所以柔远人也。……朝聘以时，厚往薄来；所以坏诸侯也。”儒家从人性善出发，强调施仁政。孟子就认为：“人皆有不忍人之心。先王有不忍人之心，斯又不忍人之政矣。以不忍人之心，行不忍人之政，治天下可运之掌上。”他认为：“天子不仁，不保四海；诸侯不仁，不保社稷；卿大夫不仁，不保宗庙；士庶不仁，不保四体。”孟子甚至坚信“仁者无敌”。仁爱思想强调互爱互助，和睦相处，大小国家平等。墨子推崇的兼爱思想则强调，“天下无大小国，皆天之邑也”，主张国家不论大小，一律平等，强调应以互利、相爱、平等原则，“兴天下之大利”，体现了一定的互利与共赢思想，蕴含着人类大家庭的观念。这种兼爱思想受到了世界文化大师的高度关注。英国历史学家汤因比就认为，“现代世界技术上已经统一，但在感情方面还没有统一起来，而中国古代的兼爱思想则更为恰当”。[①]

儒家的仁爱思想重义轻利，强调道义、正义，轻视物质利益。孔子就强调“君子喻于义，小人喻于利”，“君子谋道不谋食。……君子忧道不忧贫。”自古以来，中国就有多行不义必自毙的说法，强调仁义道德的重要性。这一思想体现在中国外交实践中便是崇尚公理，主持正义，以大义为重，乐善好施，扶贫济弱，反对以强凌弱。在东亚朝贡体系中，中央王朝往往运用厚往薄来的原则处理朝贡关系，使用武力的情况极少，即使有也仅仅是应朝贡国的请求，为主持正义而用之。

（四）尚德不尚武的治理传统

与崇王道、弃霸道思想相辅相成，中国自古讲究正道直行，强调以德服人、以理服人，反对以力压人，崇尚德治，强调慎战、止战、义战。正如有的学者所指出的：“中华民族灿烂的军事文化突出表现为慎战性、防御性、尚谋性三大稳定思维特质，对中国特色军事理论创新产生深刻的影响。”[②] 止戈为武，集中体现了中国古代兵

① 孙玉荣：《古代中国国际法研究》，中国政法大学出版社，1999 年版，第 203 页。
② 汪为余、张前程：《论中国特色军事理论创新》，国防大学出版社，2009 年版，第 42 页。

学思想的核心精神。道家创始人老子说："夫兵者不祥之器也，物或恶之，故有道者弗处。……兵者不祥之器，非君子之器，不得已而用之，恬淡为上。胜而不美，而美之者，是乐杀人。夫乐杀人者，则不可以得志于天下矣。"老子认为锐利的兵器是好兵器，但不是好东西。若认为是好东西就接近于喜欢杀人，喜欢杀人在世界上是行不通的。因此，以杀人为乐事的好战者，不可得志于天下，强调"杀人安人，杀之可也；攻其国，爱其民，攻之可也；以战止战，虽战可也"。中国古代兵学大师孙子认为，决定战争胜负的关键在于"主孰有道"，得道多助，失道寡助，讲究战争是否正义。为此，他强调把仁爱之心置于将帅必备的"仁、智、信、勇、严"五大素质的首位。强调上兵伐谋，其次伐兵，其下攻城，攻城之法为不得已为之，故"百战百胜，非善之善者也，不战而屈人之兵，善之善者也"。中国传统军事文化中的这种慎战、止战、义战思想深深地影响了毛泽东等中国共产党人。毛泽东历来注重战争的正义性与非正义性，强调正义战争必胜，得道多助，失道寡助；坚持积极防御的军事战略，强调人不犯我，我不犯人；以无产阶级革命战争制止帝国主义反革命战争。这一军事文化精神至今仍然深刻地影响着我军现代化建设和军事战略的制定与实施。这一点得到了多数了解中国的人的公认。日本著名学者池田大作指出：中国人"是在本质上希望本国和平与安泰的稳健主义者，实际上，只要不首先侵犯中国，中国是从来不先发制人的"。[①]

推动建设和谐世界主张不仅传承了中国传统天下观的世界主义视野和情怀，而且体现了和而不同、和实生物，以和谐为理想的中和思想，继承和发扬了中国传统仁爱思想中的相互尊爱，平等互利，共存共赢，崇尚正义与诚信的思想。英国哲学家罗素谈到中国传统文化时认为："中国至高无上的伦理品质中的一些东西现代世界极为

---

① 袁德金等：《毛泽东战略思想与中华民族优秀传统思想文化》，《中国军事科学》，1998 年第 1 期。

需要。这些品质中，我认为和气是第一位的，以公理为基础而不以武力去解决争端。”①

二、在屈辱与苦难中谋求民族独立寻求世界和平

鸦片战争后，西方列强不仅用坚船利炮打破了以中国为中心的东亚朝贡体系，而且也打碎了中国人持续了两千多年的“天下观念”。中国逐步陷入了半殖民地半封建社会。在西方现代文明强烈冲击之下，中国的国际战略理念与国际秩序观开始出现革命性变化，经历了从传统向现代的深刻转型。直到20世纪上半叶，世界进入了从帝国主义殖民体系向主权国家体系全球性扩展的时代，中国共产党人适应时代发展潮流的需要，把马克思主义与中国革命具体实际相结合，把寻求民族独立与追求世界持久和平与人类进步的理想相结合，经过艰难的摸索和艰苦卓绝的革命斗争，才初步完成了中国国际秩序观的现代转型，形成了具有中国特色的一些外交思想和国际秩序观，为推动建设和谐世界思想的形成奠定了一定的基础。

（一）从华夷秩序到主权国家平等观念的确立

1648年威斯特伐利亚体系形成后，在欧洲正式确立了现代主权国家体系。随着欧洲资本主义的发展和工业化的推进，欧洲列强通过殖民扩张的方式，逐步把亚非拉国家纳入了资本主义世界体系之中。鸦片战争的爆发标志着西方殖民体系开始全面侵入中国，从此中国沦为半殖民地半封建社会。东西方文明体系发生了直接碰撞。天下观及其主导下的华夷秩序被打破，讲究礼仪道德的天朝失去了

① ［英］伯特兰·罗素：《中国问题》，秦悦译，学林出版社，1996年版，第167页。

往日“协和万邦”、“宾服蛮荒”的威严。一方面，中国传统社会遭受了前所未有的打击，出现了传统与现代的剧烈冲突，甚至断裂；另一方面，面对外敌入侵，中国人不断寻求国家富强与民族复兴之路，开始了追逐中国梦的历史征程。

面对欧美列强的入侵，清政府缺乏现代国际理念，固守传统道德与礼治，以妥协退让作为自保的主要方式和安抚欧洲列强的举措，意识不到不平等条约对国家主权的侵害。在外交实践上，为了维护清王朝的统治，清政府开始玩弄一些外交策略和手法，如用商制夷，拿经济关系和经济利益做交易，换取西方的政治支持；用民制夷，利用民众的忠君爱国意识，对付欧洲列强；以夷制夷，利用列强之间的矛盾求得生存空间；甚至从儒家传统教义出发，谋求用信义驯服欧洲列强。清政府部分保守派面对敌强我弱的局势，主张以“外敦伦睦，隐示羁縻”作为对外交涉的权宜之计，避免国家利益和主权遭受更大的损害。直到 1876 年清政府设立主管外交事务的总理衙门之后，才废除外国使者叩拜礼节，并向国外派驻外交使团。这是中国外交开始向现代转变的一个重要标志。但是，由于清朝政府腐败和观念落后，在信奉权力政治的西方列强面前，清政府推行的各种外交策略的结果可想而知，欧洲殖民列强对中国的侵害不但没有缓解，而且愈演愈烈。甲午战争后东亚朝贡体系寿终正寝，以礼治和差序结构为主要特征的华夷秩序彻底崩溃。

在思想上，面临西方列强的强大军事威胁，清王朝部分社会精英和政府幕僚开始审视和学习西方文化。他们认识到西方殖民国家与历史上的外夷有着巨大的差别。在两次鸦片战争和英法占领北京的沉重打击之下，不少人开始研究世界历史与地理，接触到了西方现代主权思想，并使其为清王朝所用，以寻求制夷之策。魏源、林则徐就是这方面的代表。也有部分开放人士如冯桂芬、王韬、郑观应、薛福成、郭嵩焘等，不同程度地提出学习西方，主张抛弃传统的华夷之辨，树立各国平等相处的思想，接受西方现代外交法则；经济上主张各国通商互市，反对闭关绝市。部分人甚至主张全盘西化。1894年的甲午战争给中国社会带来了前所未有的强烈震荡。在士大夫阶层，民族危机意识被唤醒。民族主义开始逐步取代传统的夷夏观。维新志士开始引入西方的国家学说和民族理论。梁启超在百日维新后正式提出了民族主义和民族国家的概念，主张破除夷夏观，确立开放的民族平等观，认为时代的变迁已经把分散孤立的国家和地区联成了一体，国家间关系日益加强，在竞争中互相促进和发展，强烈呼吁树立民族国家观。康有为认为，欧美各国富强的原因之一在于欧美历史上诸国林立，国家间竞争激烈，促进了彼此政治和经济的发展。中国封闭一统的夷夏观导致中华民族缺乏进取精神，在世界竞争的舞台上终于落于人后。他强调："今日之治，当以开创之势治天下，不当以守成之势治天下；当以列国并立之势治天下，不当以一统垂裳之势治天下。"[①] 这些思想为中国现代主权思想的确立奠定了一定的基础。维新志士大声疾呼，加强民族抗争意识。在国内变革问题上，他们主张保国保种保教，实行资产阶级君主立宪制。但是，维新变法的失败表明，此时的中国社会仍然沉浸在封建主流思想之中。全民性的国家意识和民族主义意识仍然没有被全面唤醒，中西两种体制和两种思想激烈冲突与较量仍在进行。但清政府和上层官僚未能从体制上和思想上寻求变革，建立独立民族国家的愿望仍然十分茫然。

19世纪末20世纪初，伴随着帝国主义列强对殖民地争夺的激化，中华民族危机进一步加深。资产阶级革命派把民族与国家联在一起，以民族国家为口号掀起了救亡运动，传播西方的国家理论，强调国家服务于人民，人民是国家主人，个人与国家荣辱与共，休戚相关，个人服务于国家等于服务于自我。用资产阶级自由、平等、博爱思想看待民族主义，将民族主义与推翻封建王朝统治相联系，超越了传统的忠君思想。经济上主张夺回国内市场，振兴民族工业，收回利权和抵制洋货；文化上则出现了多种社会思潮并存的态势。

① 汤志军编：《康有为政论集》（上册），中华书局，1981年版，第122页。

随着清朝的灭亡和西方文化的大肆涌入，中国传统文化遭受强烈冲击。辛亥革命前后，西方各种思潮在中国都不同程度地得到传播和发展，国内出现了多种社会思潮竞相争锋的局面。有捍卫国学的国粹派、主张以孔教立国的新保守派，推崇民主与科学的新文化运动，等等。这些社会思潮都不同程度地冲击了传统的“天下主义”。第一次世界大战的爆发和巴黎和会上中国遭受的外交屈辱，进一步唤醒了中国民众的主权意识，民族主义浪潮开始席卷全国。以“外争国权，内惩国贼”为口号的五四爱国运动的爆发，标志着民族主义取代了传统的“天下主义”，中国文化发展进入了一个新的历史阶段。

20世纪初勃兴的中国民族主义是在西方列强的反复压迫和欺凌之下逐步发展起来的，这决定了其核心内容必定是民族救亡。注重发展公民权的民主民族主义不得不让位于以国家主义为重心的民族主义。这一特定的历史任务与中国封建极权传统相结合，使清王朝覆灭后带有严重封建极权色彩的民族主义政治力量（军阀和蒋介石领导的国民政府）先后掌控中国政治舞台。蒋介石放弃了孙中山确立的建立民主主义共和制度的理想，推崇极权民族主义，对内利用民族遭受的侮辱，激发民众情感，增强民族向心力，在民族至上和国家至上的口号下，用民族革命压制资产阶级民主革命，贬损民族主义中的民主成分，维护封建官僚集权统治；对外方面，借助英美，委曲求全，谋求自保，推行不绝交、不宣战、不讲和、不订约的“无为外交”；利用帝国主义之间的矛盾，玩弄平衡外交，强调攘外必先安内等等。显然，这些政治力量难以完成实现中华民族独立的历史重任。

（二）新民主主义革命外交思想的形成

20世纪上半叶，经历了两次世界大战的沉重打击，以欧美为中心的殖民体系开始瓦解。伴随着亚非拉民族的觉醒，民族解放运动日益高涨，并席卷全球。为维护国家独立和平等地位，新兴独立国家大力援引近代国际法，追求民族自决与国家平等，反对外国干涉，维护本国主权和领土完整。伴随着新兴民族独立国家的大批涌现，主权国家体系开始从欧洲扩展到全球。殖民体系的终结和全球性主权国家体系的确立，标志着国际关系取得了历史性的重大进步。联合国宪章对这种主权体系和原则加以了确认。中国新民主主义革命适应了这一世界性发展潮流的需要，成为这一世界性反殖民、反帝国主义浪潮的重要组成部分。

俄国"十月革命"给陷入苦苦寻求民族独立的中国革命志士提供了新的选择。"十月革命"后的俄国建立了无产阶级专政的国家，解放了生活在社会底层的劳动阶级，同时，在外交上声明放弃沙皇时期在中国的特权，取消了部分对中国的不平等条约。这些言行对中国的革命志士具有极大的吸引力。与此相反的是，在第一次世界大战后举行的巴黎和会上，欧美帝国主义不顾中国的反对，把德国在山东的特权转让给日本。西方列强暴露出的帝国主义本性及强权外交，使中国人开始对西方制度及其文化进行反思和批判。以批判西方资本主义为核心内容的马克思主义很快得到中国革命志士的关注。马克思列宁主义不仅深刻地分析了帝国主义的本质，而且把亚非拉民族解放运动作为无产阶级世界革命的重要组成部分，给予鼓励和支持。马克思主义传入和俄国革命的成功实践给陷入半殖民地半封建社会的中国指明了方向。中国共产党人把马克思主义普遍原理与中国革命实际相结合，创造了独具特色的新民主主义革命理论和新民主主义文化。这一理论蕴含着我党早期的国际战略思想，表现在以下几个方面。

一是对国际体系的认识。中国共产党人认为国际体系主要表现为帝国主义殖民体系。中国半殖民地半封建社会历史命运的形成是与帝国主义殖民体系的拓展分不开的。从阶级分析的方法出发，他们认为资本主义的扩张、侵略和战争，不是简单的民族战争，而是帝国主义国家对殖民地进行剥削和压迫的阶级战争。帝国主义是世界战争的策源地，因此，要取得民族独立和解放，确保世界永久和平，必须进行世界范围内的反殖民、反帝国主义战争。殖民地国家民族解放运动不是孤立的，必须实行全世界被压迫民族和阶级的联合。在殖民体系下，民族解放运动是世界范围内无产阶级革命的重要组成部分。毛泽东等人分析了帝国主义殖民体系的主要矛盾，认为在帝国主义殖民体系中存在帝国主义之间的矛盾，垄断资产阶级与无产阶级之间的矛盾，帝国主义与殖民地国家之间的矛盾。新民主主义革命的核心任务就是反帝、反殖、反封建官僚主义。1940 年 1 月，毛泽东在《新民主主义论》一书中系统论证了“中国人民的革命是世界革命的一部分”。他认为 1914 年的第一次世界大战和 1917 年的十月革命“改变了整个世界历史的方向，划分了整个世界历史的时代”。[①] 中国革命已经从旧民主主义进入了新民主主义阶段，并已经成为世界无产阶级革命的一部分。毛泽东明确指出：“中国共产党人提出的这一正确命题，是根据斯大林的理论的。”[②] “在这种时代，任何殖民地半殖民地国家，如果发生了反对帝国主义，即反对国际资产阶级、反对国际资本主义的革命，它就不再是属于旧的世界资产阶级民主主义革命的范畴，而属于新的范畴了；它不再是旧的资产阶级和资本主义的世界革命的一部分，而是新的世界革命的一部分，即无产阶级世界革命的一部分了。这种革命的殖民地半殖民地，已经不能当作世界资本主义反革命战线的同盟军，而改变为世界社会主义革命战线的同盟军了。”[③] 中国共产党人把中国革命与世界无产阶级革命，与世界范围内的反对帝国主义及其殖民体系相结合，顺应了国际体系从殖民体系向全球性主权国家体系拓展这一时代发展潮流的需要。

二是确立了战争与革命的时代主题思想。毛泽东等中国共产党人接受了列宁、斯大林提出的帝国主义战争与无产阶级革命的时代主题思想，认为只有用无产阶级革命战争打败帝国主义的战争，彻

---

① 《毛泽东选集》，第 2 卷，人民出版社，1991 年版，第 667 页。
② 同上书，第 669 页。
③ 同上书，第 668 页。

底消灭帝国主义和资本主义，才能实现人类的持久和平。早在1938年5月，毛泽东在《论持久战》一书中分析抗日战争和第二次世界大战的性质时就指出："中国抗日战争的持久性同争取中国和世界的永久和平，是不能分离的。没有任何一个历史时期像今天一样，战争是接近于永久和平的。因为，这次战争的结果将不是资本主义的获救，而是它的走向崩溃。这次战争无疑将出现伟大的革命战争，用以反对一切反革命战争，而使这次战争带着为永久和平而战的性质。即使尔后尚有一个战争时期，但是已离世界的永久和平不远了。人类一经消灭了资本主义，便达到永久和平的时代。"① 他强调指出："我们的战争是神圣的、正义的，是进步的、求和平的。不但求一国的和平，而且求世界的和平，不但求一时的和平，而且求永久的和平。"② 他认为世界存在三种主要力量，即以苏联为代表的社会主义和平民主力量，以美国为代表的西方帝国主义力量，新兴的民族独立国家和广大殖民地国家力量。殖民地半殖民地国家的民族解放运动是世界无产阶级革命的重要组成部分，包括西欧和美国人民在内都是世界反对帝国主义战争的力量。"反帝国主义阵营的一切力量，正在团结，并正在向前发展。……我们和全世界民主力量一道，只要大家努力，一定能够打败帝国主义的奴役计划，阻止第三次世界大战使之不能发生，推翻一切反动派的统治，争取人类永久和平的胜利。"③ 反帝国主义阵营的力量超过了帝国主义阵营的力量。"现在是全世界资本主义和帝国主义走向灭亡，全世界社会主义和人民民主主义走向胜利的历史时代。"④

三是强调无产阶级爱国主义与国际主义相结合。无产阶级国际主义以推动世界革命为目标，以解放全人类为理想。早期的中国共产党信奉一切为国际共产主义运动服务、服从国际共产主义运动需

① 《毛泽东外交文选》，中央文献出版社，世界知识出版社，1994年版，第9—10页。
② 同上书，第11页。
③ 《毛泽东选集》，第4卷，人民出版社，1991年版，第1260页。
④ 同上书，第1260页。

要的国际主义，但随着苏联日益暴露出的民族利己主义，以及中国共产党部分人教条式地执行共产国际指示带来的危害日益加深，日本侵略带来的中华民族危机的加重，以毛泽东为代表的中国共产党人本着实事求是的精神，重新审视无产阶级国际主义，赋予无产阶级国际主义以民族主义内涵，认为民族主义是无产阶级国际主义在民族解放战争中的实施。在外交上，中国共产党以争取国家主权独立为目标，将民族解放与国际阶级斗争统一起来，认为只有全面的民族抗战，才能使抗战得到最后的胜利，阶级斗争应该服从抗日的民族战争。一切阶级斗争的要求都应以民族斗争的需要（为了抗日）为出发点。必须坚持爱国主义与国际主义结合，大力发扬民主，发动人民群众，强调用民主的民族主义抵制和打击极权的民族主义。在政治、经济、军事、文化、党务和国际关系上实行民主，提出建立各阶级联合的抗日统一战线策略；将国内统一战线与国际统一战线结合起来，拥护并利用国际上建立的反法西斯统一战线进行抗日。毛泽东强调，我们的统一战线应当以抗日为目的，不是同时反对一切帝国主义；在不丧失领土主权的范围内，和一切反对日本侵略的国家订立反侵略的同盟及抗日的军事互助协定，拥护国际和平阵线，反对德日意侵略阵线。

四是推崇民族自决与平等。毛泽东等中国共产党人把马克思列宁主义的一些思想灵活地运用到中国革命实践中，强调殖民地和半殖民地国家人民的首要任务是谋求民族解放与国家独立，为此进行的一切战争都是正义的、合法的，而帝国主义战争目的是为了剥削其他民族，获取高额垄断利润，因而是非法的，非正义的。他们对列宁推行的和平外交路线倍加赞赏，强调民族国家的平等与独立，反对西方长期以来推行的强权政治。在1945年召开的中国共产党第七次全国代表大会上，毛泽东指出："中国共产党的外交政策的基本原则，是在彻底打倒日本侵略者，保持世界和平，互相尊重国家的独立和平等地位，互相增进国家和人民的利益这些基础之上，同各国建立并巩固邦交，解决一切相互关系问题，例如，配合作战、和平会议、通商、投资等等。”[①] 新中国成立前夕，毛泽东又指出：“中国人民革命军事委员会和人民政府愿意考虑同各外国建立外交关系，这种关系必须建立在平等、互利、互相尊重主权和领土完整的基础上。”[②]

新民主主义革命外交思想是我党把马克思主义与中国革命实际相结合进行创新发展的产物。马克思主义之所以被中国无产阶级革命家所接受，是因为该理论适合中国的社会需要，能够解决中国面临的时代问题。正如马克思所说的：“理论在一个国家的实现程度，决定于理论满足这个国家的需要的程度。”[③] 与其他思潮相比，马克思主义具有的阶级分析方法、革命代替改良的思想、集体主义取代个人主义、国家的阶级性、国际主义取向、共产主义理想等，不仅与中国一些传统思想密切相关，而且契合了当时中国的社会需要。马克思主义的世界革命理论和解放全人类的共产主义理想，引起了自古以来具有天下和谐理想的中国人的共鸣。马克思运用历史唯物主义阶级分析方法，指明了追求世界和平与人类解放的路径，即进行世界性的无产阶级革命，消灭资本主义剥削和压迫，最终建立人人自由与全面发展的共产主义社会。这一思想既蕴含着中国传统的天下主义情怀，又为中国寻求民族解放和国家独立提供了重要的现实的理论指导，深受中国共产党人的赞赏和支持。正如李大钊所说的，中国之所以认同苏俄，“决不是因为收回一点物质权利才去感谢他们的，我们是因为他们能在这强权世界中，表现他们的人道主义、世界主义精神，才去钦服他们的”。[④] 中国共产党坚持爱国主义与国际主义相结合的原则，立足民族解放和国家独立，把中国革命与世界革命联系起来，始终着眼于世界的持久和平与人类社会的进步。这既体现了中国自古以来的天下主义情怀和世界主义的视野，反映了当时的时代要求，又体现了中国自身革命的需要。我党确立的民

---

① 《毛泽东外交文选》，中央文献出版社，世界知识出版社，1994年版，第43页。
② 《毛泽东选集》，第4卷，人民出版社，1991年版，第1461页。
③ 《马克思恩格斯选集》第1卷，人民出版社，1972年版，第10页。
④ 《李大钊文集》（下），人民出版社，1984年版，第214页。

族自决与主权平等、民主民族主义、反帝国主义、反殖民、反霸权思想，谋求世界永久和平思想等，无疑为新中国外交的确立与和谐世界理念的形成奠定了坚实的现代思想基础。

同时，新民主主义外交思想也是我党反思近代以来中华民族遭受苦难的结果。鸦片战争后，中国深受西方列强殖民人侵之痛，中国与广大殖民地国家有着相同的历史经历，本着“己所不欲，勿施于人”的原则，中国绝不会把殖民和侵略这种痛苦强加给其他国家。这一思想渗透于中国领导人的脑海之中，毛泽东、周恩来等领导人在接见外宾时多次谈到这个问题，阐明中国这一立场。1956 年 9 月，毛泽东在会见南斯拉夫共产主义者联盟代表团时强调指出，中国“反对大国主义”、“反对大汉族主义”，要求中国“夹紧尾巴做人”，中国“不盛气凌人，遵守五项原则”，“我们自己曾是被欺侮的，知道受欺侮的滋味不好受”。① 习近平总书记明确指出：“中国人民对战争带来的苦难有着刻骨铭心的记忆，对和平有着孜孜不倦的追求，十分珍惜和平安定的生活。中国人民怕的就是动荡，求的就是稳定，盼的就是天下太平。走和平发展道路，是中国人民从近代以后苦难遭遇中得出的必然结果。”②

三、独立自主和平外交的奠定

推动建设和谐世界与新中国成立后确立的独立自主和平外交一脉相承。从新中国成立到改革开放前，中国共产党人为了巩固新民主主义革命成果，维护民族独立和国家主权，为社会主义改造和社会主义现代化建设谋求和平稳定的国际环境，相继创造性地

① 《毛泽东外交文选》，中央文献出版社，世界知识出版社，1884 年版，第 256 页。
② 习近平：《更好地统筹国内国际两个大局，夯实走和平发展道路的基础》，《人民日报》2013 年 1 月 30 日。

提出了一系列外交思想，形成了独具中国特色的国际关系思想。纵观改革开放前30年中国的外交实践，尽管“文化大革命”时期出现过短暂的“极左”思潮的影响，但坚持独立自主地位，维护世界和平，促进世界的民主与进步，是这一时期中国外交一以贯之的主题。

（一）坚决维护国家主权和独立自主地位

毛泽东等中国共产党人不仅依据马克思的民族自决与国家平等理论，阐述了中国维护国家独立自主地位的重要性，而且结合中国近代历史的经验教训阐明了这一原则主张，认为中国独立自主的地位是一百多年来中国人民前赴后继，不断流血牺牲和抗争的结果。周恩来强调，必须同一百多年旧中国屈辱外交决裂，清除帝国主义在华一切特权，取消帝国主义强加给中国的一切不平等条约。毛泽东提出的“打扫干净屋子再请客”、“另起炉灶”和“独立自主，自力更生为主，争取外援为辅”等外交方针，奠定了中国独立自主外交的基础，在外交实践上则千方百计维护中国独立自主地位和主权利益。新中国成立后，中国共产党确立了对苏联“一边倒”的外交战略。毛泽东认为：“一边倒，是孙中山的四十年经验和共产党的二十八年经验教给我们的，深知欲达到胜利和巩固胜利，必须一边倒。积四十年和二十八年的经验，中国人不是倒向帝国主义一边，就是倒向社会主义一边，绝无例外。骑墙是不行的，第三条道路是没有的。我们反对倒向帝国主义一边的蒋介石反对派，我们也反对第三条道路的幻想。”① 但同时强调：“一边倒是和苏联靠在一起，这种一边倒是平等的。”② 针对苏联推行的大国主义、大党主义和霸权主义，中国共产党人进行了坚决的

① 《毛泽东外交文选》，中央文献出版社，世界知识出版社，1994年版，第93页。
② 同上书，第279页。

斗争，坚决维护国家主权和国家权益，在维护本国独立自主地位和主权利益的同时，强调尊重其他国家的主权与领土完整，尊重别国独立自主地位，从不把自己的意志强加于人。毛泽东在会见外宾时多次强调，中国反对大国主义，要按照和平共处五项原则办事，甚至要“夹着尾巴做人”。

（二）致力于反对帝国主义、殖民主义和霸权主义，促进世界和平与国际关系民主化

毛泽东、周恩来等人多次强调指出，追求民主和维护世界和平是社会主义国家外交的首要原则，是马克思主义政党的政治目标。基于中国传统文化和马克思对资本主义国家外交批判的思想的影响，基于中国近代遭遇的痛苦历史记忆，我党历来反对霸权主义，崇尚民主、和平、公理与正义。毛泽东等人十分赞赏马克思对资本主义的“国际政治的秘密”的批判，认为根绝一切战争最根本出路是结束霸权，并认为无产阶级的目标是创造一个以和平作为国际关系原则的新社会。新中国成立后一直把自己定位为促进世界和平与国防关系民主化的战略角色。毛泽东多次强调，中国人是爱好和平的，我们反对帝国主义战争政策和殖民政策。为了反对帝国主义、殖民主义和霸权主义，必须努力团结其他国际力量，发展和壮大世界和平力量。周恩来明确指出：“争取和平、缓和国际紧张局势是中国的坚定不移的外交政策。”[①] 1952 年 4 月，周恩来在驻外使节会议上谈到我国外交工作的任务时提出了“团结世界人民”的指示。他强调：“我们对苏联和各人民民主国家是‘一边倒’的，对原殖民地半殖民地国家，对资本主义和帝国主义国家的人民也要团结争取，以巩固和发展国际的和平力量，扩大新中国的影响。”[②] 基于这一方针，

① 《周恩来外交文选》，人民出版社，1990 年版，第 111 页。
② 《周恩来外交文选》，第 51 页。

中国政府在外交上不仅积极促进与社会主义国家的团结与合作，而且积极发展与新兴民族国家的关系，并努力拓展与未建交的西方发达国家的民间外交关系；同时，大力支持亚非拉殖民地国家的民族解放运动，反对帝国主义的殖民政策和战争政策。

新中国成立后，出于抵制帝国主义和霸权主义威胁、维护国家安全的现实需要，反帝国主义、反殖民、反霸权主义一直是改革开放前中国外交的主旋律。1949 年 11 月，周恩来总理兼外长在外交部成立大会上明确指出："我们现在的外交任务，是分成两方面的：一方面，是同苏联和人民民主国家建立兄弟友谊。我们在斗争营垒上属于一个体系，目标是一致的，都为持久和平，人民民主和社会主义的前途而奋斗。另一方面，是反对帝国主义。帝国主义是敌视我们的，我们同样也要敌视帝国主义，反对帝国主义。"① 毛泽东强调指出："只有帝国主义消灭了，才会有太平。"② 在实践中，针对新中国成立初期美国对我国构成主要威胁，中国政府把反对美国的侵略政策和战争政策作为中国外交的主要任务之一，确立了联苏反美的外交战略，并在朝鲜、越南、台海等一系列问题上与美国进行了正面交锋和一系列错综复杂和艰苦卓绝的斗争。20 世纪 50 年代后期，随着中苏关系破裂，中国强调"两个拳头打人"，同时反对美苏两个超级大国的霸权主义。20 世纪 70 年代后，中国确立了"一条线"的外交战略，联合美国等一条线上及该线附近的大片国家，侧重反对苏联霸权主义的扩张。正如有的学者指出的，中国近代以来革命救国的实践决定了中国对殖民体系的基本态度。"反映在外交思想上就是在道德上同西方资产阶级的'反动国际理论'和国际体系彻底决裂，同传统封建王朝的理论和做法彻底决裂，在道德上重新塑造新中国外交：反帝、反殖、反封建，一直是中国外交的原则之一。"③

---

① 《周恩来外交文选》，人民出版社，1990 年版，第 1—2 页。

② 《毛泽东选集》，第 4 卷，人民出版社，1991 年版，第 291 页。

③ 洪停杓，张植荣：《当代中国外交新论》，香港励志出版社，2004 年版，第 12 页。

（三）按照和平共处五项原则发展新型国际关系

新中国成立后一直寻求打破帝国主义殖民体系，改变强权主导国际政治的局面，谋求建立新型国际关系，为此不仅倡导了和平共处五项原则，而且在外交实践中身体力行地践行这些原则。中国共产党人不仅在理论上对列宁的和平共处思想作了发展，而且在实践上把这一原则从处理不同社会制度国家的关系扩展到处理所有国际关系上。列宁提出和平共处原则主要是针对于资本主义国家的。在中国，和平共处五项原则最初主要用于指导发展与周边新兴民族国家的关系，随后又运用到指导发展与社会主义国家的关系和资本主义国家的关系上。1954 年 10 月，毛泽东在与印度总理尼赫鲁谈话时明确指出："应当把五项原则推广到所有国家的关系中去。"[①] 甚至认为："至于帝国主义国家，我们也要团结那里的人民，并且争取同那些国家和平共处，做些生意，制止可能发生的战争，但是决不可以对他们怀抱一些不切实际的想法。"[②] 同年 12 月，毛泽东在同缅甸总理吴努谈话时强调指出："我们应该采取些步骤使五项原则具体实现，不要使五项原则成为抽象的原则，讲讲就算了。……我们认为，五项原则是一个长期的方针，不是为了临时应付。这五项原则是适合我国的情况的，我们需要长期的和平环境。"[③]

和平共处五项原则表明了中国对殖民主义和帝国主义侵略扩张政策的反对和唾弃，倡导和推动建立新型国际关系，向世界宣示了中国永远不称霸、永远不扩张的坚定立场和意志，赢得了周边国家的信任，消除了周边国家对新中国的疑虑和担忧。依据和平共处五项原则，新中国不仅打开了对周边国家关系的新局面，与周边多数国家建立了新型的国家关系，与部分周边国家妥善解决了边界领土

---

① 《毛泽东外交文选》，中央文献出版社，世界知识出版社，1994 年版，第 165 页。
② 同上书，第 285 页。
③ 同上书，第 186 页。

争端问题，树立了以和平共处五项原则处理国际关系的光辉范例。同时，中国依据和平共处五项原则与非洲等地区新兴民族独立国家建立了正常的国家关系。不仅如此，在处理与社会主义国家关系问题上，中国在坚持团结与合作和无产阶级国际主义的同时，强调社会主义国家应该遵循和平共处五项原则，和平共处，平等相待，互利合作，从而创建了社会主义国家关系的新范式。

（四）倡导以和平共处五项原则为基础建立国际新秩序

1956年10月，周恩来在会见巴基斯坦总理苏拉瓦底时，明确倡导在国际上建立和平共处互相监督的制度。他指出："我们不但有了国内的制度，而且主张在国际上建立一种制度，那就是各国和平共处，互相监督，国际间一切争端通过和平协商解决而不用武力。我们在国际上主张和平友好的政策，各国以和平共处五项原则或者万隆会议的十项原则来相互约束。这就是一种国际保证，使得国家不分大小都可以和平共处、互相帮助而不附带任何条件。我们要把殖民主义只为自己发展而把别人搞穷的原则埋葬掉。这种政策是不排斥任何国家的，包括美国和其他西方国家在内，大家平等相处。"①他认为，国际上有两种约束，一种是法律上的约束。除了联合国宪章外，国与国之间还可以签订互不侵犯条约，或者扩大为集体和平公约。这种公约的目的不是要建立军事集团，而是为了集体和平；不排斥别人，也不反对任何国家。各国以五项原则或十项原则为基础，互相保证长期和平共处，用条约形式把这种保证固定下来。另外，还有道义上的约束，各国通过彼此来往，可以发表声明，签订协议，发表演说，强调反对侵略和殖民主义。这样做不仅可以形成国际的道义上的约束，而且可以作为对国内人民进行教育的内容。我们不仅要保证这一代不发生战争和侵略，还要影响下一代，使得以后世世

---

① 《周恩来外交文选》，人民出版社，1990年版，第178—179页。

代代都遵守我们现在主张的原则。这样，人们就可以和平共处，共同发展下去。[①] 由此不难看出，20 世纪 50 年代我国所倡导的国际新秩序主张已经蕴含了促进世界持久和平和共同发展的战略思想。

中国共产党人认为，建立和平共处、互相监督的国际秩序，首先必须反对帝国主义和霸权主义。新中国成立后，中国共产党人把自身维护和平环境的需要与反对帝国主义战争结合起来。毛泽东等中国领导人认为世界的首要问题是战争与和平问题，而帝国主义意味着战争。1950 年 6 月初，毛泽东在党的七届三中全会上分析了世界和平民主力量的发展之后指出："帝国主义阵营的战争威胁依然存在，第三次世界大战的可能性依然存在。但是，制止战争危险，使第三次世界大战避免爆发的斗争力量发展得很快，全世界大多数人民的觉悟程度正在提高。只要全世界共产党能够团结一切可能的和平民主力量，并使之获得更大的发展，新的世界战争是能够制止的。"[②] 1953 年 6 月，周恩来总理在一次外事工作会议上的讲话中分析了帝国主义殖民体系的内在矛盾，明确指出："究竟世界主要矛盾是什么？两大阵营的对立当然是基本的……当前的矛盾主要表现在战争与和平、民主与反民主，帝国主义与殖民地以及帝国主义国家之间四个方面。"[③] 他们认为现实世界处于殖民体系崩溃的时代，也是世界革命高潮到来的时代。两极对峙格局是帝国主义为压制中间地带国家革命的霸权表现。因此，要建立新的国际秩序必须通过革命战争消灭帝国主义、殖民主义、霸权主义和强权政治，通过民族自决和长期的国际斗争最终消灭产生剥削和不平等的资本主义。"人类一经消灭了资本主义，便到达了永久和平的时代。"[④]

其次，强调推动国际秩序变革的主要力量来自社会主义和新兴民族独立国家。中国共产党人把社会主义和广大发展中国家作为

① 《周恩来外交文选》，人民出版社，1990 年版，第 179 页。
② 《毛泽东外交文选》，中央文献出版社，世界知识出版社，1994 年版，第 136 页。
③ 《周恩来外交文选》，人民出版社，1990 年版，第 59 页。
④ 《毛泽东外交文选》，中央文献出版社，世界知识出版社，1994 年版，第 10 页。

反对殖民主义、帝国主义、霸权主义的主力军。毛泽东提出的“中间地带”思想，就把新兴民族国家作为反对帝国主义的主要力量。周恩来指出：“十月革命的胜利，世界上开始有了两个对立的营垒，从那时起，殖民地半殖民地国家的民族解放斗争不再是资本主义革命的一部分，而是社会主义革命的一部分了。同时，民族解放斗争在此期间也变得更加重要更加扩大了。”① 他要求努力团结其他国际力量，发展和壮大世界和平力量。1952 年 4 月，周恩来在驻外使节会议上强调：“我们对苏联和各人民民主国家是‘一边倒’的，对原殖民地半殖民地国家，对资本主义和帝国主义国家的人民也要争取团结，以巩固和发展国际的和平力量，扩大新中国的影响。”② 20 世纪 60 年代中期，毛泽东提出了两个“中间地带”的思想，把发展中国家和美苏之外的发达国家作为反对霸权主义的主要力量。20 世纪 70 年代提出的“三个世界”划分理论则把美苏两个超级大国之外的第二世界和第三世界看作反对霸权主义的主力军。

再次，强调中国坚定地站在被压迫民族和弱国一边，反对大国主义和霸权主义，支持各国寻求民族独立与平等的正义斗争。中国把自己定位为反对帝国主义、殖民主义和霸权主义的坚定力量，强调中国与遭受殖民压迫的民族与国家的共同历史经历，强调小国、弱国地位平等，主张世界上一切民族和国家，不论大小强弱，不论建国先后，都是平等的。在毛泽东的“中间地带”和“三个世界”理论中，中国把自己定位为中间地带和第三世界，并坚定地站在第三世界一边。在国际交往中，中国主张坚决彻底地摈弃大国主义，对发展中国家进行无私援助，坚决支持国际上一切反对帝国主义、殖民主义和霸权主义的斗争，在国际事务中主持公道和正义。从中国人民和世界人民根本利益出发，根据事情本身的是非曲直，独立

---

① 《周恩来外交文选》，人民出版社，1990 年版，第 35 页。

② 同上书，第 51 页。

自主决定自己的立场。

（五）和平共处五项原则：建设和谐世界的重要思想基础

中国共产党人把中国传统文化、马克思主义国际关系思想、西方合理的现代国际关系原则、新兴民族独立国家发展新型国际关系的吁求，与我国外交实践相结合，创造性地提出了和平共处五项原则。和平共处五项原则是我党对国际关系思想进行综合创新的产物，既有深厚的传统文化基础，又对马克思主义和平思想作了创造性发展，充分体现了新中国外交的价值取向和精神实质，成为独立自主和平外交的重要标志和推动建设和谐世界的重要思想基础。

首先，和平共处五项原则继承和发展了列宁的和平共处思想。20世纪20年代，列宁提出了和平共处思想。这一思想产生的背景是：西方14国武装干涉苏维埃俄国失败，俄国国内战争胜利结束，欧洲革命高潮已过。在两种社会制度谁也不能战胜谁的情况下，列宁认为国际阶级力量对比大体处于势均力敌状态，为此提出了与资本主义和平共处的策略思想。但列宁认为这种均势状态是极不稳定的，强调国际资产阶级不是不想扼杀苏维埃俄国，而是无力扼杀它，不得不暂时承认或半承认它。列宁强调必须利用这一间歇期来巩固自己，发展自己，并为下一步革命高潮的到来做好准备。显然，列宁的和平共处思想仅仅是苏维埃政府的一种策略思想，强调社会主义与资本主义两种不同制度国家之间暂时的和平共处。中国共产党人在继承列宁和平共处思想基础上，对和平共处原则作了进一步的发展。毛泽东、周恩来等中国领导人认为，民主与和平是社会主义的本质属性，与别国和平共处是社会主义制度的本质要求。周恩来指出：“一个在从事和平建设、愿意同世界各国友好、国内各民族平等、人民享受民主的国家是不可能产生殖民主义和侵略思想的，因为被制度和政策限制住了。"[1] 1963年10月，周恩来在与巴基斯坦总理苏拉瓦底的谈话中进一步指出："我们能取得胜利是因为我们建立了依靠人民的制度，这就是人民民主的制度。我们主要地依靠自己，来求得政治的完全独立和经济的独立发展，我们的目标是工业化。我们曾受过殖民主义的祸害，我们也看到了殖民主义的失败，我们怎能走殖民主义的老路去侵略人家呢？这是不许可的。这是我们国家的制度和政策所不许可的。……我们认为，只有同世界各国和平共处，才能得到发展；只有站在反殖民主义的立场，不容许自己重蹈殖民主义的覆辙，才不致失败。这一点已经成为我们规定在宪法里的基本政策。"[2] 1956年，毛泽东在与外国朋友谈到所谓"黄祸"问题时强调指出："中国党是个马列主义的政党，中国人民是爱好和平的。我们认为，侵略就是犯罪，我们不侵犯别人一寸土，一根草。我们是爱好和平的，是马克思主义的。"[3] 中国领导人在中苏两党进行意识形态斗争期间多次指出，中苏两党的分歧和争论，两国关系出现问题，关键在于苏联领导人把自己的意志强加于人，不尊重其他国家，不顾别国的利益，凌驾于其他的党和国家之上。苏联的大党主义和大国主义以及民族沙文主义，是违背马克思主义的，是社会主义所不能容忍的。

和平共处五项原则传承了中华民族的"和合"思想。以和为贵，崇尚和平是中国传统文化的要义之一。和平共处五项原则的核心目标就是追求世界的持久和平，其落脚点是实现世界各国的和平共处。五项原则中的前四条是实现和平共处的前提条件和基本要求。只要做到前四条，各国就能够和平共处，世界持久和平的目标就能实现。因此，和平共处五项原则不仅继承了中国几千年来一贯追寻的"和"这一价值内核，而且结合现代主权国家共存的现实，把以和为贵，和平共处的精神，延展到国家关系层面。同时，把持久和平作为这

---

① 《周恩来外交文选》，人民出版社，1990年版，第178页。

② 《周恩来外交文选》，人民出版社，1990年版，第177页。

③ 《毛泽东外交文选》，中央文献出版社，世界知识出版社，1990年版，第256页。

一原则体系的核心价值目标，顺应了世界历史发展的需要。和平共处五项原则体现了中国传统的“和而不同”、“共济共生”的精神。五项原则强调在尊重各自主权和领土完整基础上，以互不侵犯和互不干涉内政为原则，寻求国家间的和平共处。这些原则体现了以承认差异性和多样性为前提，寻求共同利益，寻求在承认差异性基础上的和平共处，以达到共生共济的目标。求同存异、共生共济成为五项原则的精神内核。体现在外交上，就是强调国家之间着眼于共同点，在此基础上进行合作以增进彼此关系。针对周边一些实行资本主义制度的新兴民族国家，毛泽东认为并不妨碍社会主义的中国与周边民族国家实行和平共处，认为中国对这些国家主要是求同，而不是存异。他强调指出：“中国古代的圣人之一孟子曾经说过：‘夫物之不齐，物之情也。’这就是说，事物的多样性是世界的实况。马克思主义也是承认事物的多样性的，这是同形而上学不同的地方。”① 和平共处五项原则体现了中国传统文化中崇尚王道的精神。五项原则中用了四个“互”和一个“共”字，强调自我克制和约束，体现了中国传统文化中“己所不欲，勿施于人”的道德观，体现了中国对大小、强弱国家一律平等和“互相尊重”的道德诉求。同时，和平共处五项原则行之有效的基础在于道德约束。这与西方惯有的追求权力的外交传统有着天壤之别，体现了中国作为礼仪之邦的文化传统。

和平共处五项原则体现了新兴民族独立国家改革国际秩序的愿望。第二次世界大战后，伴随着民族解放运动发展，国际体系开始从帝国主义殖民体系向全球性主权国家体系转变。殖民体系逐步瓦解，主权国家遍及全球。如何谋求主权国家之间的和平共处与共同发展成为国际关系发展面临的重大问题。两次世界大战已经证明，欧美推行的权力政治和权力均衡的国际秩序，霸权主导的和平秩序都不可行。如何建构新的国际秩序成为世界各国迫切需要解决的战

① 《毛泽东外交文选》，中央文献出版社，世界知识出版社，1990 年版，第 167 页。

略问题。和平共处五项原则无疑为解决这一问题提供了新的路径。因此，它一经提出，便赢得了世界上大多数国家的赞赏。正是基于这一点，和平共处五项原则尽管是由几个东方国家共同倡导的，但却具有广泛的世界性影响。

和平共处五项原则是新中国独立自主和平外交的精髓。这一外交目标和基本原则的确定，既有对中国现实利益的关照，也有对推进世界无产阶级革命和人类进步的理想追求。基于对世界战争与和平这一全球性战略问题的判断，中国外交确定了通过推进世界社会主义革命和民族解放运动的发展，团结世界各种和平与民主力量，反对和抵制帝国主义的侵略政策和战争政策，以谋求世界持久和平的外交原则。这一外交实践无疑顺应了主权国家全球性拓展这一时代发展的要求，抓住了当时世界的基本矛盾，对于抵制帝国主义的战争和侵略，打碎帝国主义殖民体系，促进主权国家体系的全球性拓展，促进国际关系民主化，发挥了重要的历史作用。这一追求世界持久和平的思想，与推动建设和谐世界所倡导的持久和平思想一脉相承，只是时代所赋予的历史任务不同而已。正如时任外交部副部长的王毅同志所言："中国外交的根基是独立自主以及和平共处五项原则。和谐世界的提法来源于这一根基，同时又在此根基上有所发展。和谐世界要求各个国家、各种制度和各种文明之间不仅仅是和平共处、互不干涉内政、井水不犯河水，还进一步发展为和谐共存，增添了彼此尊重、相互借鉴、取长补短、共同发展等一些新的内涵。换句话说，增加了各类国家和各种力量之间积极互动的新要素。从和平共处到和谐共存，体现了中国外交理念既与时俱进，又一脉相承。"①

① 《中国外交官谈和谐世界》，新华网2007年9月18日。

第三章　探索中国特色大国外交之路

改革开放后，我党把马克思主义与中国实际和时代特征相结合，探索出了一条实现中华民族伟大复兴的必由之路，即中国特色社会主义道路。经过30多年的探索和发展，中国特色社会主义日臻成熟和完善。坚持和发展中国特色社会主义是贯穿党的十八大报告的一条主线。党的十八大报告不仅深刻总结了我党探索中国特色社会主义的历史经验，进一步充实完善了中国特色社会主义的科学内涵，对新形势下夺取中国特色社会主义新胜利提出了一系列基本要求，为沿着中国特色社会主义道路前进，实现中华民族伟大复兴的中国梦指明了方向，从而进一步坚定了我们的道路自信、理论自信和制度自信。走和平发展道路，推动建设和谐世界重大战略思想，正是我党结合中国特色社会主义现代化建设需要和时代特征变化，对独立自主和平外交不断创新发展的结果，是改革开放新时期我国外交战略思想的集大成，是中国特色社会主义道路的重要组成部分。十八大报告强调指出："必须坚持和平发展。和平发展是中国特色社会主义的必然选择。要坚持开放的发展、合作的发展、共赢的发展，通过争取和平国际环境发展自己，又以自身发展维护和促进世界和平，扩大同各方利益汇合点，推动建设持久和平、共同繁荣的和谐世界。"①

① 胡锦涛：《坚定不移沿着中国特色社会主义道路前进，为全面建成小康社会而奋斗》，第15页。

一、邓小平对独立自主和平外交的创新发展

党的十一届三中全会拉开了我国改革开放的序幕，中国的历史翻开了新的一页。以邓小平为核心的党的第二代中央领导集体坚持解放思想、实事求是的思想路线，拨乱反正，在深刻总结“文化大革命”的错误和我国社会主义建设历史经验的基础上，围绕“什么是社会主义，怎样建设社会主义”这一核心命题，科学审视国情与世情，把党和国家的工作重心转移到社会主义现代化建设上来，提出了以经济建设为中心，实行改革开放的伟大战略，开辟了一条中国特色社会主义的崭新道路。外交是内政的延伸。邓小平在探索中国特色社会主义实践过程中在外交上不断推陈出新，围绕和平、发展两大战略性问题，创造性地提出了一系列崭新的外交思想，为推动建设和谐世界思想的形成奠定了坚实基础。

（一）提出和平与发展时代主题思想

20世纪80年代中期前后，邓小平在多次讲话中阐述了和平与发展两大全球性战略问题的思想。1984年5月，他在会见巴西总统菲格雷多时首次公开提出了和平与发展两大战略性问题的思想。他指出：“现在世界上问题很多，有两个比较突出。一是和平问题。……二是南北问题。这个问题在目前十分突出。”[①] 1985年3月，他在一次讲话中系统阐述了这一思想。他指出：“现在世界上真正大的问题，带全球性的战略问题，一个是和平问题，一个是经济问题或者说发展问题。和平问题是东西问题，发展问题是南北问题。概括起

① 《邓小平文选》，第3卷，人民出版社，1993年版，第20页。

来，就是东西南北四个字。南北问题是核心问题。"① 1987 年 10 月，党的十三大报告正式把和平与发展作为当今世界的主题写入了党的文件。此后，历次党代会报告都延续了这一思想。

维护世界和平，防止世界战争是新中国外交始终关注的重大战略问题。邓小平正是从判断世界战争形势着手，逐步提出了和平问题。一方面，邓小平先后提出了世界大战可以延伸，世界战争可以避免等思想，认为国际战略格局经过 20 世纪 60 年代的分化与改组，世界多极化趋势发展不断加强，反对美苏两国争夺世界霸权的制约力量不断增加，世界和平力量超过了战争力量；另一方面，他又认为美苏对世界霸权的争夺是世界战争的策源地，这一东西矛盾成为世界和平的最大威胁。霸权主义是世界和平的最大威胁，只要霸权主义存在，世界就不可能有永久和平。尽管不同阶段霸权主义具体表现形式各有不同，但霸权主义始终是世界战争的最大威胁。邓小平基于对这一矛盾的认识，把改革开放后中国外交的宗旨之一调整为反对霸权主义，维护世界和平。由此不难看出，邓小平已经把美苏争霸作为世界政治的主要矛盾，把反对霸权主义作为维护世界和平的主要战略路径，摈弃了"文化大革命"期间带有浓厚意识形态色彩的世界革命外交，把毛泽东晚年超越意识形态、侧重反对霸权主义的外交思想推进到了一个新的发展阶段。关于发展问题，早在 1974 年 4 月，邓小平在第六届特别联大的发言中就指出："发展问题的实质，就是发展中国家维护国家主权，发展民族经济，反对帝国主义、特别是超级大国的掠夺和控制问题。"② 20 世纪 80 年代后，他在多次讲话中阐述了各种类型国家都面临着发展的任务，并特别强调了发展中国家的发展问题以及南北发展不平衡问题。这一主题的揭示既反映了 20 世纪 70 年代后各类国际力量的战略诉求，又反映了世界经济发展的核心问题和矛盾所在。

---

① 《邓小平文选》，第 3 卷，人民出版社，1993 年版，第 105 页。
② 《邓小平在联合国第六届特别联大上的讲话》，《人民日报》1974 年 4 月 11 日。

和平与发展时代主题观的提出标志着我党对时代和国际体系问题的认识出现了全新的变化。用和平与发展取代战争与革命时代主题，表明我党已经超越列宁等人的时代观，对20世纪70年代以来世界经济政治的新变化有了全新的认识。和平与发展时代主题思想科学反映了20世纪70年代后世界政治经济发展变化的客观现实，揭示了世界发展的主要趋势和矛盾所在。20世纪70年代后，世界民族解放运动接近尾声。世界上绝大多数殖民地与半殖民地国家获得了民族独立与国家主权，全球性主权国家体系基本形成，世界范围内反帝、反殖斗争的历史任务基本完成。广大新兴民族独立国家的首要任务是发展民族经济，推进国家的现代化建设。同时，苏联在国际共产主义运动中表现出来的大国主义、大党主义和民族沙文主义，使社会主义阵营走向分裂，国际共产主义运动开始走向低潮。面对第二次世界大战后，世界经济科技的迅猛发展，经济技术落后的社会主义国家和发展中国家与发达国家的差距进一步拉大，发展任务十分艰巨。在第三次科技革命推动下，西方发达国家不仅经济上迎来了一个黄金发展期，而且资本主义生产关系得到了重大调整，国内阶级结构出现重大变化，中产阶级比重大幅度上升，产业工人的比重大幅度下降，阶级矛盾和社会矛盾有了缓和，表现方式发生了深刻变化，资产阶级民主有了新的发展。发达国家之间垄断资本竞争的形式发生了深刻变化。由于国际分工的发展和发达国家之间贸易、金融往来的加强，发达资本主义国家之间经济上的相互依存性不断加强。同时，伴随着大批民族国家独立，垄断资本扩张的方式也发生了深刻变化。他们充分利用发达国家在世界经济中的主导地位，通过国际分工、产业转移、贸易垄断、资本扩张等方式，主导世界经济发展。垄断资本之间的竞争导致世界战争的可能性下降。而发达资本主义国家对世界经济的主导地位以及南北之间经济技术差距持续扩大，成为世界经济发展不平衡的重要原因所在。解决南北发展不平衡问题的关键除了各国自身的改革和努力之外，改革国际经济秩序，调整南北关系，成为世界面临的主要任务。伴随着全球性主权国家体系的确立，全球性战略问题已经从促进世界无产阶级革命和民族解放运动，反对帝国主义殖民和战争改革转向了反对霸权主义，促进国际关系民主化，改革国际秩序问题上。

和平与发展时代主题反映了这一时代发展要求，既为中国的改革开放和国家战略重心转移到经济和社会主义现代化建设上提供了重要理论依据，又为推进国际关系的发展指明了方向，为改革开放新时期我国外交战略调整提供了重要的科学依据。谋求世界和平，促进世界发展取代战争与革命，成为我国新时期外交的主要宗旨和目标。30 多年来，世界政治经济发展的事实表明，尽管和平与发展这一时代主题的内涵在不断变化，但和平与发展的时代潮流不断增强，其科学性与合理性日益彰显。推动建设和谐世界实际上是新世纪新阶段维护世界和平，促进世界发展这一外交目标和宗旨思想不断创新发展的结果。

（二）确立维护世界和平促进世界发展的外交战略

一定程度上说，中国特色社会主义是和平与发展时代的社会主义，是科学社会主义原理在新时代的体现。在探索中国特色社会主义实践过程中，邓小平不仅在理论上创新了我国的外交思想，而且在实践中致力于维护世界和平，促进世界发展。在理论上，邓小平多次强调指出，维护和平是中国特色社会主义本质特征。中国是维护世界和平促进世界发展的坚定力量，从而对新时期中国的国际地位和角色进行了新的定位，强调中国坚决反对霸权主义，维护世界和平。这既是基于中国的历史传统，也是基于中国现实发展的需要，更是符合和平与发展时代潮流的必然选择。他指出："我们搞的是有中国特色的社会主义，是不断发展生产力的社会主义，是主张和平的社会主义。""如果十亿人的中国不坚持和平政策，不反对霸权主义，或者是随着经济的发展自己搞霸权主义，那对世界也是一个灾难，也是历史的倒退。十亿人的中国坚持社会主义，十亿人的中国坚持和平政策，做到这两条，我们的路就走对了，就可能对人类有比较大的贡献。”[①] 在发展对外关系的原则上，他强调要坚持以国家利益为最高准则，不以意识形态论亲疏。“考虑国与国之间的关系主要应该从国家自身的战略利益出发。着眼于自身长远的战略利益，同时也尊重对方的利益，而不去计较历史的恩怨，不去计较社会制度和意识形态的差别，并且国家不分大小强弱都相互平等，平等相待。”[②] 此外，邓小平还提出了以和平方式解决国际争端的新思路，冷战结束之际又提出了“韬光养晦”、“有所作为”的重大外交战略思想等等。在实践上，基于国内经济建设和改革开放的需要，依据对国际战略形势发展变化的判断，20 世纪 80 年代，邓小平对我国外交战略进行了重大调整。

首先，调整我国外交宗旨和目标。基于和平与发展时代主题的判断，20 世纪 80 年代，邓小平重新调整了我国外交宗旨和目标，明确地把反对霸权主义，维护世界和平，促进世界发展作为改革开放新时期我国外交的基本宗旨和目标。他多次强调指出：“中国对外政策的目标是争取世界和平。在争取和平的前提下，一心一意搞现代化建设，发展自己的国家，建设具有中国特色的社会主义。”[③] 他强调：“要争取和平就必须反对霸权主义，反对强权政治。必须以发展促进世界和平，以和平保障世界发展。”从此，维护世界和平、促进世界发展成为我国外交的基本宗旨和目标。

其次，实行独立自主，真正不结盟的政策。针对 20 世纪 80 年代美苏争霸构成世界和平主要威胁的基本国际战略态势和中美苏大三角关系的特点，邓小平改变了 20 世纪 70 年代我国推行的“一条线”的外交战略，提出了真正不结盟、不打牌的外交策略。他认为中国在国际事务中是有足够分量的，加在美苏任何一边都不利于世界和平。“我们奉行独立自主的正确的外交路线和对外政策，高举反

---

① 《邓小平文选》，第 3 卷，人民出版社，1993 年版，第 158 页。
② 同上书，第 330 页。
③ 同上书，第 57 页。

对霸权主义、维护世界和平的旗帜，坚定地站在和平力量一边，谁搞霸权就反对谁，谁搞战争就反对谁。所以，中国的发展是和平力量的发展，是制约战争力量的发展。……我们中国不打别人的牌，也不允许任何人打我们的牌，这个我们说到做到。这就增强了中国在国际上的地位，增强了中国在国际问题上的发言权。"[①] 为此，20世纪80年代初，邓小平针对美苏关系变化及其对华政策的调整，有效地利用中美苏大三角关系中我国所处的主动地位，充分利用美苏矛盾，抓住时机，顺势而为，调整了与美国在反苏战略上的准结盟关系，把中美关系调整到了以和平共处五项原则为基础的正常大国关系上；同时，恢复和调整了对苏联的关系，实现与苏联关系的正常化，使两国关系奠基于和平共处五项原则基础上，从而彻底改变了新中国成立以来，围绕美苏两个超级大国轴心转的外交局面，真正实现了与美苏两个超级大国不结盟的政策目标，使中国不绑在任何一个超级大国的战车上，不仅极大地提升了中国的国际地位和外交自主性，而且极大地促进了美苏两国关系的缓和，促进了地区与世界的和平。

再次，坚持按照和平共处五项原则发展与世界各国的友好合作关系。邓小平多次强调，发展国际关系，和平共处五项原则是最好的方式，其他方式，如大家庭方式、霸权主义方式，都不可能带来世界和平。基于和平与发展时代主题的需要，他反复强调，必须坚持以和平共处五项原则发展与世界上所有国家和地区的关系，实行全方位对外开放。在这一原则指导下，中国对外关系出现了前所未有的全方位发展的新局面。20世纪80年代，中国与世界上绝大部分国家建立了正常的外交关系，出现了新中国成立以来的又一次建交高潮。这种外交关系彻底地褪去了意识形态色彩，立足于彼此间的现实国家利益，反映了中国对国际体系的认识出现了全新的变化，认为当今世界是开放的世界，各国的发展命运相连。同时，世界充满多样性。如何促进多样性世界的和平与发展，成为中国外交思考的

① 《邓小平文选》，第3卷，人民出版社1993年版，第128页。

重大战略问题。对此，有西方学者指出，邓小平推行的是以国家利益为核心的全方位的“无敌外交”，表明中国已经彻底放弃了“世界革命”外交的理想，放弃了与大国结盟的外交战略，转而寻求在多极和多样化世界中的自身发展和与世界其他国家的和平共处。从此不难看出，邓小平外交思想已经蕴含了一些建设和谐世界的理念。

（三）倡导以和平共处五项原则为基础建立国际新秩序

寻求变革以霸权主义、强权政治为基础的国际秩序，一直是我国在外交上的战略追求。早在 20 世纪 50 年代中期前后，周恩来就倡导过以和平共处五项原则为基础建立国际新秩序。20 世纪 70 年代，帝国主义殖民体系崩溃，大批新兴民族国家登上国际舞台，为改革国际秩序提供了历史性机遇。许多发展中国家纷纷在联合国提出了各种改革国际秩序的主张。1974 年 4 月，邓小平在出席第六届特别联大时阐述了中国改革国际秩序的主张。[①] 20 世纪 80 年代末，面对冷战体制解体、国际格局急剧变化的战略态势，邓小平旗帜鲜明地提出了建立国际政治经济新秩序的主张。1988 年 9 月，邓小平在会见斯里兰卡总理普雷马达萨时说：“现在需要建立国际经济新秩序，也需要建立国际政治新秩序。新的政治秩序就是要结束霸权主义，实现阁下刚才提到的和平共处五项原则。”[②] 1988 年 12 月，在中共中央政治局专门讨论国际形势和外交工作的会议上，邓小平明确提出：“我们应在总结经验的基础上，对独立自主的和平外交政策加以发展和丰富。我们要积极推动国际形势朝着缓和的方向发展，继续反对霸权主义和强权政治，积极倡导在和平共处五项原则的基础上建立国际政治新秩序和在平等互利的基础上建立国际经济新秩序。”[③] 1990 年 3 月，邓小平在同几位中央负责同志谈话时明确强

---

① 《邓小平在第六届特别联大上的讲话》，《人民日报》1974 年 4 月 11 日。

② 邢贲思主编：《邓小平理论宝库》，中国言实出版社，1998 年版，第 914—915 页。

③ 《人民日报》1988 年 12 月 25 日。

调："我们对外政策还是两条，第一条是反对霸权主义、强权政治，维护世界和平；第二条是建立国际政治新秩序和经济新秩序。这两条要反复讲。"① 1992 年党的十四大明确提出，把建立国际政治和经济新秩序作为我国外交战略的任务和目标。邓小平国际新秩序思想的提出为建设和谐世界主张奠定了一定的思想基础。

二、江泽民外交战略思想的创新发展

1989 年党的十三届四中全会后，以江泽民为核心的党的第三代领导集体面对冷战体制解体后国际格局与世界经济政治的复杂深刻变化，从中国特色社会主义现代化建设和社会主义市场经济发展的需要出发，科学审视国情、党情和世情，在继承邓小平外交战略思想的基础上，创造性地提出了一系列新的外交战略思想，成为推动建设和谐世界战略思想的重要思想来源。建设和谐世界战略思想实际上是我党在冷战结束后外交实践经验的总结和国际战略思想创新发展的集大成。正如有的学者所指出的："从胡锦涛主席《努力建设持久和平、共同繁荣的和谐世界》的讲话看，和谐世界理念是把近年来中国所倡导和积极实践的新安全观、新发展观、新文明观与新秩序观有机结合在一起的一个整体。"②

（一）丰富发展和平与发展时代主题思想

20 世纪 80 年代，邓小平着眼于"东西"和"南北"问题，提出了和平与发展的时代主题思想。以江泽民为核心的党中央科学审

---

① 《邓小平文选》，第 3 卷，第 353 页。
② 江凌飞主编：《高举和平、发展、合作的旗帜》，国防大学出版社，2007 年版，第 235 页。

视和准确把握后冷战时期世界主要矛盾的发展变化和世界经济政治发展的新趋势、新特点，对和平与发展时代主题思想做了进一步丰富发展。江泽民认为，冷战后世界出现了经济全球化、世界多极化、高新科技迅猛发展、世界多样性进一步凸显等新的发展趋势和特点，一方面为促进世界和平与发展带来了新的历史机遇和条件；另一方面，世界和平与发展面临着一系列新的威胁和挑战。经济全球化的发展极大地促进了世界经济和各国经济的发展，使各国更深入地融入国际社会之中，导致国际竞争从以军事竞争为主转向了以经济技术为基础的综合国力竞争。同时，经济全球化的发展加剧了南北经济技术差距和世界经济发展的不平衡性，并导致国际关系和国际安全发生了深刻变化。冷战体制解体后，国际格局处于新旧格局转化过程中，世界多极化趋势的发展不断加强。江泽民指出："无论是在全球还是在地区范围，无论是在政治还是在经济领域，多极化趋势都在加速发展。极少数大国或大国集团垄断世界事务、支配其他国家命运的时代，已一去不复返了。大国关系不断调整、多个力量中心正在形成。广大发展中国家总体实力增强，地位上升，成为国际舞台上不容轻视的一支重要力量。世界多极化格局的形成尽管还是一个长期过程，但这种趋势已成为不可阻挡的历史潮流，对促进世界的和平、稳定与发展有十分重要的意义。"① 同时，"单极与多极的矛盾、称霸与反霸的斗争，将成为21世纪相当一个时期内国际斗争的焦点"。② 高新科技的迅猛发展一方面有利于促进世界各国经济发展，另一方面也加剧了国际经济技术竞争，使发展问题更加凸显。基于此，江泽民认为："要和平、求合作、促发展已经成为时代的主流。维护世界和平的因素正在不断增长。在相当长的时期内，避免新的世界大战是可能的，争取一个良好的国际环境和周边环境是可以实现的。但是，冷战思维依然存在，霸权主义和强权政治仍然是

---

① 《江泽民论有中国特色社会主义（专题摘编）》，中央文献出版社，2002年版，第513页。
② 同上书，第519页。

威胁世界和平与稳定的主要根源。扩大军事和加强同盟，无助于维护和平、保障安全。不公正、不合理的国际经济旧秩序还在损害着发展中国家的利益。贫富差距不断扩大。利用人权等问题干涉他国内政的现象还很严重。因民族、宗教、领土等因素而引发的局部冲突时起时伏。世界仍不安宁。"[①] 从此不难看出，以江泽民为核心的党中央就冷战后世界和平与发展面临的新机遇、新威胁和新挑战等问题提出了一些新思想，丰富和发展了和平与发展的时代主题观，为推动建设和谐世界思想的形成提供了一定的基础。

（二）树立和践行新安全观

冷战后，经济全球化与信息技术的发展、国际格局的变化等引起了国际安全结构和国家安全关系的深刻变化。20 世纪 90 年代中期前后，江泽民在洞悉国际安全形势新变化的基础上，创造性地提出了以互信、互利、平等、协作为核心的新安全观。首先，新安全观强调要树立综合安全思想。当今世界安全威胁日益多样化，传统安全与非传统安全相互交织。安全主体、安全威胁、维护安全的手段与方式日趋多样化和复杂化，必须树立系统的综合安全思想。其次，确立共同安全的思想。江泽民指出："各国在安全上的相互依存不断加深，共同点在增多，任何国家都难以单独实现其安全目标。"国家间存在共同安全，世界面临着共同安全。第三，确立合作安全思想，主张加强国际合作，维护共同安全。江泽民指出："只有加强国际合作，才能有效应对全球安全挑战，实现普遍和持久安全。"[②] 他强调"各国应该以互信求安全、以互利求合作，从根本上减少不安全因素，维护全球战略平衡和稳定"。[③] 新安全观的核心在于通过促进国

---

① 《江泽民论有中国特色社会主义（专题摘编）》，中央文献出版社，2002 年版，第 513—514 页。

② 《江泽民文选》，第 3 卷，人民出版社，2006 年版，第 475 页。

③ 《江泽民文选》，第 3 卷，人民出版社，2006 年版，第 475 页。

家间互信、互利、平等、协作，实现国家间的共同安全和世界的整体安全。江泽民指出："我们认为，新安全观的核心，应该是互信、互利、平等、协作。各国在相互尊重主权和领土完整、互不侵犯、互不干涉内政、平等互利、和平共处五项原则以及其他公认的国际关系准则，是维护和平的政治基础。互利合作、共同繁荣，是维护和平的经济保障。建立在平等基础上的对话、协商和谈判，是解决争端、维护和平的正确途径。"① 2011 年 9 月国务院新闻办公室发表的第二份《中国的和平发展》白皮书对新安全观做了系统深入阐述，指出："中国倡导互信、互利、平等、协作的新安全观，寻求实现综合安全、共同安全、合作安全。具体地说，就是注重综合安全。在新的历史条件下，传统安全威胁和非传统安全威胁相互交织，安全内涵扩展到更多领域。国际社会需要强化综合安全观念，坚持综合施策、标本兼治，携手应对人类面临的多样化安全挑战；追求共同安全。在经济全球化条件下各国命运休戚与共，国际社会应增强共同安全意识，既要维护本国安全，又要尊重别国安全关切。要摒弃冷战思维和同盟对抗，通过多边合作维护共同安全，协力防止冲突和战争。充分发挥联合国在维护世界和平与安全方面的作用，建立公平有效的共同安全机制；促进合作安全。战争和对抗只会导致以暴易暴的恶性循环，对话和谈判是解决争端的唯一有效和可靠途径。要以合作谋和平、以合作保安全、以合作化干戈、以合作促和谐，反对动辄使用武力或以武力相威胁。"② 新安全观构成了推动建设和谐世界战略思想在国际安全领域的重要内容和原则主张。

（三）积极倡导和践行新发展观和新文明观

伴随着经济全球化与高新科技的发展和国际格局的深刻变化，

---

① 《江泽民论有中国特色社会主义（专题摘编）》，中央文献出版社，2002 年版，第 540—541 页。

② 国务院新闻办公室：《中国的和平发展》白皮书，人民出版社，2011 年版，第 18—19 页。

世界发展不平衡与西方文化霸权问题成为后冷战时代发展中国家面临的重大问题。江泽民指出："经济全球化使各国间的经济联系日益密切。以信息科技和生命科技为核心的现代科学技术给人类社会的发展提供了新的强大动力。如何在新世纪里实现世界的健康、稳定和普遍发展，是摆在各国人民和政治、企业家面前的紧迫课题。"①由于发达国家主导着经济全球化，南北经济技术差距持续扩大，世界发展不平衡问题更加凸显，这不利于全球经济的健康发展，也不利于地区和世界的和平与稳定。世界和平是促进各国共同发展的前提条件，各国的共同发展则是保持世界和平的重要基础。江泽民强调指出，我们需要的是世界各国平等、互惠、共赢、共存的经济全球化，必须树立健康发展、普遍发展和共同发展的思想，促进经济全球化朝着普惠、均衡和共同发展的方向发展。国际社会应共同努力，趋利避害，实现共赢、共存，使经济全球化朝着有利于世界经济平衡、稳定和可持续发展的方向前进，以缩小南北差距，防止"贫者愈贫，富者愈富"现象继续发展。这不仅是实现各国共同发展的需要，也是维护世界和平与稳定的要求。"如果发达国家能够本着平等、公平和互利互惠的原则，切实支持和帮助广大发展中国家发展经济文化，使之尽快摆脱贫困落后状态，世界的和平与发展问题就有解决的重要基础。"②

冷战后，以美国为代表的西方国家把冷战终结看成是西方"自由民主"的胜利，急欲凭借其在政治、经济、军事和文化等各方面的优势地位，谋求对世界进行"美国化"或"西方化"的改造。一时间，"历史终结论"、"文明冲突论"等纷至沓来。美国等国在战略实践上也加紧谋求强化美国单极霸权。为抵制西方在文化领域实施的霸权，江泽民创造性地提出了具有中国特色的世界文明观。这种文明观认为，多样性是世界客观存在的现实，也是人类社会的基

① 《江泽民论有中国特色社会主义（专题摘编）》，中央文献出版社，2002年版，第517页。
② 《江泽民论有中国特色社会主义（专题摘编）》，中央文献出版社，2002年版，第525页。

本特征。世界上有上千个民族和近两百个国家，它们在历史传统、经济发展水平、社会制度和发展模式等方面存在巨大差异，文明多样性是推动世界文明进步的重要动力。江泽民指出："各国文明的多样性，是人类社会的基本特征，也是人类文明进步的动力。"① 他强调尊重世界多样性，尊重各国自主选择社会制度和发展模式的权利。把一种文明、一种社会制度和发展模式强加给世界，力求实现世界的"清一色"，是根本行不通的。他主张运用包容互鉴的精神对待多样性文明，强调世界各种文明和社会制度长期共存，在竞争比较中取长补短，在求同存异中共同发展。江泽民指出："尊重世界的多样性，保证各国和睦相处、相互尊重。各国人民在自身的发展进程中创造丰富多彩的文明。各种文明相互交流和借鉴，是人类进步的动力。各个文明和社会制度应该而且可以长期共存，在竞争中取长补短，在求同存异中共同发展。世界是丰富多彩的，不可能也不应该只有一种模式。一个和平相处、共同发展的世界，只能是一个各种文明相互交汇、相互借鉴，所有国家平等相待、彼此尊重，充满活力而又绚丽多彩的世界。"② 这种文明观立足于世界和平与共同发展这一大局，超越了意识形态、文明形态、社会制度等差异，充分体现了合作主义的时代新思维，从不同行为体的共同利益出发，本着互利的原则，求同存异，实现共同的增量发展，力求通过合作实现和平，通过合作谋求发展，以合作交流促进文化共荣。这种文明观构成了建设和谐世界战略思想在国际文化关系领域的重要内容。

（四）推动建立和平稳定与共同发展的国际新秩序

针对冷战后世界发展的新趋势、新特点，以江泽民为核心的党中央进一步丰富发展了邓小平提出的国际新秩序思想。早在1993年

① 《江泽民文选》，第3卷，人民出版社，2006年版，第523页。
② 《江泽民论有中国特色社会主义（专题摘编）》，中央文献出版社，2002年版，第524页。

APEC 非正式首脑会议前，江泽民在一次讲话中就提出了“把一个什么样的世界带到二十一世纪”的问题，并认为这是我们这一代领导人必须认真探索和解决的重大问题。历史注定我们要承担这样的责任。实践表明，世界仍不太平，世界并不和谐。为探求如何把一个和平美好的世界带入 21 世纪的问题，江泽民结合冷战后世界发展的新趋势和新特点，提出了一些有针对性的建立国际新秩序的思想。针对经济全球化的深入发展，他指出：“经济全球化趋势是在不公正、不合理的国际经济旧秩序没有根本改变的情况下发生和发展的，因而势必继续加大穷国与富国的发展差距。根本的出路在于努力推动建立公正合理的国际经济新秩序，以有利于各国共同发展。”① “全球化的经济需要全球性的合作。国际社会的所有成员应本着责任与风险共担的精神，共同维护世界经济的稳定发展。”② “我们需要的是各国平等、互惠、共赢、共存的经济全球化。”必须引导经济全球化朝着普惠、均衡和共同发展的方向发展。针对西方国家借助经济全球化谋求对世界进行“西方化”和“美国化”改造，实现世界同质化的企图，江泽民提出了尊重世界多样性、促进国际关系民主化的思想，强调必须尊重世界多样性，尊重各国自主选择社会制度和发展道路，强调促进世界文化多样性发展和共同繁荣。针对冷战后国际安全形势新变化，他积极倡导新安全观。1995 年 10 月，江泽民在出席联合国成立五十周年大会上发表了《让我共同缔造一个更美好的世界》的讲话，系统阐述了中国国际秩序主张，明确提出了创造安全可靠、长期稳定的国际和平环境，恪守主权平等和互不干涉内政为核心的国际关系准则，建立互利互补、共同发展的新型国际经济关系，形成自主选择、求同存异的国际和谐局面，共同应对人类生存和发展面临的挑战等对有关国际新秩序的思想。③ 党的十六大报告对这一国际新秩序观做了系统的阐述，强调各国政治上相互尊

① 《江泽民论有中国特色社会主义（专题摘编）》，中央文献出版社，2002 年版，第 515 页。
② 《江泽民论有中国特色社会主义（专题摘编）》，中央文献出版社，2002 年版，第 515 页。
③ 《江泽民文选》，第 1 卷，人民出版社，2006 年版，第 478—481 页。

重，共同协商；经济上相互促进，共同发展；文化上相互借鉴，共同繁荣；安全上相互信任，共同维护，树立互信、互利、平等、协作的新安全观。上述国际新秩序观构成了推动建设和谐世界的重要内容。

三、胡锦涛创造性地提出和平发展战略思想

进入21世纪后，经过30多年改革开放的发展，一方面，我国发展取得了巨大成就，国际影响力与日俱增；另一方面，我国经济社会结构出现了一系列新的特点和结构性矛盾，与国际社会互动不断加强，产生的张力和阻力不断扩大。为此，以胡锦涛为总书记的党中央审时度势，在“准确认识国际国内发展环境，准确认识我国发展的阶段性特征，准确认识我国经济社会发展面临的主要问题，准确认识实现我国经济社会又快又好发展的基本要求”① 的基础上，围绕我国“新形势下实现什么样的发展、怎样发展等重大问题”，创造性地提出了科学发展观的重大战略思想，以此指导我国社会主义现代化建设，并形成了“以人为本、科学发展、社会和谐、和平发展”② 等重要执政理念和战略主张。走和平发展道路，推动建设持久和平、共同繁荣的和谐世界，正是贯彻落实科学发展观这一重大战略思想在外交领域实践的产物。和平、发展、合作、和谐成为21世纪第一个10年我国外交的主题词。

（一）提出和平发展道路与建设和谐世界思想

面对中国的快速发展及其与国际体系之间互动出现的一系列新

---

① 《科学发展观重要论述摘编》，中央文献出版社、党建读物出版社，2009年版，第7—8页。

② 胡锦涛：“在美国耶鲁大学的演讲”，《人民日报》2006年4月22日。

情况、新问题、新矛盾、新挑战，以胡锦涛为总书记的党中央，审时度势，在总结历史上大国崛起历史经验的基础上，基于我国历史传统、国家发展战略现实需要和时代发展潮流，以科学发展观为指导，创造性地提出了和平发展道路与建设和谐世界的重要战略思想，进一步丰富发展了中国特色社会主义。

用科学发展观审视中国与世界的发展问题。"科学发展观是马克思主义同当代中国实际和时代特征相结合的产物，是马克思主义关于发展的世界观和方法论的集中体现，对新形势下实现什么样的发展、怎样发展等重大问题作出了新的科学回答，把我们对中国特色社会主义规律的认识提高到了新的水平，开辟了马克思主义发展新境界。科学发展观是中国特色社会主义理论体系最新成果，是中国共产党集体智慧的结晶，是指导党和国家全部工作的强大思想武器。"① 马克思主义特质之一就是以人类社会的整体发展作为关照研究的对象和目标。马克思主义创始人就称自己为"世界公民"，并认为全世界的无产者是没有国籍的，大声疾呼"全世界无产者，联合起来！"既强调世界的整体性，又注重世界各个主体性的发展，追求世界历史中主体性的自由和解放，促进人的全面发展，是马克思主义世界历史观的核心命题。作为马克思主义中国化的最新理论成果，科学发展观传承了马克思主义这一世界主义特质，体现了马克思主义世界历史发展的视野和价值目标追求。科学发展观的战略价值不仅体现在国内发展上，而且体现在中国国际战略的广阔视野上。"它所应对和关照的对象就不仅仅是中国国内的发展，而且包含中国对外国际战略的大局，它还是新世纪新阶段中国观察世界大局，应对处理对外事务的重要指导思想。"② 当今中国的发展与世界发展紧密相连，中国的前途命运与世界的前途命运密切相关。如何促进中国与世界的共同发展，促进两者和谐互动，统筹国内发展与对外

---

① 胡锦涛：《坚定不移沿着中国特色社会主义道路前进，为全面建成小康社会而奋斗》，人民出版社，2012 年版，第 7—8 页。

② 林辉基：《科学发展观——和谐世界论》，山东人民出版社，2008 年版，第 5 页。

开放，不仅是科学发展观题中应有之义，也是贯彻落实这一重大战略思想不得不面对的重大问题。为此，胡锦涛强调："更加注重从国际国内形势相互联系中把握发展方向，更加注重从国际国内条件的相互转化中用好发展机遇，更加注重从国际国内资源的优势互补中创造发展条件，更加注重从国际国内因素的综合作用中掌握发展全局。"[①] 中国的科学发展战略是以内为主、兼顾内外、内外联动的发展战略，在实现自身科学发展的同时，努力促进世界的科学发展与和谐发展。

正是基于此，胡锦涛提出了走和平发展道路，推动建设和谐世界的战略思想。从发展的角度看，这一战略思想既是中国科学发展战略在国际上的延伸，又是其题中应有之义。和平发展道路强调开放式发展、合作式发展、和平发展、共同发展，促进中国与世界各国的互利共赢，充分体现了以人为本、科学发展、和谐发展、可持续发展、统筹兼顾等科学发展观的基本理念、基本精神和原则要求。正如有的学者所指出的："科学发展观首先是为了更好地指导和促进中国国内的发展，统筹城乡、区域、经济社会、人与自然等的和谐发展。同时，科学发展观也是为了应对人类社会在全球化时代面临的发展新问题，探索新兴大国的发展模式，应对环保和气候变化等问题。"[②] 走和平发展道路，推动建设和谐世界，运用科学发展的理念，构建了促进中国科学发展、和谐发展与世界共同发展繁荣的内在逻辑联系，赋予马克思主义的世界主义以和平发展时代主题下的新的时代内涵。它把促进世界持久和平、共同繁荣作为现阶段推进人类社会整体发展的核心价值和目标，既注重本国利益，又注重人类共同利益和各国人民的根本利益，既注重中国的发展和谐，又关注世界的和平、发展与和谐，努力寻求中国科学、和谐发展与世界和谐发展之间的互动，体现了对马克思主义世界历史观以人为

---

① 胡锦涛："在中央外事工作会议上的讲话"，《人民日报》2006 年 8 月 24 日。

② 张蕴岭主编：《中国与世界：新变化、新认识与新定位》，中国社会科学出版社，2011 年版，第 7 页。

本的核心价值的高度关注。“在和谐世界理念的大框架下，中国的国际体系观和国际合作观的思想得到升华，中国外交思想的理念正在逐步成为国际外交思想的公共产品，推动了全球的和平、发展、合作事业。”①

（二）建设和谐世界体现了科学发展观的精神要义

科学发展观第一要义是发展，核心是以人为本，基本要求是全面协调可持续，根本方法是统筹兼顾。科学发展观把发展作为第一要义，是由作为一切社会发展根本动力的人社会生产力所决定的。科学发展的理念运用到国际范围，实际上是各个国家和人类社会的整体进步，是全面的发展、科学的发展、协调的发展、可持续的发展。建设和谐世界主张以促进世界持久和平和共同繁荣为核心目标，同时强调各国之间在政治、经济、文化、安全和生态上的全面、均衡、协调和共同发展，充分体现了科学发展观关于发展的精神要义。以人为本是科学发展观的核心。人民是历史的创造者，也是世界历史发展的主体。全心全意为人民服务是我党的宗旨，也是共产党人的基本价值追求。建设和谐世界主张立足于全球性主权国家共存的客观现实，尊重世界主体的多样性与自主性，强调国家平等和相互尊重，尊重各国自主选择社会制度、发展道路和发展模式，主张通过推进国际关系民主化，以协商民主为基础，促进国际秩序规范化、公正化与合理化，促进国家间均衡发展和自主发展，以国家经济社会发展促进个人的主体性发展，实现“人人享有发展”的目标。这充分体现了促进人的全面发展这一科学发展观的核心。全面协调可持续是科学发展观的基本要求。建设和谐世界主张既关注国际社会政治、经济、文化、安全和生态的全面与协调发展，又主张通过促

① 张蕴岭主编：《中国与世界：新变化、新认识与新定位》，中国社会科学出版社，2011年版，第7页。

进世界共同安全和共同发展，为世界可持续发展提供重要基础。统筹兼顾是科学发展观的根本要求。建设和谐世界主张不仅兼顾中国发展与世界发展，国内发展与对外开放，而且要求“更加注重从国际国内形势相互联系中把握发展方向，更加注重从国际国内条件的相互转化中用好发展机遇，更加注重从国际国内资源的优势互补中创造发展条件，更加注重从国际国内因素的综合作用中掌握发展全局”。[①] 同时，兼顾世界其他国家利益关切，实现互利共赢式发展，兼顾世界的共同发展与均衡发展，充分体现了科学发展观的统筹兼顾这一根本方法。

（三）建设和谐世界是构建社会主义和谐社会的必然要求

社会和谐是马克思科学社会主义的应有之义，也是我们党不懈奋斗的目标。马克思主义经典作家认为，未来理想社会是社会生产力高度发达和人的精神生活高度发展的社会，是每个人自由而全面发展的社会，是人与人和谐相处、人与自然和谐共生的社会。党的十六大后，在科学发展观指导下，我党根据国际国内形势的新变化，全面分析我国发展面临的机遇和挑战，深化对社会和谐在中国特色社会主义事业中重要地位和重要作用的认识。2004 年 9 月，党的十六届四中全会明确提出了构建社会主义和谐社会的重大战略任务。2006 年 10 月召开的党的十六届六中全通过了《关于构建社会主义和谐社会若干重大问题的决定》，对构建社会主义和谐社会的指导思想、目标任务、工作原则和重大部署等作出了规定和要求，从而确立了构建社会主义和谐社会的重大战略思想，形成了我国独具特色的和谐发展战略，深化了对社会主义本质的认识，是对马克思主义科学社会主义思想创新发展的重大理论成果。社会和谐是中国特色社会

① 胡锦涛：“在中央外事工作会议上的讲话”，《人民日报》2006 年 8 月 24 日。

主义的本质属性。构建社会主义和谐社会与建设和谐世界是这一属性的具体体现。我党提出的和谐发展战略，谋求实现和谐中国与和谐世界的统一，充分表明我党对和平发展时代要求的自觉与自信，集中体现了我党遵循客观规律，走历史必由之路的高度自觉和自由。

和谐发展战略体现了我党建设社会主义和谐社会与建设和谐世界两大目标在理念和实践上的统一。和谐社会与和谐世界建设相辅相成，互为条件，相互促进。今天的中国已经全方位融入了世界，中国的发展与世界的发展存在高度的相关性和互动性。中国的和谐是世界和谐的重要组成部分，世界和谐是国内和谐社会的重要保障和条件。“要在国际上倡导建设和谐世界，就必须首先以国内建设和谐社会为起点和示范；而在国内构建和谐社会，又必须以在国际上构建和谐世界为大环境和宏观保证。”[①] 没有包括我国在内的各国经济社会可持续发展的必要外部条件，没有世界和谐这一大背景，我国最终不可能实现建设社会主义和谐社会的发展目标。建设和谐世界是构建社会主义和谐社会的必然要求和其在国际上的自然延伸。不仅如此，社会主义和谐社会与和谐世界两者之间在目标追求和原则要求上是高度一致的，只是表现方式不同而已。我们要建立的社会主义和谐社会是民主法治、公平正义、诚信友爱、充满活力、安定有序、人与自然和谐相处的社会。建设和谐世界的核心目标是持久和平、共同繁荣，体现了我国一贯的安定有序、和平共存、共同繁荣的社会理想，特别是推动建设和谐世界谋求建立一个以协商民主为基础的国际新秩序，充分体现了中国特色社会主义的社会和政治理想追求。推动建设和谐世界在国际政治、经济、安全、文化和生态上的原则要求，则是民主法治、公平正义、和谐相处等社会主义和谐社会思想在国际社会的具体体现。

在实践上，我党明确把建设和谐世界作为构建社会主义和谐社会的重要组成部分和战略任务之一。《关于构建社会主义和谐社会若

---

① 林辉基：《科学发展观——和谐世界论》，山东人民出版社，2008 年版，第 21 页。

干重大问题的决定》在谈到构建社会主义和谐社会基本路径时明确提出："坚持走和平发展道路，营造良好外部环境。高举和平、发展、合作的旗帜，坚持独立自主的和平外交政策，坚定不移走和平发展道路，实施互利共赢的开放战略，维护国家主权、安全、发展利益，积极争取和平稳定的国际环境、睦邻友好的周边环境、平等互利的合作环境、互信协作的安全环境、客观友善的舆论环境。坚持对外开放的基本国策，提高对外文化交流，更好地利用国际国内两个市场、两种资源，注重加强互利合作、实现共同发展。按照和平共处五项原则和其他公认的国际关系准则同世界各国发展友好关系，推动建设持久和平、共同繁荣的和谐世界。"① 外交是内政的延伸。建设社会主义和谐社会要求从"大社会"着眼，从"小社会"入手，既要注重本国经济、政治、社会、文化、生态的全面协调可持续发展，又要注重解决小社会中有关民生问题的一系列结构性矛盾和问题。在当今经济全球化深入发展的时代，国内和谐社会建设涉及的各个领域与国际社会存在密切的互动关系。必须在统筹国内国际两个大局中，推进社会主义和谐社会建设。胡锦涛强调指出："新形势下推进我国现代化，必须树立全球视野，正确把握世界经济发展的总态势和新特征，善于把握机遇、迎接挑战，坚持互利共赢的开放战略，统筹利用好国内国际两个市场、两种资源，统筹把握好国内产业发展，整合国际产业分工，统筹处理好不断完善我国社会主义市场经济体制和参与制定国际经济贸易规则，善于运用我国综合优势，为我国现代化拓展更加广阔的市场空间和提供持久可靠的资源保障，努力促进我国发展和各国共同发展的良性互动。"② 把我国构建社会主义和谐社会的战略思想推广到国际社会，提出推动建设和谐世界的战略思想，既体现了我国维护世界和平、实现人类社会和谐发展的愿望和诉求，同时也为治理世界上各种不和谐因素

① 《深入学习实践科学发展观活动领导干部学习文件选编》，中央文献出版社、党建读物出版社，2008 年版，第 253 页。

② 《科学发展观重要论述摘编》，中央文献出版社、党建读物出版社，2009 年版，第 55 页。

和现象提供了合理的方案选择。

（四）建设和谐世界是走和平发展道路的必然选择

进入 21 世纪后，我国的快速发展及综合国力的迅速增强引起国际社会极大关注，有关中国崛起的各种议论层出不穷，各种版本的“中国威胁论”甚嚣尘上。让世界了解中国的发展道路和方向成为我国外交的重大责任。2002 年底，我党提出了“和平崛起”战略，经过实践的丰富发展，特别是在科学发展观思想指导下，从 2004 年 3 月开始，我党将“和平崛起”战略改为和平发展道路。和平发展道路强调，通过维护世界和平发展自己，又通过自身发展维护世界和平；在依靠自身力量和改革创新实现发展的同时，坚持对外开放，学习借鉴别国长处；顺应经济全球化发展潮流，寻求与各国互利共赢和共同发展；同国际社会一道努力，推动建设持久和平、共同繁荣的和谐世界。这条道路最鲜明的特征是科学发展、自主发展、开放发展、和平发展、合作发展、共同发展。[①] 和平发展道路与建设和谐世界两者相辅相成，互为条件，相互促进，是一个硬币的两面，构成了我国国际发展战略的统一体。建设和谐中国是我国的国家发展目标，推动建设和谐世界是我国的国际战略目标。没有和谐世界，走和平发展道路只能是一厢情愿，没有中国及世界各国的和平发展，不可能有世界和谐。胡锦涛强调，建设和谐世界是走和平发展道路的目标追求和必要条件。走和平发展道路，推动建设和谐世界，充分体现了我国在国内寻求科学发展、和谐发展与对外追求持久和平和共同发展的战略取向的有机统一。没有中国的科学发展、和谐发展，就不可能有中国的和平发展，也不可能促进世界的共同发展。反之，没有世界的持久和平与共同繁荣，中国的和平发展与和谐发展就不可能实现。

---

① 国务院新闻办公室：《中国的和平发展》，人民出版社，2011 年版，第 3 页。

推动建设和谐世界是走和平发展道路的重要目标。胡锦涛强调指出："在历史跨入21世纪的今天，如何建立符合各国人民利益和愿望的国际新秩序？如何维护世界的持久和平与安全？每一个有远见和负责任的政治家都应该努力寻找解决这些问题的正确答案。"① 在科学发展观指导下，以胡锦涛为总书记的党中央在外交实践中进一步丰富发展了江泽民提出的新安全观、新发展观、新文明观、新国际秩序观等思想，并把这些创新性思想综合集成，系统地提出了走和平发展道路，推动建设和谐世界的重大战略思想。这一国际新秩序观体现在国际经济、政治、安全、文化、生态各个方面。

关于国际安全问题，胡锦涛多次强调指出，要以新安全观为指引，彻底摒弃冷战思维，携手共同应对全球安全威胁，以对话增进互信，以合作求安全，以安全促发展，努力营造安全的国际和平环境；坚持以和平方式，通过平等协商和谈判解决国际争端或冲突，共同反对侵略别国主权的行径，反对干涉别国内政，反对任意使用武力或以武力相威胁；按照公正、合理、全面、均衡的原则，实现有效裁军和军备控制，防止大规模杀伤性武器扩散，积极推动国际核裁军进程，维护全球战略稳定；加强国际合作，尽可能消除或降低恐怖主义活动的威胁，坚持标本兼治，坚决打击恐怖主义，努力消除恐怖主义根源；尽可能消除或降低武器扩散、毒品泛滥、艾滋病蔓延，生态恶化、金融风险、自然灾害和其他跨国犯罪等全球性非传统安全威胁，维护世界和平稳定，实现共同安全。

关于发展问题，胡锦涛强调指出，中国的发展是和平的发展、开放的发展、合作的发展、和谐的发展。唯有如此，才能实现中国经济社会的和谐发展，实现中国与世界的共同发展。他强调指出："中国将坚定不移地走和平发展道路，努力实现和平的发展、开放的发展、合作的发展。和平的发展，就是通过争取和平的国际环境发

---

① 胡锦涛："承前启后、继往开来，努力开创上海合作组织事业新局面"，《人民日报》2003年5月30日。

展自己，又通过自己的发展来促进世界和平。开放的发展，就是中国将主要依靠自身力量实现发展，同时坚持对外开放战略，积极参与国际经济技术合作和竞争，不断优化投资环境、开放市场，全面提高对外开放水平。合作的发展，就是中国将同世界各国广泛开展交流合作，积极参与制定和实施国际经贸规则，共同解决合作中出现的分歧和问题，努力实现互利共赢。”“发展是人类文明进步的基础，是解决全球面临的各种矛盾和问题的关键所在。只有实现全球协调、平衡、普遍发展，才能实现世界的持久和平与稳定。”①

关于世界文明多样性问题，胡锦涛多次强调指出，文明多样性是人类社会的基本特征，也是人类文明进步的重要动力。在人类历史上，各种文明都以自己的方式为人类文明进步作出了积极的贡献。存在差异，各种文明才能相互借鉴、共同提高；强求一律，只会导致人类文明失去动力、僵化衰落。各种文明有历史长短之分，无高低优劣之别。历史文化、社会制度和发展模式的差异不应成为各国交流的障碍，更不应成为相互对抗的理由。他还反复倡议“加强不同文明的对话和交流，使人类更加和睦，让世界更加丰富多彩；以平等开放的精神，维护文明的多样性，促进国际关系民主化，协力构建各种文明兼容并蓄的和谐世界”。②

四、习近平诠释中国梦的世界图式

党的十八大后，以习近平为总书记的党中央准确把握世界格局变化和中国发展大势，着眼长远和战略全局，在保持我国外交大政方针延续性和稳定性的基础上，统筹国内国际两个大局，审时度势，

① 胡锦涛：“加强全球合作，促进共同发展”，《人民日报》2005 年 10 月 16 日。
② 胡锦涛：“努力建设持久和平、共同繁荣的和谐世界”，《人民日报》2005 年 9 月 16 日。

开拓进取，不断推进外交理论和实践创新，提出了许多重大对外战略思想、外交政策和策略方针，开展了一系列重大外交行动，不仅为党和国家工作全面推进创造了有利的外部条件，而且丰富和发展了中国特色外交理论体系，有效地诠释了中国梦的世界图式，让世界进一步认清了中国在实现中国梦历史进程中的国际战略走向和基本价值取向。

（一）中国梦不仅造福中国人民而且造福各国人民

党的十八大后，以习近平为总书记的党中央提出了“以实现中国梦”为核心的战略思想。习近平强调指出：“实现中华民族伟大复兴，就是中华民族近代以来最伟大的梦想。这个梦想，凝聚了几代中国人民的整体利益，是每一个中华儿女的共同期盼。”[①] 经过30多年改革开放的大发展，今天的中国一方面比历史上任何时候都更加接近实现中华民族伟大复兴的中国梦的目标，实现中国梦进入倒计时阶段，并成为我们这一代人面临的现实任务，我们比历史上任何时候都更接近中华民族伟大复兴的目标，比历史上任何时候都更有信心、有能力实现这个目标；另一方面，我国改革开放进入了关键期，改革进入了深水区，经济社会结构转型进入关键阶段。我国发展面临的各种国内外压力和阻力也越来越大。习近平强调指出，中华民族的昨天，可以说是“雄关漫道真如铁”，中华民族的今天，正可谓“人间正道是沧桑”，中华民族的明天，可以说是“长风破浪会有时”。展望未来，全党同志必须牢记，要把蓝图变为现实，还有很长的路要走，需要我们付出长期艰苦的努力。就国际环境而言，2008 年国际金融危机引发了国际体系加速演变和深度变革，促进世界和平与发展面临的威胁和挑战以及中国自身面临的国际与周边

---

① 习近平：“承前启后，继往开来，继续朝着中华民族伟大复兴目标奋勇前进——在参观“复兴之路”展览时的讲话”，《人民日报》2012 年 11 月 30 日。

环境发生了深刻变化，迫切需要我党不断提高把握发展规律、利用发展机遇、统筹国内与国际两个大局、应对各种挑战和风险的执政能力。以习近平为总书记的党中央结合世界格局大变化与我国发展的阶段性特征，在提出中国梦战略思想的同时，阐述了中国梦的世界图式。

我们要实现的中国梦以民族复兴、国家富强、人民幸福为核心内容，以中国特色社会主义道路为战略指引，以深化改革开放、创新发展为根本动力，以“两个一百年”为现实目标追求。中国道路为实现中国梦扬帆领航，中国精神为实现中国梦凝心聚力，中国力量为实现中国梦提供支撑。中国梦是中国各族人民的梦，也是每个中国百姓的梦。习近平强调指出，中国梦“不仅造福中国人民，而且造福各国人民”。[①] 中国梦的实现需要和平稳定的国际环境和周边环境，中国将通过和平方式实现中国梦。中国梦与世界各国人民的梦想息息相通，中国在实现自身发展的同时将努力带动和帮助其他国家特别是发展中国家和周边国家发展。中国将与各国分享更多发展机遇，使他们更好地实现自己的梦想。中国希望同世界各国合作共赢、共同发展。中国人民希望通过实现中国梦，同各国人民一道，携手共圆持久和平共同繁荣的和谐世界之梦。

中国梦重要思想不仅极大地激励了中国人民实现中华民族伟大复兴的决心和信心，同时有效提升了我国的国际影响力和亲和力，增强了我国在国际事务中的地位和话语权，充分体现了内政和外交的有机结合和高度统一。它有效地增进了国际社会对中国和平发展战略的理解和认同，在国际上受到普遍赞赏和欢迎。许多国家领导人和各界人士都表示，中国梦与他们自己国家和人民的梦想是一致的，愿意与中国一道努力实现人类共同的美好理想。同时，中国梦的提出有效地挫败了某些国际势力歪曲和诋毁中国梦的图谋。中国

① 习近平：“顺应时代前进潮流，促进世界和平发展——在莫斯科国际关系学院的演讲”，《人民日报》2013 年 3 月 24 日。

梦的实现不仅仅是中国的发展强大，而且与各国人民梦想相通，有利于世界的和平与发展。党的十八大报告强调指出："中国始终高举和平、发展、合作的旗帜，致力于推动建设持久和平、共同繁荣的和谐世界。"① "中国人民热爱和平、渴望发展，愿同各国人民一道为人类和平与发展的崇高事业而不懈努力。"②

中国梦的世界图式以中国特有的方式诠释了中国政府和人民对世界未来发展的战略取向和价值追求。它不仅延续和发展了我国和平发展战略的核心思想，而且有着深厚的历史积淀。今天的中国是由其历史发展塑造的。中国梦的世界图式秉承了中国自古以来惯有的和平主义传统，充分体现了中国崇尚和平、正义与公理，扶弱济贫，反对恃强凌弱这一中国外交惯有的特质。近代以后，我国在向现代文明转型过程中注入了马克思主义这一科学理论之魂，扬弃了以礼治和差序结构为主要特征的华夷秩序观，吸收了西方现代主权独立与平等等合理思想，摒弃了西方的权力政治与霸权主义思想，通过综合创新，形成了独具特色的外交战略思想。几千年的积淀，历经近代苦难的反思和艰辛探索，新中国成立后完成了中国国际观的现代转型，铸就了以和平共处五项原则为代表的一系列不同于西方的国际理念，为当今建设和谐世界理念的形成提供了坚实的历史基础。在改革开放新时期，我党带领全国人民在探索中国特色社会主义伟大实践中，把传统的"和合"思想与马克思主义的和平思想相结合，把中国自身发展利益的诉求与和平发展的时代特征相结合，铸就了中国特有的独立自主和平外交与追求世界和谐的国际战略观，探索出了和平发展道路，创造了以和平、发展、合作、共赢为内核的国际战略思想。走和平发展道路，推动建设和谐世界，是古代"和合"思想在当代弘扬的结果，是适应和平发展时代要求的产物，

① 胡锦涛：《坚定不移沿着中国特色社会主义道路前进，为全面建成小康社会而奋斗》，人民出版社，2012 年版，第 1 页。

② 胡锦涛：《坚定不移沿着中国特色社会主义道路前进，为全面建成小康社会而奋斗》，人民出版社，2012 年版，第 49 页。

更是中国特色社会主义本质特征的体现，构成了实现中华民族伟大复兴的必由之路——中国特色社会主义道路的重要内容，成为中国人追逐“世界梦”的重要思想武器。和平发展战略成为我们在实现中国梦进程中建设和谐世界梦想的战略选择和重要精神力量支撑。

中国梦的世界图式是中国特色社会主义建设实践探索的结果，经过了实践的充分检验。改革开放30多年我国外交实践证明，走和平发展道路，推动建设和谐世界，不仅带来了我国30多年的大发展、大繁荣，为“中国梦”的实现提供了坚实的基础，而且为世界的和平与共同发展作出了巨大的历史贡献。实践证明，这一梦想不仅有着深厚的时代基础和条件，而且取得了巨大成功，是行之有效之策，我们不会轻易放弃。在实现“中国梦”的进程中，随着中国的发展强大，中国将更加努力在实践中进一步完善充实这一战略思想的理论基础与实践举措，进一步为人类社会的和平与发展作出更大贡献。①

（二）进一步拓展和平发展战略新内涵

党的十八大后，针对中国发展及其与国际体系互动关系的新变化，习近平总书记在几次讲话中对我国和平发展战略做了新的解读，赋予和平发展战略以新的内涵。

首先，强调坚持以发展为第一要务。当前，我国进入了改革的攻坚阶段和全面建成小康社会的关键阶段，内外环境复杂多变。我国仍处于并将长期处于社会主义初级阶段的基本国情没有变，人民日益增长的物质文化需要同落后的社会生产力之间的矛盾这一社会基本矛盾没有变，我国是世界上最大的发展中国家的国际地位没有变。发展始终是中国人民的根本利益所在，也是解决中国所有问题的关键。要发展，必须要有和平的国际环境与周边环境。习近平总

① 关于这方面的详细分析见第六章相关内容。

书记强调："党的十八大明确提出了'两个一百年'的奋斗目标，我们还明确提出了实现中华民族伟大复兴的'中国梦'的奋斗目标。实现我们的奋斗目标，必须有和平国际环境。没有和平，中国和世界都不可能顺利发展；没有发展，中国和世界也不可能有持久和平。"①

其次，强调采取切实措施促进中国与世界共同发展，让中国的发展更好地惠及其他国家。习近平总书记指出，共同发展是世界可持续发展的重要基础。一个发展不均衡的世界是不可能有持久和平和共同繁荣的。在向中国梦迈进的新的历史征程中，中国的发展与世界的发展相关度将进一步提高，中国的前途命运与世界的前途命运更加紧密相连。中国的发展与世界发展的互动性将进一步增强。同时，当今世界潮流比历史上任何时候都更加有条件实现好和平、发展、合作、共赢之梦。走和平发展道路，推动建设和谐世界是连接中国梦与世界梦的必然选择。为此，"中国将坚定不移走和平发展道路，致力于促进开放的发展、合作的发展、共赢的发展，同时呼吁各国共同走和平发展道路"。② 世界繁荣稳定是中国的机遇，中国发展也是世界的机遇。和平发展道路能不能走得通，很大程度上要看我们能不能把世界的机遇转变为中国的机遇，把中国的机遇转变为世界的机遇，在中国与世界各国的良性互动、互利共赢中开拓前进。为了在未来亚太战略博弈中获得主动，使中国的发展更好地带动周边国家的发展，习近平总书记先后提出了与俄罗斯和中亚国家建立"新丝绸之路经济带"，打造"上海合作组织命运利益共同体"，与东南亚国家建立"海上丝绸之路经济带"，打造升级版的中国—东盟自贸区，建立"东亚利益命运共同体"等战略思想，充分显示了新一届中央领导集体对和平发展战略注入的新思路、新理念、

---

① 习近平："更好统筹国内国际两个大局，夯实走和平发展道路的基础"，《人民日报》2013年1月30日。

② 习近平："顺应时代前进潮流，促进世界和平发展——在莫斯科国际关系学院的演讲"，《人民日报》2013年3月24日。

新政策。

第三，坚持和平发展必须守住底线。随着中国快速发展，中国与国际体系之间的张力和阻力日益扩大。中国与部分国家结构性矛盾日益尖锐，与一些大国之间的竞争日益激化。例如，中美两国随着国力差距日益缩小，共同利益不断扩展，在政治、经济、军事安全和文化等领域的竞争和结构性矛盾将日趋激化。彼此尊重对方核心利益，守住己方底线，就成为两国处理矛盾和竞争时不得不考虑的战略问题。同时，在当前亚太格局急剧变化和调整的形势下，周边一些国家对中国未来战略走向心存疑虑，往往误读我国和平发展战略，不时采取骚扰政策，力图借助外域大国支持，在我领土主权问题上不断进行挑衅，以求获得最大利益。对此，习近平总书记强调，中国发展决不能以牺牲别国利益为代价，我们决不做损人利己、以邻为壑的事情，我们将坚定不移地做和平发展的实践者、共同发展的推动者、多边贸易体制的维护者、全球经济治理的参与者。中国将继续致力于推进人类和平与发展的崇高事业，同时，必须坚定不移地维护我国的主权、安全和发展利益，强调“老祖宗留下的领土不能丢”。任何国家不要指望我国会吞下损害我国核心利益的苦果。中国走和平发展道路，其他国家也都要走和平发展道路，只有各国都走和平发展道路，各国才能共同发展，国与国才能和平相处。

（三）以合作共赢促进人类和平与发展的崇高事业

党的十八大把我国外交战略任务提升为“继续促进人类和平与发展的崇高事业”，明确向世界宣示：“中国将继续高举和平、发展、合作、共赢的旗帜，坚定不移致力于维护世界和平、促进世界共同发展。”① 这充分显示了处于民族复兴关键阶段的中国的国际战略追

① 胡锦涛：《坚定不移沿着中国特色社会主义道路前进，为全面建成小康社会而奋斗》，人民出版社，2012 年版，第 47 页。

求和世界主义情怀，展示了中国的“世界梦”的核心精神。习近平总书记指出：“我们所处的是一个风云变幻的时代，面对的是一个日新月异的世界。这个世界，和平、发展、合作、共赢成为时代潮流，旧的殖民体系土崩瓦解，冷战时期的集团对抗不复存在，任何国家或国家集团都再也无法单独主宰世界事务。这个世界，一大批新兴市场国家和发展中国家走上发展的快车道，十几亿、几十亿人口正在加速走向现代化，多个发展中心在世界各地区逐渐形成，国际力量对比继续朝着有利于世界和平与发展的方向发展。这个世界，各国相互联系、相互依存的程度日益加深，人类生活在同一个地球村里，生活在历史和现实交汇的同一个时空里，越来越成为你中有我、我中有你的命运共同体。这个世界，人类依然面临诸多难题和挑战，国际金融危机深层次影响继续显现，形形色色的保护主义明显升温，地区热点此起彼伏，霸权主义、强权政治和新干涉主义有所上升，军备竞赛、恐怖主义、网络安全等传统安全和非传统安全威胁相互交织，维护世界和平、促进共同发展依然任重道远。”“随着世界多极化、经济全球化深入发展和文化多样化、社会信息化持续推进，今天的人类比以往任何时候都更有条件朝和平与发展的目标迈进，而合作共赢就是实现这一目标的现实途径。”① 他呼吁：“面对国际形势的深刻变化和世界各国同舟共济的客观要求，各国应该共同推动建立以合作共赢为核心的新型国际关系，各国人民应该一起来维护世界和平，促进共同发展。”② “世界潮流，浩浩荡荡，顺之者昌，逆之者亡。要跟上时代前进步伐，就不能身体已进入21世纪，而脑袋还停留在过去，停留在殖民扩张的旧时代，停留在冷战思维、零和博弈老框框内。”③ 国际社会应该共同努力，使各国和各国人民共

---

① 习近平：“顺应时代前进潮流，促进世界和平发展——在莫斯科国际关系学院的演讲”，《人民日报》2013年3月24日。

② 习近平：“顺应时代前进潮流，促进世界和平发展——在莫斯科国际关系学院的演讲”，《人民日报》2013年3月24日。

③ 习近平：“顺应时代前进潮流，促进世界和平发展——在莫斯科国际关系学院的演讲”，《人民日报》2013年3月24日。

同享受尊严，共同享受发展成果，共同享受安全保障。

针对国际金融危机后亚太格局的急剧变化和中国与周边国家关系的新特点，习近平总书记提出坚持正确的义利观，加强与周边国家的友好合作。他秉承中华文化和新中国外交优良传统，针对我国与发展中国家和周边国家关系面临的新形势新任务，强调在发展与这些国家关系时要树立正确的义利观，政治上坚持正义、秉承公道、道义为先，经济上坚持互利共赢、共同发展。对那些对我国长期友好而自身发展任务艰巨的国家，要更多地考虑对方利益，不要损人利己，以邻为壑。在访问非洲时，习近平主席全面阐述了中国对非洲的政策，提出对非合作要遵循“真、实、亲、诚”四字箴言，着力促进双方互利共赢，不折不扣落实对非洲承诺，不附加任何政治条件，重在帮助非洲国家把资源优势转化为发展优势，实现多元、自主、可持续发展。

在外交实践上，以习近平为总书记的党中央积极运筹与世界主要大国的关系，全力稳定和拓展周边睦邻友好关系，大力加强与发展中国家友好合作，深入参与和引导多边外交进程，不断加强外交工作的顶层设计、策略运筹和底线思维，坚定维护国家核心利益，显示出新一届领导人在向中国梦迈进的历史新征程中致力于促进世界和平与共同发展的决心和信心。[①]

---

① 关于这方面的详细阐述参见第六章有关内容。

第四章　适应经济全球化发展的必然选择

推动建设和谐世界不仅是基于中国历史与现实发展的必然选择，而且是适应时代发展潮流的必然要求。党的十八大报告在分析了当今国际形势后强调指出："人类只有一个地球，各国共处一个世界。历史昭示我们，弱肉强食不是人类生存之道，穷兵黩武无法带来美好世界。要和平不要战争，要发展不要贫穷，要合作不要对抗，推动建设持久和平、共同繁荣的和谐世界，是各国人民共同愿望。"① 经济全球化是当今世界发展的重要趋势，也是当今时代发展突出特征，既为推进世界和平与发展的崇高事业提供了历史性机遇，又对此提出了一系列新的挑战。推动建设持久和平、共同繁荣的和谐世界，是因应经济全球化发展趋势的需要而提出的，反映了中国对待经济全球化的基本态度和价值追求。

一、经济全球化的基本属性及其主要特点

伴随着以信息技术为核心的高新技术的迅猛发展，20 世纪 80 年

---

① 胡锦涛：《坚定不移沿着中国特色社会主义道路前进，为全面建成小康社会而奋斗》，人民出版社，2012 年版，第 46—47 页。

代以来出现了新一轮经济全球化浪潮。人们普遍认为，世界已经真正进入了全球化时代。经济全球化的深度发展进一步促进了世界的普遍交往与密切联系，成为影响各国和世界发展的重要时代条件，成为推动建设和谐世界的重要时代基础。正如胡锦涛所指出的：“在人类漫长的发展史上，各国人民的命运从未像今天这样紧密相连、休戚与共。共同的目标把我们联结在一起，共同的挑战需要我们团结在一起。让我们携手合作，共同为建设一个持久和平、共同繁荣的和谐世界而努力！”①

（一）经济全球化的两重性

尽管人们对全球化有着多种不同的认识，但就经济层面而言，经济全球化是指生产、贸易、金融等经济活动超越国界，向全球拓展的过程，是资本、能源、技术、劳务等生产要素在全球自由流通和配置的过程，是各国经济相互依存和融合不断加强的过程。正如我国著名世界经济学家李琮研究员所言：“经济全球化是世界经济发展到高级阶段出现的一种现象，它是在科技和社会生产力达到更高水平，各国经济相互依赖、相互渗透大大加强，阻碍生产要素在全球自由流通的各种壁垒不断削减，规范生产要素在全球自由流通的国际规则逐步形成并不断完善的一种历史过程。”②

经济全球化具有自然属性和社会属性。经济全球化的自然属性是指作为社会生产力和科技发展的必然产物，具有客观必然性，是人类历史发展的自然过程。正如江泽民指出的：“经济全球化是社会生产力和科学技术发展的客观要求和必然结果。”③ 经济全球化是社会生产力和科技发展的产物，是超越任何社会制度、民族、文化和地域限制的人类生活的现代化过程，主要表现为：一是生产与国际

① 胡锦涛：“努力建设持久和平，共同繁荣的和谐世界”，《人民日报》2006 年 9 月 16 日。
② 李琮主编：《世界经济学新编》，经济科学出版社，2000 年版，第 510 页。
③ 《江泽民论有中国特色社会主义（专题摘编）》，中央文献出版社，2002 年版，第 517 页。

分工的全球化。社会生产力的高度发展必然使各国社会再生产过程超出国界，向全球拓展，形成了日益紧密的全球分工和生产体系。例如，德国西门子公司在全球132个国家和地区拥有生产和销售机构。美国波音飞机公司的飞机在世界70多个国家生产零部件和组装。2007年全球有跨国公司7.1万家，子公司和附属企业90多万家。它们掌握着国际直接投资的80%，国际专利和技术的60%—70%，国际贸易的50%—60%和世界生产的40%，形成了庞大的全球生产体系和销售体系，成为促进经济全球化的主要载体。二是国际贸易不断拓展。经济全球化的发展使各种贸易壁垒被突破，贸易自由化便利化不断加强，极大地促进了国际贸易的发展，并使国际贸易结构发生深刻变化。20世纪90年代以来，国际贸易以超出世界经济增长一倍的速度高速增长，年均增长8%，远远超过世界经济增长的3%。2007年国际贸易总额达到惊人的27万亿美元。国际贸易结构已经从一般物质商品贸易发展到服务贸易。三是金融国际化不断加快，国际资本流动空前增加。随着信息技术在金融领域的广泛运用和生产、贸易全球化的发展，金融国际化飞速发展。全球金融市场不断扩大，每天交易额达3万亿美元以上。金融机构国际化不断加强，金融产品日益多样化，各种衍生金融产品不断涌现。四是科技全球化日新月异。生产全球化的发展和国际科技合作的加强，促进了科技成果的全球性扩展。跨国公司全球性经营战略的实施加快了科技成果的全球运用。

经济全球化的社会属性是指作为生产力发展带来的全球范围内生产关系的变化及其各种表现形式。经济全球化是社会生产力发展的产物，但不能不受到参与者的主体性的深刻影响。基于不同历史时期参与经济全球化主体的社会制度、价值观念、对待全球化的态度及国际力量结构及其相互关系的影响，不同历史时期经济全球化的发展表现出不同的社会特征及其社会关系形式。从社会属性看，

“全球化是肇始于欧美的现代化进程在当代的深化和扩展”。[①] 经济全球化是欧美资本主义扩张的结果。它起源于资本主义生产方式的确立，并随着资本主义扩张而不断扩展。欧美资本主义的殖民扩张一方面给其他民族和国家带来了巨大灾难；另一方面，其对于推进经济全球化的发展发挥了重要的历史作用。当今经济全球化仍然处在发达资本主义主导之下，带有深厚的“西方化”或“资本主义化”的色彩。

经济全球化是自然历史过程与社会历史过程的统一。必须坚持用辩证的观点看待经济全球化的发展。从自然属性看，经济全球化的发展具有客观必然性，任何国家和民族都无法逃避。参与和融入经济全球化是实现各国发展目标的必然要求，任何国家的发展都离不开世界。从社会属性看，迄今为止的经济全球化在一定程度上都是由欧美发达资本主义国家主导的，但不能因此把经济全球化简单地等同于“西方化”、“美国化”或者“资本主义化”。这样是抹杀了经济全球化的自然属性。随着社会生产力的发展和生产关系的变化，经济全球化的社会属性不断发生变化。例如，在殖民时代，帝国主义列强是经济全球化的完全主导者，对亚非拉国家的殖民和垄断资本之间的竞争甚至帝国主义之间的战争成为了那时经济全球化拓展的重要表现形式。但经济全球化发展到今天，伴随着大批新兴经济体参与经济全球化，已经使经济全球化的社会属性发生了深刻变化。随着经济全球化主体多元化和世界多极化的发展，这种变化将不断加强。2008 年国际金融危机引发了世界经济力量对比和世界经济结构的深刻变化。世界经济出现了一定程度上的南升北降、“东边太阳西边雨”的新态势，新兴市场国家在世界经济中的地位不断提升，必将导致后危机时代经济全球化的发展出现一系列新的特点，世界经济均衡化发展的态势将不断加强，发达国家对世界经济的主导地位将相对减弱。看不到经济全球化的自然属性，必然把经济全球化简单地等同于“资本主义化”或者“西方化”；看不到经济全

① 王逸舟：“中国：一步步认识全球化”，《环球时报》2000 年 5 月 26 日。

球化的社会属性，也就很难有效应对经济全球化发展带来的一系列新问题、新挑战。只有把经济全球化的社会属性与自然属性结合起来，辩证地看待经济全球化的作用和影响，才能顺应潮流，因势利导，趋利避害，真正把握经济全球化的发展。

（二）当今经济全球化的主要特点

与近代以来发生的前几次经济全球化浪潮相比，新一轮经济全球化浪潮无论在广度和深度上都有了极大的拓展，出现了一些新的特点：

其一，当代经济全球化具有信息化的特征。如果说第一次和第二次科技革命带来了前两次经济全球化高潮，那么，20 世纪五六十年代兴起的第三次科技革命则催生了当今的经济全球化浪潮。特别是20 世纪 80 年代以来信息技术的迅猛发展为当今经济全球化浪潮的发展提供了重要的技术基础。正如十八大报告指出的："社会信息化持续推进，科技革命孕育新突破。"① 信息技术的发展和信息网络的全球性扩展极大地降低了交通、通信和交易的成本，为商品、资本、技术、信息、人员、资源等跨国界流通创造了技术条件。信息技术在世界生产和流通等各部门、各领域的广泛运用，给全球经济和政治及各国人民的社会生活带来了深刻影响。"信息处理技术和远程通讯技术的巨大进步构成了当代全球化的基本源泉。'信息革命'处于经济和社会全球化的核心。信息革命使得跨国组织和市场开拓成为可能，从而促进了新型的国际分工。"② 信息技术的发展和全球信息网络的扩展导致全球时空纬度极大地压缩，各个国家和地区的人们的时空距离极大地缩短，地球村意识不断加强，使经济全球化

① 胡锦涛：《坚定不移沿着中国特色社会主义道路前进，为全面建成小康社会而奋斗》，人民出版社，2012 年版，第 46 页。

② ［美］罗伯特·基欧汉、约瑟夫·奈：《权力与相互依赖》，门洪华等译，北京大学出版社，2002 年版，第 292 页。

影响的广度和深度达到了史无前例的水平。同时，本次经济全球化浪潮具有推进人类社会从工业化向信息化转型的特点。信息化的发展与经济全球化的发展同步共进。各国乃至世界的经济结构和人们的社会生活方式因此发生了深刻的变化。

其二，市场的全球性拓展构成了当今经济全球化的一大特点。当今经济全球化的发展建立在第二次世界大战后主权国家全球性扩展的基础上。伴随着第二次世界大战后民族解放运动的发展，主权国家体系从欧美局部范围扩展到全球范围，导致因帝国主义殖民政策而被人为分割的世界市场获得“解放”。冷战体制解体使第二次世界大战后彼此对峙和隔离的社会主义与资本主义两大平行市场的界限被打破，苏联东欧国家纷纷转向市场经济。中国从 20 世纪 90 年代初开始全面走向社会主义市场经济。冷战期间推行计划经济或统制经济的发展中国家大多数转向市场经济，并实行对外开放。今天，在人类历史上第一次形成了真正全球性的世界市场，从而为经济全球化的发展提供了机制上的保障。经济全球化要求按照市场机制进行全球生产要素的流通和配置。世界市场的极大拓展既是经济全球化推动发展的结果，又反过来促进了经济全球化的大发展。

其三，自由化的社会经济政策取向成为当今经济全球化发展的政策支撑。第二次世界大战后，作为西方霸权国的美国一直致力于促进世界经济的自由化，以扩展美国在世界的利益，形成了以结构自由主义为特征的制度性霸权。20 世纪 70 年代以后，饱受经济“滞胀”之苦的西方发达国家纷纷调整以凯恩斯主义为主导的社会经济政策，大力推行新自由主义，减少政府对经济的干预，强力推行经济的市场化、私有化和自由化。加上科技革命带来的国际分工的深化和各国经济国际化程度的提高，使世界经济自由化和开放程度不断提高，导致当代经济全球化带有鲜明的自由化特色。尽管 2008 年金融危机后，西方贸易保护主义抬头，有的学者甚至提出“全球化已经终结”的观点，但促进世界经济投资便利化、自由化仍是各国治理经济危机、重振经济的必要选择。

其四，生产资本的急剧扩张成为新一轮经济全球化的重要动力。马克思主义早就说过，资本的扩张性是形成世界历史发展的主要动力之一。伴随着第二次世界大战后西方国家垄断资本主义的发展，在第三次科技革命推动下，国际分工不断深化，国际产业调整和转移的周期缩短和加快，导致以跨国公司为主体的生产资本扩张不断扩大，并伴随着金融国际化而加速发展。跨国公司不仅数量与规模急剧扩大，而且在国际分工、国际贸易、国际直接投资和国际技术交流等方面发挥着主导作用，成为新一轮经济全球化的主要承载者。"当国家的领土疆界与资本的全球要求相矛盾时，跨国公司和其他跨国组织就会想方设法使国家的领土要求从属于资本扩张的要求。"[①] 资本的扩张性成为促进世界经济融合的重要动力。

其五，当今经济全球化的发展具有了前所未有的制度化水平。尽管当代经济全球化的发展并不等同于全球一体化，全球社会的整体性和制度化建设远没有达到同质化的地步，世界政府遥不可及，但是，由于生产力的发展和国际分工的深化以及一系列跨国和全球性问题层出不穷，区域和全球性合作方兴未艾，推动解决各种全球性问题为目的的政府间和非政府组织飞速增长，国际合作机制达到了前所未有的水平。据有关学者统计，当今世界政府间国际组织有近3600个，非政府组织多达45000多个，其中大部分诞生于当代全球化发展进程之中。致力于经济合作的全球性经济组织有世界贸易组织、国际货币基金组织、世界银行等，区域组织有亚太经济合作组织、北美自由贸易区、欧洲联盟等；致力于政治与安全合作的有最大最具普遍性的全球性组织联合国，区域性的有欧盟政治与安全合作机制、上海合作组织、东盟等。同时，各种规范双边或多边行为的国际规则和机制日益增加。当今全球化所具有的制度化水平超过了历史上任何一次全球化浪潮。

① 俞可平主编：《全球化：全球治理》，社会科学文献出版社，2003年版，第22页。

其六，当今经济全球化呈现出参与主体日益多元化的特点。如果说前两次经济全球化浪潮的主要参与者和推动者是少数欧美资本主义国家，而广大亚非拉国家是被动卷入的话，那么这次经济全球化浪潮的参与者则呈现出数量不断增多，国家类别多样、主体性不断增强的特点。无论是发达国家还是发展中国家，无论是资本主义国家还是社会主义国家，世界上绝大多数国家都主动地融入了本次经济全球化浪潮之中，这是前所未有的。本轮经济全球化浪潮与世界多极化趋势相伴而行。大批新兴市场国家的快速发展及其在世界经济中的地位提升，将逐步改变发达资本主义国家主导经济全球化的状况，推动经济全球化朝着均衡、互利共赢和共同发展的方向发展。

（三）经济全球化是一把“双刃剑”

基于经济全球化自然属性所具有的特征，经济全球化的发展给世界经济发展带来了一定的机遇。科技全球化的发展有利于提高世界生产力的整体水平。经济全球化促进各种生产要素在全球流通和配置，使各国在全球经济交往中实现优势互补，汲取自己短缺的生产要素，发挥本国的比较优势，促进各国经济增长和世界经济整体提升。贸易全球化有利于克服各国市场狭小的矛盾和缺失，扩大对外贸易，利用自己比较优势，扩大经济规模，实现规模经济效应，促进本国经济发展。生产与国际分工的全球化，有利于各国利用国际产业结构调整和转移，调整和提升本国产业结构和经济结构。金融全球化有利于各国获取资本，进行国际投资。世界经济机制化与一体化不断加强，有利于各国进行经济合作与协调，促进世界经济稳定增长。经济全球化促进了国际经济竞争，迫使各国企业不得不改进经营管理，加强技术创新，开发新产品，提高生产率，降低成本，从而促进世界经济增长。

基于发达国家主导当今经济全球化的社会属性，西方发达国家不仅在资本、技术、国际分工等各方面占据主导地位，而且主导着国际经济规则和制度安排。更为重要的是，西方发达国家有意利用其主导地位，谋求把经济全球化变成政治上和文化上的“西方化”，使当今经济全球化带有“全球资本主义化”的特征。这一特征导致当今经济全球化出现了一系列困局，并给世界经济和各国经济发展带来了一系列新的挑战，如南北经济技术差距扩大，世界贫富分化加剧。部分发展中国家在世界经济中的地位甚至被边缘化。发达国家在享受国际分工、国际贸易和金融全球化带来巨大利益的同时，也面临着国内产业空心化等风险。广大发展中国家在享受经济全球化带来的发展机遇的同时，面临着贸易风险、产业风险、金融风险和经济规则风险等一系列新的挑战。如何改革国际经济秩序，使经济全球化朝着更加公正、合理、均衡、共赢的方向发展，成为世界面临的重大问题。推动建设和谐世界的目的之一即在于此。

二、经济全球化发展为建设和谐世界提供一定的时代基础

作为经济基础领域深刻变化产物的经济全球化的深入发展正在改变世界，引起国际关系的深刻变革与调整。经济全球化的发展正在把人类社会联结成一个相互依存和不可分割的有机整体，包含着人类发展走向共存、合作与和谐的因子，为推动建设和谐世界提供了一定的现实条件。正如江泽民所指出的：“如能加以正确引导和驾驭，经济全球化有利于各国各地区加强经济技术合作，也有利于世界经济的发展和国际社会的稳定。”①

---

① 《江泽民论有中国特色社会主义（专题摘编）》，中央文献出版社，2002年版，第519页。

（一）国家间和人类共同利益拓展为建设和谐世界提供利益基础

马克思指出："人们为之奋斗的一切，都同他们的利益有关。"① 追求利益是人类一切社会活动的动因所在，利益对政治权力具有决定性作用。利益关系是一切社会关系的基础。利益关系的变化是引起其他社会关系变化的基本动因。利益一致是促进国家间关系和谐，乃至世界和谐的基础和原动力。最早提出国家利益概念的古希腊著名历史学家修昔底德就指出："利益一致是国与国之间或个人与个人之间最牢靠的纽带。"19 世纪，英国保守党领袖索尔兹伯里更明确指出："唯一持久的团结纽带是没有任何相互冲突的利益。"② 当今经济全球化的深入发展促进了国家间的共同利益和人类共同利益的增长，为推动建设和谐世界奠定了一定的利益基础。

国家利益是国家在国际社会活动的根本动因。自近代主权国家诞生后，国家就一直成为国际社会最重要的行为主体。追求国家利益构成了国际关系演变的动力。国家利益是一个国家生存和发展的需要，是"一切满足民族国家全体人民物质与精神需要的东西"。③ 国家利益具有物质性与社会性。国家的生存与发展需要特定的生存空间和基本物质条件，如领土、主权和自然资源等，使国家利益具有物质属性。同时，随着国家社会化与国际化发展，国家的生存与发展必然具有社会化的需求，国家利益存在社会建构。国家利益具有个性与共性。每个国家自然环境和社会历史发展经历不同，以及在政治、经济、社会、文化领域的差别，造成了国家利益的不同，使不同国家具有不同的国家利益。随着国家利益的国际化拓展，形

① 《马克思恩格斯全集》，第 1 卷，人民出版社，1995 年版，第 187 页。

② 转引自［美］汉斯·摩根索：《国际纵横策论》，时殷弘等译，上海译文出版社，1995 年版，第 11 页。

③ 阎学通：《中国国家利益分析》，天津人民出版社，1996 年版，第 10 页。

成了国际体系和国际社会，生存和发展于共同国际体系与国际社会中的不同国家在国家利益方面自然具有一些共性，这种共性是由国际体系与国际社会的共同需要决定的。国家利益具有内生性和外生性。国家利益的生成主要是由国家自身的生存与发展需要决定的。国内经济、政治与社会结构的发展变化成为国家利益生成的主要决定因素。但是，随着国家对外交流的发展和生产的国际化，国家利益边界从领土之内逐步扩展到领土之外，使国家利益的生成对国际社会的依赖性不断增强，产生国家利益的外生性，亦称国家的海外利益或境外利益。[①]

国家间的共同利益是指国家之间利益重叠或交汇部分，或者是各国共同分享的利益。国家利益取决于生产力的发展水平及其引起的社会关系变化，依托于特定历史时期的社会条件与社会关系。随着社会的发展，国家利益的内涵及其实现方式不断变化。经济全球化的发展促进了国家间共同的经济利益。伴随着各国卷入经济全球化的广度和深度日益加强，各国社会再生产日益国际化和全球化，被纳入世界生产链、商品链、价值链和资本链之中，导致国家间经济上的相互依存不断加强，共同利益不断增加。经济全球化所带来的生产全球化、贸易全球化、金融全球化和科技全球化的发展，使各国国民经济的发展与世界经济的相互联系日益紧密。“国民经济卷入全球经济交易程度实际上增加了——对几乎所有国家来讲，越来越大比例的国民经济活动卷入了越来越多国家的经济交换当中。”[②]各国国民经济变成了世界经济的有机组成部分。经济全球化的发展使整个世界日益成为“一损俱损，一荣俱荣”的利益攸关的共同体。世界经济的整体发展成为各国经济发展的重要基础。世界经济中的产业链、商品链、价值链、资本链、资源链等既成为各国寻求和实现国家利益的主要环节，也成为世界各国的共同利益纽带。

---

① 参见陈伟恕：“中国海外利益研究的总体视野”，《国际观察》2009 年第 2 期。

② ［英］戴维·赫尔德：《全球盟约：华盛顿共识与社会民主》，社会科学文献出版社，2005 年版，第 39 页。

经济全球化的发展促进了国家间的共同安全。国家安全往往与国家利益相伴而存，国家安全的核心在于维护和促进国家利益。国家间共同利益的增加和利益交融程度的提升必然导致国家间安全关系发生变化，共同安全应运而生。国家安全包括政治安全、军事安全、经济安全、社会安全、生态安全、文化安全和科技安全等。国家间的共同安全不仅表现在传统安全领域，如促进国际政治平稳发展，维护世界和地区的和平与稳定，而且表现在非传统安全领域。由于非传统安全大多具有跨国性甚至全球性特征，且其威胁的主体日益多样化，不仅是某个国家，甚至是整个地区乃至全球，因此需要国际合作，乃至全球合作才能加以应对。共同安全的加强表明，国家在安全领域存在一定的共同利益。

经济全球化的发展促进了人类共同利益。人类共同利益是指维护人类生存与发展的需要，是世界各国人民的共同需求和根本利益所在。人类共同利益与国家利益有着密切的关系，两者不是各自独立和隔绝的。今天的世界，民族国家仍然是国际社会最基本的行为主体。人类共同利益生成于国家利益之上，又超越了国家利益，是最高层次的共同利益。人类共同利益既满足国家利益的需求，与国家利益具有协调性或者一致性，又超出国家利益范围，与各具特性的国家利益也存在矛盾与冲突。促进世界和平与共同发展成为人类社会面临的首要问题，也是人类共同利益所在。经济全球化的发展促进了世界各国人民之间的交往。社会交往的普遍化与互动程度的提高，世界整体性联系不断加强，促进了世界对共同价值和制度规则的需求；世界经济一体化进程不断深化，导致各国经济上的相互依存不断增强，共同的经济利益纽带不断扩展，世界经济整体利益不断增加。全球化的发展过程实际上是一个现代化的全球扩展过程。伴随着现代化的全球拓展，人类面临着环境恶化、恐怖主义威胁、跨国犯罪、流行疾病传播等一系列全球性问题。这些问题成为人类生存与发展的共同威胁，成为人类共同利益的重要表现。全球化的发展导致在经济、政治、文化、生态和安全各个领域的人类共同利益不断增加。人类共同利益凸显使今天世界上的任何国家，甚至个人的发展离不开国家的共同发展和世界的整体性发展。每个国家已经处于人类共同利益、国家利益和社会各阶层、各地区共同利益的复杂利益关系网络之中。

（二）相互依存加强为建设和谐世界提供一定的社会基础

以罗伯特·基欧汉和约瑟夫·奈为代表的新自由制度主义学派创造性地提出了复合相互依存的概念，揭示了经济全球化发展带来的国际体系结构属性的新变化。他们认为，相互依存并不是各种行为体之间的一般的相互联系和相互影响，而是具有一定的强制性，必须付出代价的相互影响和相互联系。“人类交往对相互依赖的影响取决于与之相关的制约或成本。”① 因此，相互依赖存在敏感性和脆弱性。复合相互依存具有多渠道的联系，问题之间没有等级之分，军事力量起着次要作用三大特征。② 复合相互依存一定程度上揭示了经济全球化发展条件下国际体系的新变化，表明当今国际体系结构正在处于深刻变化之中。社会生产力的大发展带来各国社会再生产的日益国际化和全球化。伴随着市场体制的全球性扩展，各国国民经济日益被纳入世界经济体系之中，导致各国深深卷入国际分工、国际贸易、国际金融和国际技术交流之中，从而形成了各国经济上的相互依赖。经济相互依存促进了国家间政治与文化的交往以及人员的跨国境流动，形成了一定的政治相互依存和文化相互依存。政治上相互依存表现为国内政治国际化、国际政治国内化。“世界上某一个地方的政治事件能迅速在世界范围内产生影响。不管在城市还

---

① ［美］罗伯特·基欧汉、约瑟夫·奈：《权力与相互依赖》，门洪华译，北京大学出版社，2005年版，第9页。

② 参见［美］罗伯特·基欧汉、约瑟夫·奈：《权力与相互依赖》，门洪华译，北京大学出版社，2005年版，第25—30页。

是国家的地区、空间集中的政治活动，都陷入了政治互动的巨网当中。结果，地方层次的发展——不管是经济的、社会的还是环境的——几乎瞬间就能产生全球性的影响，反之亦然。”[①] 随着经济全球化的发展，国家间各个领域各个部门之间的各种相互联系与交往普遍增加。恩格斯指出：“要知道每一个经济部门个别的、安静的独自存在的时代早已过去了，现在它们全都相互依赖，既依赖最遥远的国家的进步，也依赖紧邻的国家的进步以及变动着的世界市场的行情。”[②] 政府间国际组织和非政府国际组织的急剧增长，成为国际交往与联系的重要媒介和载体，并以其为基础形成了各种跨国关系网络。这些国际组织分享了部分国家主权，成为解决各种国际问题的重要行为体。它们广泛介入各国国内政治，协调国际关系，维护和促进国际社会的整体利益，改变了完全由主权国家构成国际体系行为体的状况，导致全球化条件下世界政治权力载体的多元化和权力分散化。“现行政治权力的所在地不再认为仅仅是民族国家政府——现行的权力已被国家、地区和国际层次上的各种各样的力量和机构所分享和换取……命运与共的政治共同体——民族自决的集体——的观念再也不能有意识地仅仅定位于单一的民族国家。某些决定生活机会性质的最为根本的力量和进展——从世界贸易组织到全球变暖——现在已经不是单个民族国家仅凭它们本身的力量就能解决的，21 世纪初期的政治世界是以一系列新型的具有深远意义的政治外在性或‘边界问题’为特征的。”[③] 文化上的相互依存则表现为各国文化在更大范围和更多领域的碰撞、交流与传播，彼此之间产生文化互动与相互影响，以及各民族、各地域文化向全球的扩展，在保持本民族文化特性的同时，承认人类文化的特定共性，并产生

---

① ［英］戴维·赫尔德：《全球盟约：华盛顿共识与社会民主》，社会科学文献出版社，2005 年版，第 97 页。

② 《马克思恩格斯全集》，第 16 卷，人民出版社，1964 年版，第 258 页。

③ ［英］戴维·赫尔德、安东尼·麦克格鲁：《全球化与反全球化》，社会科学文献出版社，2004 年版，第 110 页。

适应全球化发展需要的新的全球性文化观念和思维方式。

经济全球化的发展扩展了国际关系的内涵，改变了其议题的等级划分。经济全球化发展带来的各国各个领域之间交往的增加，联系渠道的多样化，国际关系的内涵日益多样化和扩展，导致国家利益多元化和利益关系复杂化。传统国际关系中有关高级政治和低级政治区分的界限变得十分模糊。正如基辛格所指出的："在应对传统议程方面取得的进展已经不能满足要求。一类前所未有的新问题凸显出来。能源、资源、环境、人口以及太空和海洋的利益等问题已经与构成传统外交议程的军事安全、意识形态和领土争端等问题并驾齐驱。"①

复合相互依存实际上是经济全球化发展带来的一种国际社会关系的新形态，它的不断加强表明传统的以主权国家为唯一行为体，由少数大国主导的国际体系结构正在发生深刻变化。近代国际关系产生以来，国际体系通常由单一的民族国家构成。在帝国主义殖民主义时代，国际体系基本上由少数几个大国把持，大国之间一方面通过权力制衡维持彼此间关系的稳定；另一方面，对亚非拉地区展开激烈而残酷的殖民争夺战。由于经济全球化发展的深度和广度有限，工业化对市场和能源的需求巨大、各种国际合作机制和利益分配机制缺失、国家利益的领土依附性很强，物质性利益成为国家利益的主体，通过领土扩张实现国家利益成为大国对外发展的主要方式，导致传统国际体系呈现出"丛林结构"状态，显示出强烈的无政府状态下的恶性竞争和冲突。当今经济全球化的深入发展正在逐步改变这种强权政治结构体系。国际体系构成单元多样化、各种跨国关系网络不断发展，各种国际合作机制作用不断增强，国际社会权力结构日益分散化、国家利益内涵日益拓展、国家间利益关系复杂化等，使当今国际关系呈现出主权国家全球性拓展与复合相互依赖并存的态势。复合相互依存揭示了国际体系中通过制度化合作，维

---

① 转引自［美］罗伯特·基欧汉、约瑟夫·奈：《权力与相互依赖》，门洪华译，北京大学出版社，2005年版，第27页。

护和促进国家利益，促进国际关系稳定发展这一非军事冲突的属性，打破了军事强权竞争这一国际体系结构的主导地位，促使国际体系从少数大国主导的“丛林政治”结构向多体多元复合化结构转变。这一体系结构的转型为建设和谐世界提供了重要的国际社会基础。

（三）国际合作拓展为建设和谐世界提供重要条件

经济全球化的发展促进了国际合作。江泽民指出：“全球化的经济需要全球性的合作。”① 十八大报告指出：“全球合作向多层次全方位拓展。”国际合作是建设和谐世界的根本要求和基本途径。“国际合作与和谐世界犹如一枚硬币的两面，包含两个相辅相成的向量，二者共同设计和作用于人类美好的未来。……国际合作是通向和谐世界的可行和有效途径，是实现和谐世界的必要手段；和谐世界是国际合作的目标和归宿。”②

经济全球化的发展促进了国家间共同利益和人类共同利益，为加强国际合作提供了物质基础。合作往往是以共同利益或者共识为基础的。无论是以增进共同利益为目的的积极合作，还是以解决矛盾冲突为目的的消极合作，都是基于协调彼此利益的需要。随着各国社会再生产的日益国际化，国家间经济上相互依存和共同利益不断增加，人类共同利益日益增长，国家间的利益关系日趋复杂化，为促进国际合作提供了重要条件。如随着各国日益融入世界经济体系，维护世界经济整体利益成为各国必须面对的重要问题。只有通过协商与协调，保持世界经济整体的平稳发展，才能促进本国经济的持续发展。经济全球化发展导致全球性问题凸显，迫切需要世界各国共同努力，协作应对。在文化上，各国各民族的文化频繁碰撞与交流，只有加强对话与合作，才能促进各国文化的繁荣发展和世

---

① 《江泽民论有中国特色社会主义（专题摘编）》，中央文献出版社，2002 年版，第 515 页。

② 赵长峰：《积极推行国际合作，努力构建和谐世界》，载梁守德主编：《全球化与和谐世界》，世界知识出版社，2007 年版，第 301 页。

界文明的进步。当今经济全球化的发展本身就具有一些机制化的特征。经济全球化的发展促进了国际制度与机制建设，为国际合作创造了一定的条件。经济全球化深入发展导致国家间一系列功能领域和机构跨国界交往不断增加，迫切需要双边或多边国际组织或机制来承担这一交往的媒介功能与协调功能。经济全球化的发展导致一系列跨国关系网络的发展，亟需各种国际组织弥补国家主权局部功能的缺失。国际组织有着自己特定的运行机制和制度规定，为国际合作提供了有力的平台和联系机制。

人类命运共同体意识不断增强，为国际合作提供重要思想基础。全球化的发展导致世界整体性联系加强，人们的社会交往普遍化，相互之间的了解不断增加，共有观念增强，为国际合作提供了重要的思想基础。全球化是一个以经济为基础涉及政治、社会、文化等各个领域的全球性的整合过程。对于每个人和国家来说，全球化是一种推动力量。这一力量的不断加强增进了各个民族和国家的全球意识与合作意识，既立足本国的利益需求，又着眼于人类共同利益的需要。坚持全球主义观照下的国家主义，全球主义与爱国主义相结合，已经成为各国人民的普遍意识。基于增进国家间的共同利益和人类共同利益的需要，各国在全球化的整合过程中往往以合作代替冲突，以协调代替对抗，以解决彼此间的利益矛盾，平衡利益关系。

经济全球化的发展改变了国际关系传统的运行方式。随着国家间共同利益和人类共同利益的增加，国家间复合相互依存的加强，国家间利益关系从原来的“你之所失即我之所得”，转变为共同得利、共同发展，促使国际关系运行方式从“零和”竞争转向“非零和博弈”为主。如果国家间采取恶性竞争，以牺牲他国利益的方式谋求本国利益，那么不仅损害对方利益，最终还可能危害自己的利益。全球化发展带来的世界整体性的加强，无政府状态恶性竞争的减弱，使得国际关系运行方式从原来的以对抗、冲突为主转变为以合作为主。殖民时代那种依靠军事强权，强制掠取别国领土及领土上的资源，扩展国家利益的方式已经行不通了。运用全面战争实现国家利益的方式所付出的成本巨大，往往得不偿失。从单个国家角度看，随着社会生产力的发展和国际社会化程度的提高，国家利益的社会属性不断增强，自然属性相对减弱，社会属性的国家利益矛盾单靠武力是解决不了的。如何在平等互利的基础上，通过加强国际合作，依靠合法手段和合理的国际机制实现国家利益，增进国家间的共同利益和世界的整体利益，成为全球化时代谋求国家利益必须考虑的重大问题。“国家利益大多是国家体系中各国利益追求平衡和妥协的产物。每一个国家在进入国家体系之前，可以根据本民族的需要有各种各样的利益，但一旦进入国家体系，这些需求就有一个合法性问题，即该国的利益与其所处的国家体系的机制相一致，或能得到国家体系内大多数国家的认同。……国家利益是一种合法性制约的利益。”[①] 全球化的发展对国际关系的法制化、制度化和治理需求的不断增加，反映了国际关系运行规则已经从以“零和博弈”为主，转变为“零和博弈”与“非零和博弈”并存。

关于国际合作问题，不同的国际政治学派提出了各不相同的理论和政策主张。西方的现实主义国际政治理论强调国际合作仅仅是大国权力竞争的附属品，冲突是国际关系的常态，合作仅仅是大国为扩张或制衡权力而采取的行为，军事结盟成为传统国际体系中最典型的国际合作方式。新自由制度主义揭示了国际体系中复合相互依存的新特征，强调国际制度的功能性作用，认为国际制度能降低交易成本，减少不确定性，增加透明度，提供充分的信息和稳定的预期，从而增进国际合作，把国际制度作为促进国际合作的主要动因。建构主义则强调集体认同和共有观念对国际合作的促进作用。英国学派强调通过加强国际交往，促成以共同制度、共同价值观和共同利益为基础的国际社会共同体，以达成国际合作。马克思主义

① 转引自许嘉：《论全球化与中国国家利益》，载梁守德主编：《全球化与和谐世界》，世界知识出版社，2007年版，第60页。

唯物史观则认为，国际合作的根本动力在于社会生产力发展带来的国际分工与国际交往的增强，国际制度、共有观念本身都是社会生产力的发展带来的国际分工与国际交往增加的产物，不是国际合作的根本动力，而是促进国际合作的机制保障与意识支持。而现实主义强调的在无政府状态下离开权力国际合作就无法存在的看法是站不住的。实际上，无政府状态是随着社会生产力的发展带来的国际社会各行为体之间利益关系和交往方式的变化而不断变化的。正如我国学者俞正樑教授所指出的："推动无政府状态向相对有序演进的根本动力，是世界生产力的不断扩张。"[①] 当今高新科技的迅猛发展和经济全球化的深入发展导致世界生产力水平大幅度提升，正在改变国际社会无政府状态。它"扩大了国际资源配置的范围、深度和合理性，为世界各国编织了一张相互依存的网。经济协调和合作成为推动生产力发展的主导方式。国际政治结构必须适应世界生产力所引发的经济全球化进程"。[②] 生产力的发展通过改变国家利益关系而不断促进国际关系的有序化、制度化与法制化。经济全球化作为生产力发展的结果在一定程度上内含着国际合作的需要。马克思主义强调，国际合作只能建立在尊重各种行为体的主体性的基础上。马克思在论述"世界历史"理论时就强调，没有各民族和国家的主体性，就没有世界的整体性，整体性建立在主体性基础之上。为此，马克思特别强调民族自决与民族独立。

推动建设和谐世界主张不仅深刻洞察了国际合作不断加强的发展态势，而且提出了适应经济全球化发展需要，加强国际合作的一些新的原则和要求，明确提出基于平等互信、包容互鉴、合作共赢精神，促进国际合作，以达世界和谐的目标，从而为加强全球化时代的国际合作提供了正确的指导。党的十八大报告强调指出："我们主张，在国际关系中弘扬平等互信、包容互鉴、合作共赢的精神，

① 俞正樑等：《21世纪全球政治新范式》，复旦大学出版社，2005年版，第163页。
② 俞正樑等：《大国战略研究》，中央编译出版社，1998年版，第3页。

共同维护国际公平正义。”① 正如有的学者所指出的：“和谐世界理念的提出，解决了国际合作的努力方向，使国际合作实现从自卫向自觉的跨越和转化，国际合作在和谐世界理念的指引下，更显自觉、成熟和理性。”②

（四）人类命运共同体意识增强为建设和谐世界提供思想基础

自古以来，无论是在东方，还是在西方，人类就有世界主义情怀或人类共同体意识，但直到马克思提出“世界历史”观后，才真正赋予人类共同体以科学的理论依据。正如马克思所指出的：“单是大工业建立了世界市场这一点，就把全球各国人们，尤其是各文明国家的人们，彼此紧紧联系起来，以致每一国家的人们都受到另一国发生的事情的影响。”③ “随着贸易自由化的实现和世界市场的建立，随着工业生产以及与之相适应的生活条件的趋于一致，各国人民之间的民族分离和对立日益消失。”④ “旧的、靠本国产品来满足的需要，被新的、要靠极其遥远的国家和地带的产品来满足的需要所代替了。过去的那种地方和民族的自给自足和闭关自守的状态，被各个民族的各方面的互相往来和各方面的互相依赖所代替了。物质的生产是如此，精神的生产也是如此。各民族的精神产品成为了公共的财产。民族的片面性和局限性成为不可能，于是有许多民族的和地方的文学形成了一种世界文学。”⑤ 随着经济全球化的发展，基于世界生产、分工、消费基础上的人类社会的整体性不断加强，特

---

① 胡锦涛：《坚定不移沿着中国特色社会主义道路前进，为全面建成小康社会而奋斗》，人民出版社，2012 年版，第 47 页。

② 赵长峰：《积极推行国际合作，努力构建和谐世界》，载梁守德主编：《全球化与和谐世界》，世界知识出版社，2007 年版，第 299 页。

③ 《马克思恩格斯选集》，第 1 卷，人民出版社，1995 年版，第 241 页。

④ 同上书，第 291 页。

⑤ 同上书，第 276 页。

别是信息技术的发展和人类社会信息化进程的推进，促进了世界性的普遍交往与联系，各国社会经济发展与世界经济密切相关，各国的前途命运与世界的前途命运紧密相连，人类共同利益不断增多等等，成为培育世界各国人民的人类命运共同体意识的重要动因。人们普遍意识到，在全球化时代，人类社会正日益走向多元一体的“地球村”。

“所谓全球意识，就是在承认国际社会存在共同利益、人类文化现象具有共同性的基础上，超越社会制度和意识形态的分歧，克服民族国家和集团利益的限制，以全球的视野去考察、认识社会生活和历史现象的一种思维方式。”[①] 人类命运共同体意识既体现在人类社会生活的共同性，如共同利益、共同安全、共同文化等方面，又体现在人类这一新的具有独立价值的主体的存在上，使人们不仅具有个人、国家等意识主体，而且具有了人类这一共同的意识主体。人类意识主体的存在改变了人们的思维和行为方式。人们在维护和促进本国利益的同时，不得不关照人类共同利益。江泽民在党的十六大报告中明确指出：“我们主张顺应历史潮流，维护全人类的共同利益。”[②] 党的十八大报告强调：“中国将坚持把中国人民利益同各国人民共同利益结合起来，以更加积极的姿态参与国际事务，发挥负责任大国作用，共同应对全球性挑战。”[③] “合作共赢，就是要倡导人类命运共同体意识，在追求本国利益时兼顾他国合理关切，在谋求本国发展中促进各国共同发展，建立更加平等均衡的新型全球发展伙伴关系，同舟共济，权责共担，增进人类共同利益。”[④] 这正是建设和谐世界的基本出发点和立足点。习近平总书记强调指出：“共同发展是持续发展的重要基础，符合各国人民长远利益和根本利益。我们生活在同一个地球村，应该牢固树立命运共同体意识，顺

① 蔡拓：《全球问题与当代国际关系》，天津人民出版社，2002 年版，第 439—440 页。

② 《江泽民文选》，第 3 卷，人民出版社，2006 年版，第 566 页。

③ 胡锦涛：《坚定不移沿着中国特色社会主义道路前进，为全面建成小康社会而奋斗》，人民出版社，2012 年版，第 48 页。

④ 胡锦涛：《坚定不移沿着中国特色社会主义道路前进，为全面建成小康社会而奋斗》，人民出版社，2012 年版，第 47—48 页。

应时代潮流，把握正确方向，坚持同舟共济，推动亚洲和世界发展不断迈上新台阶。”① 人类命运共同体意识既是经济全球化发展的结果，又对经济全球化的发展具有重要的能动作用，既为建设和谐世界提供了一定的思想基础，又需要通过建设和谐世界，进一步强化这种意识，以便把经济全球化的发展真正引向公平、均衡和共同发展的方向，实现人人享有发展的权利，实现人类社会的持久和平与共同繁荣。

三、建设和谐世界有利于化解经济全球化发展的悖论

建设和谐世界既是顺经济全球化之势而为的重大战略，又是化解经济全球化发展悖论的重要战略路径。“全球化发展过程本质上是一个内在的充满矛盾的过程，是一个矛盾的统一体：它包含有一体化的趋势，同时又含有分裂化的倾向；既有单一化，又有多样化；既有集中化，又有分散化；既是国际化，又是本土化。”② 同时，从经济全球化的社会属性看，当今的经济全球化是欧美现代化扩张的结果，无疑会被深深地打上现代资本主义的烙印。全球化发展的这一特征决定了其对于各国和人类发展而言，并非全是福音。人们在分享全球化发展带来的机遇的同时，也面临着一系列新的挑战，如贫富分化、南北发展不平衡等一系列全球性问题。如何顺应经济全球化潮流，因势利导，不断化解经济全球化发展带来的矛盾与冲突，需要各国携手共进，运用新的思维和理念，采取新的战略加以应对。推动建设和谐世界主张为解决经济全球化发展的悖论提供了正确的战略选择。

---

① 习近平：“在2013年博鳌亚洲论坛上的主旨演讲”，《人民日报》2013年4月8日。
② 俞可平等：《全球化与国家主权》，社会科学文献出版社，2004年版，第1页。

（一）有助于解决全球经济发展不平衡问题

从经济全球化的社会属性看，当今经济全球化是欧美发达资本主义国家现代化进程扩张的结果。马克思早就揭示过资本主义自由竞争时代的世界历史发展的不平衡性问题，认为资本主义世界历史是一个不平衡的体系。在这个体系中，各民族国家的发展水平、文化形态迥异，存在着“心脏”国家、“四肢”国家、殖民地和半殖民地国家，并认为这种不平衡性是一个变化过程，各地区、各民族国家相互之间的地位在不断变化着。沃勒斯坦在其世界体系论中对这一点阐述得更加明确。他认为：“等级性的（而且分布在不同空间的）劳动分工是资本主义世界经济中一个永恒的要素。而世界体系中经济活动地位的（更换以及相应的）特定地理区域的变换，则是又一个永恒的要素。从国家机器的角度看，各个地方、地区以及各个国家的经济力量的相对变化可以看成是一个整体的国家盛衰的‘变动’，而这是相对于国际体系结构中的其他国家来加以衡量的一种运动。”① 在欧美发达资本主义进行现代化扩张时，广大发展中国家遭受了长期的殖民剥削。随着广大殖民地国家获得民族独立，南北矛盾日益凸显。当今经济全球化具有信息化、资本化、市场化和自由化等特征。发达国家在世界经济中占有贸易、资本、技术等方面的优势，并掌握着国际经济规则主导权。单纯从经济意义上讲，当今世界仍然处于资本主义主导的世界经济体系之中。这是导致当今世界经济发展不平衡的关键原因所在。正如江泽民所指出的：“现在，经济全球化是西方发达国家主导的。它们经济科技实力雄厚，掌握着国际经贸组织以及国际经济规则的主导权，在全球化中获益最大，而广大发展中国家总体上处于不利地位。目前的经济全球化

---

① ［美］伊曼纽尔·沃勒斯坦：《现代世界体系》，第1卷，尤来寅等译，高等教育出版社，1998年版，第237页。

过程，正在导致南北差距的进一步拉大，一些经济技术条件比较差的发展中国家面临着进一步被边缘化的危险。”① 另一方面，高新科技的迅猛发展加剧了国际经济力量对比的变化，促使世界经济发展不平衡性进一步加剧。这表现在以下几方面：

发达国家与发展中国家经济技术发展不平衡不断加剧。发达国家凭借在世界经济中的主导地位，通过不合理的国际分工和不平等交换，控制和剥削发展中国家。发展中国家因为经济的畸形发展和资本、技术能力不足，在经济上依附于发达国家。在国际分工中，发达国家占据国际分工的支配地位和国际产业链的高端，广大发展中国家则处于国际分工的依附地位和国际产业链的低端。在发达国家普遍进入后工业化社会后，许多发展中国家的工业化远未完成，甚至有的国家仍然处于刀耕火种的原始生产状态。发达国家拥有技术优势，利用其知识霸权巧取豪夺，导致发展中国家资源优势和劳动力优势不断贬值和弱化。在国际贸易中，发达国家利用贸易霸权和不平等交换获取丰厚利润。随着信息技术的发展，南北之间的数字鸿沟不断扩大，进一步加剧了南北经济发展的不平衡性。“信息革命存在着强烈的正反馈效应，它会加速‘富者愈富，贫者越贫’的演变进程。发达国家依靠知识的力量获得丰厚利润，甚至垄断市场。发展中国家则在经济贫困和知识贫困的苦海中苦苦挣扎。”②

发达国家之间经济实力对比变化加快，发展不平衡性加剧。20世纪90年代以来，伴随着经济全球化的发展和高新技术的日新月异，发达国家之间经济实力对比变化加剧。美国利用经济全球化和高新技术的发展，从1993年开始，创造了持续113个月的高速增长的“新经济”，年均增长达4%左右，经济实力急剧膨胀。日本则经历了“失去的十年”，经济基本上处于停滞状态。欧盟经济也呈现低速增长的态势。2007年，美国与欧盟国内生产总值各占全球30%左

---

① 《江泽民论有中国特色社会主义（专题摘编）》，中央文献出版社，2002年版，第519页。

② 黄凤志：《全球化时代数字鸿沟的国际政治效应探析》，载梁守德主编：《全球化与和谐世界》，世界知识出版社，2007年版，第45页。

右，日本占10%，从20世纪80年代接近美国60%降为美国的1/3。相比较而言，日本与欧盟的世界经济地位已大幅度下降。2008年爆发的国际金融危机进一步加剧了这种不平衡性，发达经济体经济增长陷入整体低迷的状态。伴随着虚拟经济的破产，发达经济体正在进行重大的经济结构性调整，必将导致其经济实力对比的急剧变化。

发展中国家之间经济发展不平衡性扩大。由于各个国家经济基础和产业结构不同，利用经济全球化的程度不同，发展中国家无论是在经济发展速度还是在经济发展水平上都表现出巨大的差异性。在经济增长速度上，部分发展中国家出现了经济持续高速增长，如中国和东亚诸国，而非洲撒哈拉沙漠以南的国家经济发展基本上处于停滞状态。在经济发展水平上，一些发展中国家已经进入了新兴工业化国家行列，接近发达国家水平，而部分最不发达国家仍然处于前工业化阶段。发展中国家之间经济实力对比变化日益加剧，部分发展中国家，如金砖国家，在世界经济中的地位明显提高。

世界范围内贫富两极分化日趋严重。经济全球化的发展过程是一个利益重新分配和调整的过程。由于世界市场的拓展，各国普遍推行市场化、自由化经济政策，导致各种生产要素在全球范围内自由流通与配置进程加快，引起各国产业结构、分工和就业等方面的深刻变化，加剧了世界贫富两极分化。根据2006年世界银行公布的资料，发达国家，如美国、日本、德国、英国和法国，新兴工业化国家，如中国、印度、南非和拉美一些国家，转型中国家，如俄罗斯和东欧国家，以及最不发达国家都出现了贫富两极分化日趋严重的现象。2000年至2005年，全球最富裕的20%人口收入增加高达12%，而最贫穷的5%人口实际收入反而下降了25%。全球最富裕的10%的人的收入是最贫穷的10%的人的114倍，占全球人口1%的最富裕的5000万个家庭年收入总和，高于占世界人口60%的低收入者年收入总和。

世界经济发展不平衡已经成为当今世界和平与发展的重大障碍。它加剧了各国之间的经济摩擦和贸易争端，严重影响了世界经济的整体发展，必将影响到各国国民经济的发展。它不利于推进国际关系民主化进程。权利公平和平等是民主化的基础。世界经济发展的不平衡性导致各国在世界经济与政治中权利严重失衡，滋生和助长霸权主义和强权政治。世界经济发展不平衡和严重的贫富两极分化成为各国内部社会矛盾激化，引发社会和政治动荡的重要诱因，并为国际恐怖主义的滋生和蔓延，以及地区动荡提供了一定的社会基础和土壤，给各国的国家安全和国际安全造成极大威胁，成为威胁世界和平的重要因素。正如江泽民所指出的："经济全球化不仅加剧着发达国家之间、发展中国家之间、发达国家与发展中国家之间在资金、技术、市场和资源方面的竞争，也加剧着一些国家内部的贫富矛盾，引发社会冲突。总之，一个发展很不平衡的世界，是不可能长期安宁的。"①

推动建设和谐世界立足于参与当今经济全球化主体多元性和平等性，指明了解决世界经济发展不平衡问题的正确路径。它倡导平等互信、包容互鉴、合作共赢精神，主张各国"经济上相互合作、优势互补，共同推进经济全球化朝着均衡、普惠、共赢方向发展"。顺应经济全球化发展需要，把本国经济的发展与世界经济的发展结合起来，在互利共赢的基础上，加强国际经济合作，实现优势互补，促进各国经济的共同发展。同时，要求"国际社会共同努力，趋利避害，实现共存共赢，使经济全球化朝着有利于世界经济平衡、稳定和可持续发展的方向前进，以缩小南北差距，防止'贫者愈贫，富者愈富'现象继续发展。这不仅是实现各国共同发展的需要，也是维护世界和平与稳定的要求"。② 通过国际社会共同努力，改革现行国际经济秩序中不合理、不公正的成分，呼吁发达国家和有能力的新兴工业化国家，切实采取措施帮助广大发展中国家发展经济，

① 《江泽民论有中国特色的社会主义（专题摘编）》，中央文献出版社，2002 年版，第 519—520 页。

② 《江泽民论有中国特色社会主义（专题摘编）》，中央文献出版社，2002 年版，第 524—525 页。

帮助其开发各种资源和潜在市场，拓展世界经济发展的新空间，共同做大世界经济这个“大蛋糕”，促进世界经济平稳发展和总量增长。在帮助广大发展中国家摆脱贫困落后状态的同时，使世界经济发展达到一个新阶段和新水平，最终改变世界经济发展极端不平衡的状态，使世界经济在深度和广度上实现相对均衡、稳定和可持续发展。

（二）有助于解决文化霸权与文化多样化发展的矛盾

经济全球化的深入发展伴随着文化全球化的发展，必然对各国文化和价值体系造成强烈冲击。文化全球化及其引发的文化霸权与文明多样性之间的矛盾，已经成为当今世界十分重要的战略性问题。罗兰·罗伯森甚至将“文化同质化与文化异质化之间的张力”当作“当今全球性互动的中心问题”。[①]

由于当今经济全球化是由发达资本主义国家主导的，西方发达国家通过经济全球化，在增强国家间经济上的相互依存和世界市场同质化的同时，把西方文化和行为规则强制性地作为世界的普遍规则，嵌入了经济全球化进程之中。马克思早就指出：“资产阶级，由于一切生产工具的迅速改进，由于交通的极其便利，把一切民族甚至最野蛮的民族都卷入到文明中来了。……它迫使一切民族——如果他们不想灭亡的话——采用资产阶级的生产方式，它迫使它们在自己那里推行所谓的文明制度，即变成资产者。一句话，它按照自己的面貌为自己创造出一个世界。”[②] 也就是说，资本主义在建立世界经济体系的同时，塑造了一个以其文化和价值观念为主体的世界文明体系。法国学者阿兰·伯努瓦认为：“全球化只是正在扩展而遍及整个地球的西方市场的帝国主义化过程，这是一种由全球化的受害者使之内在化的帝国主义。全球化是对西方经济行为的大规模模

① ［美］罗兰·罗伯森：《全球化：社会理论和全球文化》，上海人民出版社，2000 年版，第 147 页。

② 《马克思恩格斯选集》，第 1 卷，人民出版社，1995 年版，第 276 页。

仿的结果。”[①] “文化帝国主义的扩张和内在化成为全球化的衍生物。”基于此，有学者认为，“在一定意义上，全球化根本上就是一种以经济行动策略来实现的新的文化整合过程，它的最终结果就是能够在某种‘普遍性’设计中，瓦解任何一种保持自身特殊努力的文化自足体，进而完成对世界文化前景的‘普遍化’改造。……无论我们是否愿意，全球化作为一种过程，总是强制我们走入一种文化的普遍性之中，而这一普遍性构想又总是以处于强势地位的发达资本主义国家的文化秩序、价值标准作为基本点”。[②] “经济上的先在性决定了文化先在性的压迫方式。”全球化塑造了以资本市场和强势经济力量主导的经济秩序为统一性和一致性的世界经济繁荣，但却在经济和文化两个层面上巩固和增强了西方的垄断性地位。全球化通过市场使世界同质化，消解弱势国家的民族文化和特性。对于处于弱势地位的广大发展中国家而言，既无法拒绝经济全球化带来的经济发展的诱惑，又不得不面临被纳入西方规定的秩序和原则之中的危险，被迫接受内在化的“文化帝国主义”的压制和领导，不得不面对西方文化霸权的侵蚀和渗透。西方在世界经济中的这种嵌入式的结构霸权，造就了西方文化霸权的基础。

不仅如此，西方还存在一种意识形态化的文化一元论，认为全球化肇始于西方，且西方一直在全球化进程中居于主导地位。因此，西方文化和生活方式带有普遍的合理性。在他们眼里，全球化就是西方化，现代性就是西方文化特征，其他文化则属于没有现代化的传统文化。V·S·赖皮尔公开宣称西方文明是“切合所有人的普世文明”。当今经济全球化浪潮的推进与冷战体制解体相伴随。冷战体制的解体进一步激起了西方对世界进行“西方化”或“美国化”改造的强烈欲望。他们利用经济上的优势地位，借助经济全球化，把西方文化、价值观念和社会制度模式强制性地推广到全世界，从而

---

① 转引自缪家福：《全球化与民族文化多样性》，人民出版社，2005 年版，第 191 页。
② 缪家福：《全球化与民族文化多样性》，人民出版社，2005 年版，第 191 页。

谋求世界文化的所谓“同质化”与“普世性”。美国前总统克林顿就曾鼓吹，经济全球化意味着政治上的民主化和自由化，“历史终结论”、“制度霸权论”、“主权过时或消亡论”、“文明冲突论”、“民主和平论”、“新帝国论”等无不反映了西方谋求文化霸权的企图。

面对多种新兴力量在全球化中迅速崛起，西方部分学者依然抱着西方文明普世性的观念，文化帝国主义根深蒂固。在他们眼里，看不到非西方文明的长处与合理性，把其他民族和国家的经济发展和文化复兴视为对西方文明的威胁。亨廷顿的“文明冲突论”把儒家文明与伊斯兰文明及两者的联合视为西方文明的主要竞争对手，制造文明冲突的呓语。近几年在西方大行其道的“中国发展模式威胁论”，肆意鼓吹“北京共识”即将取代“华盛顿共识”，鼓吹中国正在向广大发展中国家推行自己的发展模式和价值理念，推行“文化扩张”，对西方构成了严重威胁。且不说中国从来就没有系统的“文化扩张战略”，也从来没有像西方一些国家那样搞文化霸权，唯一能够解释这些谬论的理由只能是西方一以贯之的“普世文化”霸权心态。在这些学者心目中，世界只有一种“普世文化”，即西方文化，这是文化全球化的未来归宿。任何其他文化的发展都是异类，都是与西方的所谓“普世”标准不相符的，要么就是与西方对抗，要么就是对西方的威胁。

文化全球化既是产生世界性文化的过程，又是一个民族文化不断发展与张扬的过程。文化是民族身份的标志和民族血脉所在。从历史发展角度看，近代以来的全球化建立在此前世界各民族和国家多样性发展基础上。各个民族和国家在长期的历史发展进程中形成了自己独特的民族性和民族文化，创造了丰富多彩的文明。多样性是世界的客观存在。这就决定了全球化发展本质上是一个内在的充满矛盾的过程，是一个多元一体的矛盾统一体。它包含有一体化的趋势，又含有分裂化的倾向；既有单一化，又有多样化；既有集中化，又有分散化；既是国际化，又是本土化；既有民族性，又有世界性。全球化的发展既会创造适应维护人类命运共同体需要的观念和共识，又使各个民族文化获得更大的发展空间和舞台。这就是为什么说“越是民族的，就越是世界的”的原因。每个民族国家的现代化路径选择和发展模式受到其民族性和文化的影响而各不相同。就西方国家自身的现代化进程来看，美国的现代化过程与德国的现代化进程就存在巨大区别。日本的现代化过程则与西方其他国家又存在巨大差异。非西方国家在融入资本主义世界体系的过程中，往往从本民族和国家需要出发，汲取西方文明中有价值的东西，并不是全盘照收，同时，努力把自己的传统文化与现代化相结合，进行现代化转型和改造，创造适合本民族生存与发展需要的新型文化，并探索出具有本民族特性的现代化之路。这是为什么西方文化到了非西方国家会变异的主要原因。“文明冲突论”的倡导者亨廷顿也不得不承认：“随着权力和自信心的增长，非西方社会越来越伸张自己的文化价值，并拒绝那些西方‘强加’给他们的文化价值。”[①] 马克思认为民族国家与世界历史的发展是互为前提、相互促进的关系。全球化的发展促进了民族国家的形成和发展。民族国家是推动全球化发展的主要力量。离开了民族国家，全球化就成了无源之水、无本之木。近代以来先后出现了三次全球化高潮，而每次全球化高潮都伴随着民族主义浪潮的勃兴，这无不证明全球化发展也是一个民族文化发展和张扬的过程。马克思还强调，随着现代性的产生和扩展，原本孤立发展的民族开始走向全面的相互依赖，从而使其历史转变为世界历史。这一过程虽源于西方的现代性，但后者并不能以消灭其他民族的存在为前提。[②] 在西方主导的全球化扩展过程中始终伴随着反西方霸权的力量存在。这不仅表现在帝国主义时代的殖民与反殖民斗争问题上（以广大殖民地国家获得主权独立和民族解放的胜利而告终），而且表现在当今围绕国际秩序改革问题进行的霸权

---

① ［美］塞缪尔·亨廷顿：《文明的冲突与世界秩序的重建》，周琪等译，新华出版社，2002年版，第6页。

② 参见曹荣湘：《马克思世界历史理论与当代全球化》，中央编译出版社，2006年版，第114页。

主义与反霸权主义斗争之上。在西方主导的全球化扩展过程中，诞生了一大批在政治制度、意识形态和价值观念等方面都不同于西方的新兴国际力量。世界政治经济中心不断位移，从西方逐步扩展到世界。这是资本主义世界体系发展的一个悖论：一方面，资本主义不断扩展世界市场；另一方面，在世界市场扩展的同时不断塑造出新的竞争者。

马克思强调指出："古往今来每个民族都在某些方面优越于其他民族。如果批判的预言正确无误，那么任何一个民族都永远不会优越于其他民族。"① 西方文明，包括西方现代化发展模式并不是世界上唯一的最佳选择。这一点在西方许多著名学者的批判中可见一斑。斯宾格勒的"西方文明衰落论"、霍布斯鲍姆的"西方文化悲观论"就充分说明了这一点。霍布斯鲍姆指出："未来不过是过去的延续，而且种种迹象已经显示，眼前我们已经抵达一个历史性危机的关键时刻。科技经济产生的力量如今已经大到足以毁灭环境，也就是人类生存所依赖的物质世界基础。我们所继承的人类过去的遗产已遭融蚀；社会结构，甚至包括资本主义经济的部分基石，正因此处在重大毁灭的转折点上。人们的世界，既有从外炸裂的危险，也有从内引爆的可能。它非得改变不可。如果我们打算在这个旧基败垣上建立新的千年，注定将失败。失败的代价，即人类社会若不大加改变，将会是一片黑暗。"② 对于西方文化最终能否一统天下，杜维明教授认为："一种文明的现代化经验将成为世界上其他地区急于复制的楷模的想法，未免过于乐观，也难免转瞬即逝。"③

就当今世界存在的三大文明体系，即伊斯兰文明、基督教文明（西方文明）和儒家文明的相互关系看，谁也无法战胜谁，任何企图彻底改造其他文明的做法都是注定要失败的，如美国小布什政府企

---

① 《马克思恩格斯全集》，第1卷，人民出版社，1964年版，第421页。

② 参见缪家福：《全球化与民族文化多样性》，第206页。

③ ［美］杜维明：《文明对话的语境：全球化与多样性》，刘德斌译，载《史学集刊》2002年第1期。

图改造伊斯兰世界，结果以失败而告终。最好的办法就是按照和谐世界理念的要求，推动三大文明体系和谐共存，相互交流与借鉴，相互促进、共同繁荣。德国学者赖纳·特茨拉夫就认为，在全球化压力下，西方国家应该努力探求与非西方国家建立一种新型关系，西方应该从可怕的“教师爷”转变为模范的合作伙伴。① 德国另一位研究全球化问题的著名学者海因里希·贝克强调：“欧洲与亚洲之间的文化对立，蕴含着创造性的潜力，可以使人类精神进步发展，实现文化碰撞中的和平。”②

文化全球化与本土化是矛盾统一体，两者相辅相存互为促进。按照有关学者的说法，文化全球化是指“各民族文化通过交流、融合、互渗和互补，不断突破本民族文化的地区和模式的局限性而走向世界，不断超越本民族文化的国界并在人类的评判和取舍中获得文化认同，不断将本民族文化区域的资源转变为人类共享、共有的资源”。“文化本土化是指各个民族在现代化发展过程中，根源于自己历史的传统、习惯、生活方式、符号、信仰、价值观这一套认知体系重新得到尊重。”主要表现为对本民族或国家传统文化的颂扬和复兴。③ 由此可见，文化全球化并不意味着文化的趋同化，只存在一种普世性文化，而是各民族与国家文化的交融与共享。文化全球化不是要扼杀本土文化，而是借助全球化大舞台弘扬和发展本民族文化。文化全球化是以民族文化多样性为基础的，并为本土文化复兴提供了指导。只有多样性的存在才能进行文化交流与融合，才能实现文化共享。没有文化的多样性就没有文化全球化。在文化的全球性交流中，相互学习其他民族的优秀文化，扬弃本民族的落后文化。文化本土化既是对文化全球化的回应，又是文化全球化的重要组成

① ［德］赖纳·特茨拉夫：《全球化压力下的世界文化》，吴志成等译，江西人民出版社，2001年版，第26页。

② ［德］海因里希·贝克：《文明：从冲突走向和平》，中国社会科学出版社，1998年版，第312页。

③ 参见缪家福：《全球化与民族文化多样性》，人民出版社，2005年版，第208—209页。

部分。文化本土化是为了适应文化全球化发展的环境，振兴本民族文化而作出的反应。只有各具特色的本土文化得到发展，才能促进文化全球化。没有民族性就没有世界性，越是民族的，就越是世界的，这是当今文化全球化的本质特性之一。因此，当今世界多样性的客观存在决定了西方文明并非文化全球化的唯一标准，也不是唯一归宿。不同文明并非不能共存，更不等于冲突。各国文化应该以是否有利于本民族的发展，是否有利于本民族与人类的协调发展为标准。只有符合本国人民的根本利益，并与人类共同利益相协调，有利于人类长期共存和持续发展的文化，才是优秀的文化。

西方在文化全球化进程中推行的文化霸权，与其经济霸权和政治霸权一同构成了对世界和平与发展的重大障碍。由于文化与政治、经济密不可分，因此文化格局与政治格局、经济格局息息相关。自从资本主义工业文明诞生以来，伴随着经济全球化的发展，西方文明中心论一直占据世界的主导地位，其他文明都面临着边缘化的危险，甚至面临着被覆盖吞噬、彻底丧失文化个性的危险。正如江泽民所指出的：“现在，经济全球化是由西方发达国家主导的。……西方发达国家，通过跨国公司和受它们控制的国际经济组织，加紧向发展中国家进行经济渗透和扩张，在全世界争夺资源和市场，同时极力推行它们的发展模式、政治制度和价值观念，企图通过经济全球化实现资本主义的一统天下，这使广大发展中国家的经济主权、国家安全面临着严峻挑战和威胁。”① 如何处理全球化进程中的文化霸权与文明多样性的矛盾，是全球化发展面临的重大挑战。

推动建设和谐世界为解决文化霸权与文化多样性的矛盾指明了方向。21 世纪的世界是一个多极化的世界。十八大报告指出，文化多样化应持续推进。与西方追求文化霸权和以西方文明作为全球化时代“普世文化”的主张完全不同的是，建设和谐世界理念摒弃狭

---

① 《江泽民论有中国特色社会主义（专题摘编）》，中央文献出版社，2002 年版，第 519 页。

隘的文化民族主义与文化霸权主义，从中国传统的“和合”思维出发，强调尊重世界多样性。认为世界是丰富多彩的，不可能也不应该只有一种文明模式。世界不可能是清一色的。一个和平相处、共同发展的世界，只能是一个各种文明相互交流、相互借鉴，所有国家平等相待、彼此尊重，充满活力而绚丽多彩的世界。建设和谐世界理念强调采取包容互鉴的态度对待各种文化，认为各种文明相互交流和借鉴是人类进步的动力，主张各种文明和社会制度应该而且能够长期共存，在竞争中取长补短，在求同存异中共同繁荣。建设和谐世界理念坚决反对文化帝国主义，主张促进文化民主，加强文化平等交流。强调尊重各国自主选择社会制度和发展模式的权利。把文化全球化与本土化结合起来，赋予各国自主发展民族文化的权利。

无论从历史发展经验看，还是从当今文化全球化发展的现实状况看，建设和谐世界理念所具有的文明观都具有一定的合理性。这种文明观具有海纳百川、兼容并包的特质，具有和平共处、共存共荣的目标追求，对于化解全球化时代的各种矛盾和冲突具有十分重要的作用。哈佛大学杜维明教授在为联合国撰写的《文明对话的语境：全球化与多样性》报告中认为，拥有世界经济、政治、权力、财富、信息、资源等优势的西方大国在全球化过程中，可能会出现霸权主义倾向，因此，西方大国更需要进行文明对话，否则不仅其对世界和平的贡献大可质疑，而其本身的安全也会受到危害；而弱势国家或民族强化本土性和认同意识，作为根源性的意义固然重要，但如果认同变成了一种具有侵略性、排他性的原教旨主义、封闭主义，就有可能造成非常严重的社会文明冲突，所以最重要的方式也是对话。①

（三）有助于促进全球性问题的有效治理

自 1968 年罗马俱乐部开启了对全球问题关注的大门之后，全球

① ［美］杜维明：《文明对话的语境：全球化与多样性》，刘德斌译，载《史学集刊》2002 年第 1 期。

问题日益受到各国政府和人民的高度关注和重视，成为影响时代发展的全球战略性问题。罗马俱乐部的研究报告认为，全球问题是困扰当代人类的“总问题”、“世界性问题”、“全球危机”，是“关系到人类生死存亡的根本问题”。一般认为，全球问题是指当代国际社会面临的一系列超越国界，关系到整个人类生存与发展的严峻问题。罗马俱乐部创始人奥雷利奥·佩奇曾列举了一个全球问题清单：失去控制的人口增长，社会的差距和分工，社会的不公正，饥饿和营养不良，普遍的贫困与失业，对增长的狂热，通货膨胀，能源危机，实际的和潜在的资源短缺，国际贸易和金融混乱，保护主义，文盲与不合时代的教育，青年的反叛和异化，难以控制的城市扩张和城市衰退，犯罪和吸毒，新的警察暴行的急剧增长，拷打和恐怖主义，对法律和秩序的蔑视，愚蠢的核行动，制度的无效和不健全，政治腐败和官僚主义，环境的恶化，道德价值的下降，信息的消失，不稳定感，对这些问题及其相互关系认识不足等等。我国全球问题研究的奠基者之一蔡拓教授认为，全球问题主要包括战争与和平问题、南北关系问题、国际秩序问题、生态失衡与环境污染、资源短缺、人口爆炸、粮食危机与全球贫困、海洋利用与宇宙开发、人权问题、民族主义、恐怖主义、难民、毒品、流行疾病传播、精神错乱与道德失落等。①

全球问题具有自身的一些特点。一是全球性。全球问题在规模和波及范围上都具有全球性。二是全面性。全球问题涉及国际社会政治、经济、社会、文化、环境等各个领域。三是相互缠绕。全球问题相互之间具有内在联系，形成一个不可分割的系统。每个全球问题有着自己特定的内容和特定领域，但由于其具有全球性和全面性，决定了全球问题必然是相互缠结、相互制约的，必须系统地加以应对。四是超意识形态性。全球问题在表现形式上具有一定的民族性，但其危害和存在的空间却是超越意识形态的，无论是社会主

① 参见蔡拓：《全球问题与当代国际关系》，天津人民出版社，2002年版，第4—9页。

义国家，还是资本主义国家都面临着全球问题的挑战或危害。五是具有极大挑战性和危害性。全球问题的全球性、全面性决定了其从根本上威胁到人类生存的社会环境和自然环境，任何个人和国家都无法摆脱其威胁的厄运。

经济全球化的发展导致全球问题日益凸显。全球化的时代也是全球性问题的时代。当今全球化带有信息化的特点。信息化为人类交往以及各种跨国界活动的进行提供了技术基础。信息化的发展带来了人类社会分工的又一次重大变革，使人类社会从工业化向信息化转变，从而为治理工业化带来的一系列全球性问题创造了条件。而全球化本身具有的一些特性进一步加剧了全球性问题。例如，南北经济技术差距的扩大，文化霸权与文化多样性的矛盾，当今全球化仍然具有现代化扩展的特点，现代化的拓展加剧了环境与生态、资源等危机。全球化作为一种多维度的全球性整合过程，一方面促进了人们的全球意识，促进了人类共同价值和共同利益；另一方面，伴随着全球化、信息化的发展，人类面临着法制危机和文明形态的转型，为全球问题的凸显提供了一定的文化思想基础。例如，信息文明、后工业文明、生态文明、后现代主义等新思想、新观念的诞生，促进了人们对全球性问题的认识。正如蔡拓教授所指出的："全球问题是时代的产儿，也反映了时代的基本特征。信息化、知识化是全球问题的物质技术基础，全球化是全球问题的广阔社会背景，而建立在反思工业文明基础上的人类文明转型则是全球问题的文化底蕴。"①

伴随着全球性问题日益凸显，国际社会提出了各种治理的新理念、新举措。1995 年由联邦德国前总理勃兰特领导的全球治理委员会发表了《天涯若毗邻》研究报告，对治理作过如下定义：治理是各种公共的或私人的个人与机构管理其共同事务的诸多方式的总和。它是使相互冲突的或不同的利益得以协调，并采取联合行动的持续过程。它既包括有权迫使人们服从的正式制度和规则，也包括各种

① 蔡拓：《全球问题与当代国际关系》，天津人民出版社，2002 年版，第 5 页。

人们同意或认为符合其利益的非正式的制度安排。它具有四个特征：治理不是一整套规则，也不是一种活动，而是一个持续的互动过程，涉及的领域和范围十分广泛；治理过程的基础不是控制，而是协调，是建立在多数人认同的规则体系基础上的合作过程；治理的主体既涉及公共部门，又涉及私人部门；治理的权力运行向度是多元的、相互的，不是单一的、自上而下的。

全球性问题需要全球治理。全球治理是治理在全球层次的延伸。美国学者罗西瑙认为，在缺乏政府权威的无政府状态的国际社会中，治理更为可行，也更加需要。“一种多元化秩序趋向多个分散的决策中心，但要使之经久不衰，治理就不可或缺。”① 我国学者俞可平教授认为，全球治理主要包括治理主体、治理价值与目标、治理对象、治理规则、治理结果等方面。在西方，全球治理实际上被描绘成一种处于世界政府与无政府状态之间的、有序的，但不完全制度化的国际关系状态。西方全球治理理论为应对全球性问题的威胁提供了一些可资借鉴的思路和对策，如强调不同治理主体的合作与协调，促进治理的国际制度与机制建设等，但是，西方的全球治理观反映了西方的价值标准和利益要求。西方多数全球治理理论，无论是对全球化持激进态度的全球主义者，还是持稳健态度的变革论者，都把全球治理看成是全球化发展带来的主权弱化的需要，其基础必须建立在全球公民社会发展基础上，具有一定的超国家论的色彩，往往以西方价值标准和制度规范作为全球治理的价值目标。更重要的是，西方全球治理建立在其各种权力优势基础上，对广大发展中国家而言，并不具有合理性。“多行为体、多层次、网络化的全球治理体系的兴起似乎并没有为发展中国家创造出有效参与全球治理制度的空间。”② 正如英国著名全球治理学者托尼·麦克格鲁所指出的，

---

① ［美］詹姆斯·罗西瑙：《没有政府的治理》，中译本，江西人民出版社，2001 年版，第 337 页。

② ［德］梅斯纳·德克、［英］汉弗莱·约翰：《全球治理舞台上的中国和印度》，载《世界经济与政治》2006 年第 6 期。

要走向真正的全球治理，必须解决目前存在的管理不足、合理性不足、协调性不足、服从性不足、民主不足等矛盾和困境。①

推动建设和谐世界主张提出了与西方不同的全球治理主张，即中国式的全球治理观。建设和谐世界理念从治理对象、治理主体及其相互关系、治理价值目标和全球治理的制度建设四个方面，阐明了全球治理的基本主张。它把全球性问题作为全球治理的主要对象，充分认识到了全球化带来的全球性问题的威胁与挑战，把它作为威胁世界和平与发展的重大因素。胡锦涛多次强调指出，当今世界南北贫富差距不断拉大，由民族、宗教、领土、资源等问题引发的争端和冲突此起彼伏，恐怖主义、贫困、环境恶化、毒品等非传统安全问题更加突出，对世界和平与发展构成了威胁和挑战。

推动建设和谐世界主张以民主、公正、和睦、包容、共赢等作为全球治理的基本原则，以世界的持久和平与共同繁荣为价值目标。这些基本原则和价值目标体现了对人类共同利益的尊重，具有普遍意义，又尊重各类治理主体的主体性地位，具有民主性和平等性。全球治理委员会倡导的全球治理价值目标为全球公民道德，包括对生命、自由、正义和公平的尊重，相互的尊重、爱心和正直，为此，世界公民应该享有安全的生活、公平的待遇、为自己谋生和谋取幸福、和平解决争端、参与各级事务管理、对不公平的申诉权利、平等的知情权、平等分享全球共同利益的权利。两者相比较，不难发现，它们之间既有共同点，又有一定的区别。西方全球治理价值体系更强调个人权利，而建设和谐世界理念更注重国家间的权利平等与集体权利。当今世界仍然是一个主权国家主导的世界。在国家权力不平衡的状况下，如何促进国际关系民主化、促进国家的集体生存权和发展权，对于处于弱势地位的广大发展中国家来说，显然具有紧迫性和现实性。这是解决多层次、多元化全球治理体系中发展

① ［英］托尼·麦克格鲁：《走向真正的全球治理》，载俞可平主编：《全球化：全球治理》，社会科学文献出版社，2003 年版，第 152 页。

中国家参与范围有限和权利不平等问题的有效途径，也是改革现有全球治理体系不合理、不民主问题的有效途径。

推动建设和谐世界主张倡导多元主体在多层次上进行有效合作，以应对全球性问题的挑战。全球治理是由不同层次构成的，是一种从地方到全球的多层次、多角色、正式与非正式相结合的、渐进的、合作的公共权威体系。从治理主体看，有国家治理及国家合作共治、非政府组织治理，以及国家与非政府组织的合作治理等，是一种多元复合的治理体系，需要不同行为体在不同层次和领域进行合作。江泽民指出："历史反复证明，全球性的问题需要各国共同解决，全球性的挑战需要各国合作应对。任何一个国家和一种力量，都不可能也没有能力来独自完成这个任务。"① 胡锦涛在谈到建设和谐世界问题时，多次强调推进国际关系民主化，呼吁各国人民携手合作，共同应对各种全球性问题的挑战。主张各国的事情要由各国人民做主，国际上的事情要由各国平等协商。在事关世界和地区和平的重大问题上，应该按照《联合国宪章》的宗旨和原则以及公认的国际关系基本准则，坚持通过协商谈判和平解决争端。他多次强调，应该坚持多边主义，充分发挥联合国等国际组织的作用，合作应对全球性问题的挑战。

总之，经济全球化的发展既给建设和谐世界提供了一定的时代基础，又对国际秩序变革提出了一系列新要求。推动建设和谐世界主张顺势而为，着眼于促进世界和平与发展的崇高事业，为引导经济全球化朝着正确的方向发展，为化解经济全球化发展带来的新问题、新挑战提供了重要的战略路径和启示，具有重要的时代价值和深远的历史意义。

---

① 《江泽民论有中国特色社会主义（专题摘编）》，中央文献出版社，2002 年版，第 524 页。

第五章　顺应国际体系转型的必然要求

党的十八大报告在分析国际形势时指出："当今世界正在发生深刻复杂变化……世界多极化、经济全球化深入发展，文化多样化、社会信息化持续推进，科技革命孕育新突破，全球合作向多层次全方位拓展，新兴市场国家和发展中国家整体实力增强，国际力量对比朝着有利于维护世界和平方向发展，保持国际形势总体稳定具备更多有利条件。"[①] 同时强调当今世界仍然很不安宁。这一分析判断揭示了当今国际体系转型的基本趋势、特点及其面临的主要问题。国际体系转型既给世界的和平与发展带来了一定的机遇，又引发了一系列新的挑战。"推动建设持久和平与共同繁荣的和谐世界是国际体系的发展方向"，[②] 是中国因应国际体系转型而提出的一种崭新的国际秩序观，标志着中国对待国际体系已经"从反应式利用转变为战略性塑造"。[③] 十八大报告明确提出要"推动国际秩序和国际体系朝着公正合理的方向发展"。[④]

---

① 胡锦涛：《坚定不移沿着中国特色社会主义道路前进，为全面建成小康社会而奋斗》，人民出版社，2012 年版，第 46 页。

② 刘振民："国际秩序与中国的和平发展"，《求是》2005 年第 10 期。

③ 杨洁勉等：《大体系：多极多体的新组合》，天津人民出版社，2008 年版，第 505 页。

④ 胡锦涛：《坚定不移沿着中国特色社会主义道路前进，为全面建成小康社会而奋斗》，人民出版社，2012 年版，第 48 页。

一、当今国际体系转型的性质和特点

20 世纪 90 年代以来，伴随着冷战体制解体、经济全球化与高新科技的迅猛发展，国际体系正在经历重大而深刻的变化，特别是 2008 年爆发的国际金融危机引起了国际体系的加速变革和深度调整，国际体系出现了许多前所未有的新趋势、新特点和新问题。

（一）当今国际体系正在发生根本性变化

一般而言，国际体系“是指在一定时期内国际上各种行为体之间相互作用形成的既对立又统一的整体，是指有规则、有机制并且分享共同价值和方向的一种稳定状态。从各种行为体互动的规模看，国际体系可区分为全球体系和地区体系……从各行为体互动内容来看，国际体系又可以分为各个相关领域性国际体系，包括政治、经济、安全、经济、能源、文明等不同领域，它是对整体性国际体系的延伸和细化”。[①] 20 世纪 70 年代以后，西方国际政治学各主流学派纷纷提出了自己的国际体系观，使人们拓展了对国际体系的认识视角。西方结构现实主义只看到国际体系中大国权力结构，认为国际体系的变化实际上是大国霸权的周期性更替，看不到全球社会关系的复杂性与历史的进步性；新自由制度主义只看到国际体系中复合相互依存的存在，强调国际制度对国际合作与国际社会的稳定作用；建构主义则把国际体系看成一种观念结构体系，强调集体认同和共有观念对国际体系的作用。依据马克思历史唯物论，国际体系实际上是人类社会发展到一定历史阶段的产物，

---

① 杨洁勉等：《大体系：多极多体的新组合》，天津人民出版社，2008 年版，第 81 页。

是建立在一定的生产力与经济基础之上的生产关系，是一种全球性的社会体系。社会生产力的发展与科技进步是导致国际体系变化的根本动力。随着社会生产力的发展，国际社会各行为体的关系结构必然发生变化。这种变化在一定程度上是国际社会各行为主体之间互动及其共性与特性的矛盾运动的结果。各行为主体在加强全球性交往与联系的同时，不断提升和发展自己，增强主体性地位。因此，国际社会体系的变化过程是多样性的矛盾统一，是普遍性与特殊性的结合，在不同历史条件下表现出不同的类关系形态。这就需要我们密切关注国际体系发展变化进程中的主要矛盾的变化，即时代主题的变化。时代主题是马克思主义考察国际体系变迁的重要理论依据。

国际体系与国际格局和国际秩序之间既有联系又有区别。国际体系是各种国际行为体相互作用与联系而形成的整体。国际格局则是指一定时期内国际上具有重要影响的主要力量之间，经过相互作用与联系而形成的一种力量结构态势，主要指大国之间的力量组合。国际格局是国际体系的重要组成部分，在一定条件下构成国际体系的内核，是国际政治主要矛盾的集中反映。国际秩序则是规范和约束国际行为体行为的规则、制度、原则、运行机制和决策程序等。国际体系是国际格局和国际秩序的基础。国际秩序是国际格局力量结构的反映，又是主要国际力量主观愿望和维护自身利益的意志表达。主要国际力量往往从自身利益或价值观念出发，确定国际关系运行机制和规则。“国际秩序的塑造、维持、转型是与包括权力平衡在内的权力分配结构密切相联的。实际上，国际秩序反映了国际体系中权力分配的某种方式。”① 权力结构决定着国际行为体的行为方式和相互间的利益分配原则，制约着行为体的行为及其预期目标。国际体系、国际格局与国际秩序的关系犹如天空、星座与轨道的关

① ［日］星野昭吉：《全球政治学》，刘小林、张胜军译，新华出版社，2000 年版，第 54 页。

系。国际体系作为“天空”通过国际格局这个“星座”表现出来。国际秩序则表现为“星座”的位置及其运行“轨道”和机制。[①]

国际体系变革通常包括三种类型：一是体系性变革，指体系构成单元或行为者的性质发生变化，如帝国、民族国家、非国家行为体等；二是系统性变革，即对体系的控制和统治方式的变化，通常是由大国权力结构变化引起的；三是互动的变化，指国家间作用过程与作用方式的变化。[②] 近代以来，国际体系经历了三次重大转型：第一次发生在1500年到1900年前后，国际体系从相互隔绝的区域文明体系向全球体系转变；第二次则是1900年左右到2000年前后，国际体系经历了从英国主导的全球体系向美国主导的全球体系转型，即从“英国治下和平”向“美国治下和平”转型。2000年以后国际体系进入了第三次重大转型之中。[③]

冷战体制的解体、经济全球化的深入发展、高新科技的迅猛发展等推动当今国际体系发生根本性变化。尽管第二次转型中的美国霸权体制具有许多不同于英国霸权体制的特点，但实际上第二次国际体系转型仅仅是大国权力的结构性变化，即系统性变革，而不是体系的根本性变化。正在进行中的第三次国际体系的转型带有根本性变革的特征。不仅大国权力结构发生重大变化，而且国际体系中的行为体性质、行为体间互动方式等也在发生深刻变化，标志着国际体系结构属性正在发生前所未有的根本性变革。杨洁勉研究员指出：“国际体系从基础构成到组织载体、从价值观到文明体系、从规则规范到行为实践，都处于历史性的转型时期。”[④] 世界体系论的代表人物之一美国学者乔万尼·阿瑞吉指出：“我们处于体系变化，即现代世界体系的剧烈重组过程之中，它实质上改变了这一体系组成

---

① 梁守德、洪银娴：《国际政治学概论》，北京大学出版社，2000年版，第65页。

② 参见［美］罗伯特·吉尔平：《世界政治中的战争与变革》，上海人民出版社，2005年版，第46页。

③ 林利民：“21世纪国际体系转型析论”，《现代国际关系》2009年第6期。

④ 杨洁勉等：《大体系——多极多体的新组合》，天津人民出版社，2008年版，导言，第1页。

部分的性质，改变了这些组成部分互相关联的方式，改变了这一体系运转和自我再生产的方式。"① 正因如此，人们对当今国际体系结构及其属性提出了多种不同的看法。1997 年，美国学者哈肯威在综合分析了国际学术界具有代表性的观点之后，提出了七种不同的国际体系模式或范式，它们分别是：新重商主义及地缘经济学的三大集团体系，即由欧洲、北美、东亚三大地区经济集团组成的国际体系；传统现实主义与新现实主义框架下的多极均势体系；亨廷顿提出的颇有争议的"文明冲突"范式；根据传统地缘政治学"长周期"理论和"霸权稳定论"提出的单极主导体系；发展中国家与发达国家日益扩大的经济社会鸿沟所显现的"和平区"与"冲突区"体系；根据权力与主权从民族国家向国际组织和非政府组织转移，以及全球机制功能性增长推导出的"全球村"模式；随着中国、俄罗斯、日本、欧洲的崛起，可能重新出现的早期两极体系或类似两极集团结构。② 此外，还有一些欧洲学者提出了"新中世纪主义"模式论，美国学者麦克尔·哈特提出了"帝国秩序"模式，我国与日本一些学者提出了多元多体复合结构论等等。③ 无论如何，当今国际体系正处于根本性转型之中，已经成为多数人的共识。如何因应国际体系转型，推动国际体系与国际秩序朝着公正合理的方向发展，是推动建设和谐世界关注的重大战略问题。

（二）世界多极化深入发展

当今国际体系转型的突出特点和趋势之一，就是世界多极化深

---

① ［美］乔万尼·阿瑞吉、贝弗里·西尔福等著：《现代世界体系的混沌与治理》，王宇洁译，生活·读书·新知三联书店，2003 年版，第 25 页。

② 参见 Robert E. Harkavy, "Image of the coming international system", *Orbis*, Vol. 41, Issue 4, Fall 1997.

③ 关于后冷战时代国际体系多种结构模式的分析，可参见俞正樑等：《21 世纪全球政治新范式》的相关论述。

入发展。冷战后，国际格局处于新旧转换过程之中，多极化成为过渡时期国际格局变化的突出特点。尽管美国极力谋求建立单极主导的世界秩序，但世界多极化趋势不可逆转。当今世界多极化的发展与经济全球化发展相伴而行。经济全球化参与主体的多样化为国际政治多极化发展提供了重要的经济基础，世界多样性存在和各国主体性地位的提高，为世界多极化的发展提供了重要的社会基础，经济全球化发展引起的国际关系运行机制和方式的变化导致国际权力结构分散化，促进了世界多极化的发展。江泽民指出："世界正在走向多极化，这是当今国际形势的一个突出特点。无论是在全球还是在地区范围，无论是在政治还是在经济领域，多极化趋势都在急速发展。极少数大国或大国集团垄断世界事务，支配其他国家命运的时代，已一去不复返了。"① 美国学者法里德·扎卡里亚认为："中印的崛起只是一个新崛起的世界最典型的表现。在几十个大国中，几乎都可以看到同样几种力量在起作用：不断发展的经济，恢复活力的社会，生机勃勃的文化，日益加强的民族自豪感。"② 扎卡里亚把这些非西方大国的崛起称为"他者的崛起"，视为世界第三次重大力量转变，认为随着"他者的崛起"，世界已经进入"后美国霸权"时代。

2008 年国际金融危机进一步加剧了国际力量对比的变化，导致国际体系进入加速演变和深度调整时期。习近平总书记指出："国际金融危机发生 5 年来，对世界经济格局以及政治、安全形势产生了深刻影响。美国、欧洲等陷入重重危机、捉襟见肘，新兴市场国家和发展中国家群体性崛起对西方在国际格局中的地位产生重大冲击，西亚北非局势动荡引发苏东剧变以来最大范围的地缘政治变局，非国家行为体大量涌现并日益成为国际舞台上的重要力量。这个大变局，可以说是前所未有的。在这个大变局下，

① 《江泽民论有中国特色社会主义（专题摘编）》，中央文献出版社，2002 年版，第 513 页。

② ［美］法里德·扎卡里亚：《世界面临第三次重大力量转变》，译文，《决策与信息》（武汉）2008 年第 9 期。

各种国际力量加快分化组合，大国关系进入全方位角力新阶段，围绕权力和利益再分配的斗争十分激烈，霸权主义、强权政治和新干涉主义有所上升，局部动荡频繁发生，世界依然面临着现实和潜在的战争威胁。”[①] 金融危机导致众多发达经济体虚拟经济破产，经济实力相对削弱。一些新兴经济体，如“金砖国家”，经济保持持续高速增长，世界经济出现了“南升北降”、“东边太阳西边雨”的现象，发达国家与发展中国家总体实力差距有所缩小，加剧了世界“第三次权力大调整和大变革”。对此，党的十八大报告强调指出：“新兴市场国家和发展中国家整体实力增强，国际力量对比朝着有利于维护世界和平方向发展，保持国际形势总体稳定具备更多有利条件。”[②]

就国际格局而言，建立在经济全球化基础上的当今世界多极化的发展，不同于以往历史上帝国主义列强主导的多极制衡格局。经济全球化的发展不仅改变了大国关系的运行方式与规则，而且导致大国关系的深刻变化，使大国关系摆脱了传统的要么结盟、要么对抗的简单模式，转向协调与竞争、冲突与合作并存的复杂局面。大国之间既存在日益增多的共同利益，又存在着一系列新的结构性矛盾。同时，一大批新兴市场国家的崛起，基于它们的历史经历和现实诉求和自身主体性特征，期望推进世界和平与共同发展。多极主体属性的变化使当今世界多极化发展不同于帝国主义列强的多极制衡。从总体上看，世界多极化的发展有利于抑制霸权主义、强权政治，有利于促进国际关系民主化，有利于促进地区与世界的和平发展，有利于促进各国和谐共存和共同发展，为建设和谐世界提供了更有力的国际力量结构支撑。

---

① 《习近平在中央军委扩大会议上的讲话》，载总政治部编印：《深入学习贯彻党的十八精神军队领导干部学习文件选编》，解放军出版社，2013 年版，第 218 页。

② 胡锦涛：《坚定不移沿着中国特色社会主义道路前进，为全面建成小康社会而奋斗》，人民出版社，2012 年版，第 46 页。

（三）文化多样化、社会信息化持续推进，科技革命孕育新突破

文化多样化是世界多极化发展的重要表现形式。当今经济全球化发展的一个重要特征就是参与主体的多样化，特别是广大发展中国家积极参与经济全球化，在借助经济全球化发展本国经济、文化的同时，积极吸收世界优秀文化，不断拓展本国或本民族文化的国际影响力，从而推动世界文化多样化持续发展。信息技术的发展进一步推动了各民族文化的现代化转型和发展。文化全球化所具有的全球化与本土化、世界性与民族性、自主性与普遍性并存的发展特点，促进了世界文化多样化的发展，在逐步削弱西方文化霸权主导地位的同时，不断增强各民族文化的张力。

社会信息化持续推进。江泽民指出，进入新世纪，以信息技术和生物技术为核心的现代科技突飞猛进，正在引起国际生产与分工的深刻变化，促进了经济全球化的发展。信息化既是新一轮经济全球化发展的重要动力，又是其基本特征之一。信息技术和网络的发展，不仅改变了社会生产方式，而且改变了人们的生活方式，引起社会各个领域及社会结构的深刻变化，使人类社会生活从以陆地、海洋、太空为主的自然空间进入技术空间时代。信息产业、知识经济成为信息时代新型产业。信息技术的发展带动了传统产业的深刻变革，并改变了人们的交往方式和生活方式。科技革命孕育新突破。在以信息技术为先导的高新技术推动之下，人类社会正迎来又一次科技革命。2008 年国际金融危机后，各国为了复兴经济，进一步加强了对新科技的开发和产业化运用，如不断加大在新能源技术、生物技术、海洋和太空开发技术等领域的投入，这些领域正孕育着科技成果的重大突破。绿色经济、海洋经济、太空经济等可能成为后危机时代世界经济发展的制高点。文化多样化、社会信息化与科技革命的发展必将带来国际体系结构与国际关系的深刻变

化，急需运用新的思维和战略理念，推进国际社会的持久和平与共同繁荣。

（四）全球合作向全方位多层次拓展

国际合作是社会生产力发展和国际交往不断增强的产物。作为社会生产力发展的产物，经济全球化的深入发展，特别是在信息技术和网络发展的推动下，资源、资本、产品、信息和人才等以空前的规模和速度在全球范围内流动，导致各国相互联系和相互作用加深，地区、全球一体化趋势不断加强。全球化的发展促使各国不仅在经济领域，而且在政治、文化、社会、生态等各个领域的交流与交往普遍增加，各种跨国关系网络不断拓展，各国间的共同利益和人类共同利益增加，各种全球性问题日益凸显，为全球合作奠定了坚实的基础，推动全球合作进一步向多层次全方位拓展。全球合作的拓展为推动建设和谐世界提供了重要的条件。[①]

二、国际体系转型为建设和谐世界提供重要条件

当今世界正处于大变革大调整之中，既给推动建设和谐世界带来了历史性机遇和有利条件，又增强了建设世界和谐的紧迫性。“和谐世界理念为增强国际体系在全球范围内的认同和共识创造了有利条件，两者良性互动、相向而行，是构建新国际体系的共同价值基础。”[②]

---

① 关于此问题，可参见第四章第二节相关论述。

② 杨洁勉：“试论和谐世界理念与国际体系转型的互动”，《毛泽东邓小平理论研究》2007年第1期。

（一）国际体系权力构成变化有助于减缓大国军事冲突

如同其他一切政治一样，国际政治中也存在着权力关系。权力是一种能够对对方产生作用的能力。这种能力包括资源要素及其转化方式。也就是说权力包括了力量及其力量运用两个层面。在权力关系中，不对他方产生作用的力量是没有意义的，只有当力量作用于他方并产生效果，才构成权力。权力构成要素及其性质影响着权力运行的方式和效能，不同的权力运用会产生不同的关系形态。例如，军事力量的使用导致战争，强制外交的运用导致国际关系紧张，而软权力的运用通常产生无形的影响和作用。权力的构成及其性质变化一方面在一定程度上反映了国际体系结构性质的变化，另一方面又取决于社会生产力的发展和国际体系结构属性的变化。不同的社会生产力水平对国家权力的构成具有决定性影响：原始社会构成权力的核心要素是人的体力；农业社会则是土地、人口、耕种技术等；进入工业化社会后，工业化水平和财富成为国家权力的基础。当今世界正处于从工业化向信息化转型阶段，权力构成要素正在发生深刻的变化。美国著名未来学家阿尔文·托夫勒认为，从工业社会到信息社会，国家力量的构成经历了从暴力、财富到知识的转化过程。他认为暴力是低质的力量，而财富是中质的力量，知识是高质的力量。高质的力量不是仅仅产生影响，不是仅仅能为所欲为，使别人做你想做的事情。高质的权力意味着更多得多的东西。它意味着效率——利用最少的力量实现目标。知识常常可以用来使对方喜欢你的行动计划，甚至可以使对方相信这个行动计划。……知识可以用来惩戒、奖赏、说服，甚至转变。它可以把敌人转变成盟友。特别是有了适当的知识，人们首先可以防止不愉快的局面，从而完全避免浪费武力和财富。知识可以使财富和武力增加。知识已经从金钱力量和肌肉力量的附属物发展成为这些力量的精髓。①

权力的构成是多维的，并随着社会生产力的发展而不断变化。国际关系学界不同学派对权力的构成要素及其性质有着自己不同的看法。现实主义学者一般比较注重物质力量，即硬实力，特别是军事强权。进攻性现实主义代表人物米尔斯海默认为，国家有两种权力：潜在权力和军事权力。潜在权力是指用来构筑军事权力的社会经济要素。它主要以一国的财富和总的人口规模为基础，是指与对手竞争时所能调动的潜能总和，只有转化为军事权力才能发挥作用。权力在很大程度上等同于军事实力，军事力量是国际政治的最终手段。在无政府状态的国际体系下，“生存的最大保障就是霸权”。强国的目标就是追求权力最大化，并寻求改变世界权力的分配，不仅要不惜牺牲别国利益来获取权力，还要不惜代价竭力阻止对手获得权力。② 新自由主义学者则比较注重软权力。③ 新自由主义认为：“权力可以被视为一种能力，即某行为体促使其他行为体做其原本不会去做的事情（其代价为前者可以接受）。”④ 现实主义强调权力是手段和目标，注重权力主体单向度的行使权力，忽视与权力行使对象的互动。新自由主义则从结果上定义权力，重视权力行使者与受动者的互动关系。在权力构成上，新自由主义者在重视物质性权力的同时，强调软权力。新自由主义的权力观是随着时代的发展、国际体系结构属性的变化而提出的。其中，复合相互依赖的出现构成了新自由制度主义权力观的重要基础。小约瑟夫·奈指出：“国际制

---

① ［美］阿尔文·托夫勒：《力量转移——临近 21 世纪时的知识、财富和暴力》，刘炳章等译，新华出版社，1996 年版，第 17—19 页。

② ［美］约翰·米尔斯海默：《大国政治的悲剧》，王义桅、唐小松译，上海世纪出版集团，2003 年版，第 79 页。

③ 关于现实主义与新自由主义权力观的比较，可参见叶江、殷翔：“现实主义与新自由制度主义权力观比较分析”，载《国际政治研究》（京）2008 年第 1 期。

④ ［美］罗伯特·基欧汉、小约瑟夫·奈：《权力与相互依赖》，门洪华译，北京大学出版社，2002 年版，第 12 页。

度正朝着这样一个后威斯特伐利亚时代的方向发生演变。”① 这一转变标志着国际体系结构属性已经从新现实主义揭示的三大特征（国家是唯一的国际体系构成单元；武力是支配性的手段；安全是压倒一切的目标），向复合相互依赖所揭示的三大特性（国家并不是国际体系的唯一行为体，跨国行为体也是重要角色；武力不是唯一重要的手段，经济控制和国际制度的运用也是支配性的手段；安全不是压倒一切的目标，福利则是压倒一切的目标）转变。② 当今转型中的国际体系权力构成呈现出权力要素多样化与软性化的特征。在传统的“丛林政治”国际体系中，由于国家间相互依存度不高，共同利益稀缺，国家以物质性利益为主要目标，军事力量成为拓展国家利益的主要手段。正如贸易国理论的倡导者罗斯克兰斯指出的：“诉诸武力夺取其他国家的领土，远比发展复杂的经济和贸易机构、从商业交换中攫取利益便宜得多。”③ 因此，大国之间的竞争主要表现为军事实力的较量。军事力量成为国家权力构成的最核心要素，其他资源大多通过转化成军事权力而产生作用。随着经济全球化的发展，国家间交往增加，互动加强，强化了国际关系的复合相互依存。在复合相互依存的体系中，国家利益全方位拓展，国家利益内涵多样化，利益关系复杂化。随着一系列国际交往机制和分配机制的建立，国家利益的实现方式和手段发生了新变化，需要国家综合运用各种力量和机制手段去维护和拓展，从而导致国际权力构成发生重大变化。正如有的学者指出的：“国际权力本身则已取得某些至关重要，而且肯定在未来变得更加重要的新形态和新特性，国际关系的‘游戏规则’也随之变化。”④

---

① ［美］小约瑟夫·奈：《理解国际冲突：理论与历史》，张小明译，上海世纪出版集团，2002年版，第338页。

② ［美］小约瑟夫·奈：《理解国际冲突》，张小明译，上海世纪出版集团，2002年版，第288页。

③ 转引自［美］小约瑟夫·S. 奈：《硬权力与软权力》，门洪华译，北京大学出版社，2005年版，第115页。

④ 时殷弘：《21世纪初期世界政治的基本性质和中国的应有战略》，中国人民大学出版社，2006年版，第38页。

随着社会生产力的发展和社会关系的变化，权力构成将不断从物质性力量向社会性力量转变，社会性力量建构尽管以物质力量为基础，但其构成及运行方式显然不同于物质性力量。社会性权力的效能更取决于作用对象的社会认同及其社会合法性与合道德性。这种对合法性与合道德性的追求必然要求尊重互动行为体的主体性地位，只有采取和而不同、相互尊重的态度，才能使社会性权力产生应有的效能。在当今国际体系中，除了传统的军事权力之外，各种非军事权力，如制度性权力、文化与观念权力、技术权力、信息权力、各种形态的经济权力等软性权力的作用也在不断提升和扩展。综合国力竞争取代单纯的军事竞争成为国际竞争的主要方式。这导致国家权力的构成趋向多样化。而今，人们在重视物质力量，即硬实力的同时，更加重视软实力。软实力的首创者约瑟夫·奈认为，由于国际关系性质的变化，软权力的作用不断扩大。随着经济全球化的发展，各国融入国际体系的程度不断提高，国际体系自身具有的结构性权力成为国家追求的目标之一。复合相互依存具有的脆弱性和敏感性、对称性与非对称性成为国家新的权力来源。美国学者迈克尔·巴内特和雷蒙德·杜瓦尔认为国际体系中存在四种权力：强制性权力、结构性权力、制度性权力和生产性权力。[①] 有的学者甚至提出了"粘性权力"（Sticky Power），[②] 特指"国家的经济政策和经济体制"所具有的影响力。

从当今国际体系转型角度看，复合相互依存的加强导致军事权力作用发生变化。罗伯特·基欧汉和约瑟夫·奈认为，在复合相互依存中，"国家间感知的安全边缘有所扩展：总体上，它们对遭受攻击的恐惧减少了，对相互攻击的恐惧实际上已不复存在"。[③] "今天，

---

① 关于四种权力的详细介绍，可参见赵长锋："国际政治中的新权力观"，《社会主义研究》（武汉）2007 年第 2 期。

② Walter Russell Mead, "America's Sticky Power", Foreign Policy, March/April 2004.

③ ［美］罗伯特·基欧汉、小约瑟夫·奈：《权力与相互依赖》，门洪华译，北京大学出版社，2002 年版，第 28 页。

国家必须考虑安全的新维度。随着威胁由军事层面（即对领土完整的威胁）转向经济和生态层面，国家安全变得愈加复杂。”[①] 由于军事力量无法直接转化为应对复合相互依存带来的威胁的能力，只能作为一种间接的最后的手段使用，因而其作用在减弱。“在不同的权力要素之有效程度的消长中间，传统上的军事权力和军事资源之有效性的跌落首先引起人们的注意，并且总的来说逐渐得到越来越广泛的确信。”[②] 基辛格也认为，“易由军事行动来解决的问题正在减少”，军事权力“对大多数可预见的国际危机来说越来越欠适切”。[③] 军事权力作用的减弱是针对复合相互依存状态而言的，并不意味着要放弃军事力量，而是要对其运用加以限制，并以其他权力作为补充，彻底改变唯武器论的思维方式。

权力构成的多样化表明人类社会交往的多样化和复杂化。国际体系结构从单纯的大国军事权力竞争向多种权力结构竞争转变，特别是社会性力量作用的提升，标志着国际体系结构向文明化迈进了一大步。国际体系结构属性已经从单一的大国军事权力结构转向了多重属性并存，其中既有大国权力竞争，又有大国间的复合相互依存的存在。当今世界各大国间各种战略伙伴关系方兴未艾充分说明了这一点。因此，从历史发展角度看，权力构成要素的多样化及其性质的变化，反映了生产力发展带来的人类社会交往的普遍增加和交往关系的日趋民主化与文明化。权力的道义性、合法性与文明性日益受到人们的重视。尽管在国际体系各种权力结构中仍然存在严重的不平衡和不平等现象，但是国际体系权力构成中软权力作用的增强、权力结构从集中于少数大国转向多元化和分散化，标志着人类社会的文明与进步。国际体系中权力构成及其性质的软性化有助

① ［美］约瑟夫·S. 奈：《硬权力与软权力》，门洪华译，北京大学出版社，2005 年版，第 100 页。

② 时殷弘：《21 世纪初期世界政治的基本性质和中国的应有战略》，中国人民大学出版社，2006 年版，第 38 页。

③ 同上书，第 38 页。

于降低国家间特别是大国间直接的军事对抗与冲突，减缓国际体系权力转移与重新分配引发的矛盾冲突，有利于增强国际合作，为推动建设和谐世界创造一定的条件。

（二）国际社会权力结构深刻变化有助于促进国际关系民主化

权力结构是国际体系的重要标志。威斯特伐利亚体系诞生以来直到冷战体制解体，国际体系基本上是大国权力结构体系。国际体系变革仅仅是大国权力对比的变化和霸权的周期性更替而已。当今转型中的国际体系权力结构正在发生深刻变化，表现在：

一是世界多极化趋势进一步发展。大批地区性与全球性大国的崛起，逐步削弱了传统霸权国在世界经济与政治中的主宰地位，分享了霸权国垄断的部分权力，促进国际体系中南北之间与东西之间权力结构朝着均衡化方向发展。越来越多的地区或全球性大国的崛起，一方面消解了霸权国的权力，另一方面也降低了大国在国际体系中的作用。正如有的学者所指出的，从长远发展角度看，无论是进行殖民统治的帝国主义，还是依靠对国际秩序进行控制以扩展垄断资本利益的帝国主义终将退出历史舞台。“美国霸权主义将是人类历史上的‘最后山神’，不会再有替代者。总之，由于垄断资本的存在，帝国主义虽然还不能马上绝根，但由于时代的发展，它的生存和发展的条件必将越来越困难乃至根本消失。因此，美国霸权主义的衰落意味着帝国主义最终将退出人类历史舞台。”① 当今世界多极化发展建立在经济全球化深入发展基础之上，使其具有了不同于历史上的大国多极制衡的新特点。它的发展一方面有利于消解霸权，另一方面有利于提高国家的主体性地位，促进多元力量之间的平等合作。江泽民强调指出，由于世界民主与和平力量的壮大，未来的

---

① 王金存：《帝国主义历史的终结》，社会科学文献出版社，2008 年版，第 381 页。

多极化政治格局将不同于历史上列强争霸的政治局面。这种多极化是与日益发展的经济全球化和科技进步相互结合、相互促进的，它的最终形成将经历一个漫长、曲折、复杂的演进过程。致力于建立一个多极世界符合世界发展的客观规律，有利于体现各国和各国人民的共同意愿与利益，有利于建立公正合理的国际政治经济新秩序，有利于促进世界政治经济文化的协调平衡发展。多极化并非针对特定国家，而是世界各种力量在平等互利的基础上，加强协调和对话，不搞对抗，共同维护世界的和平、稳定与发展。

二是国际体系地缘权力中心逐步东移。从地缘格局的角度看，当今国际体系转型的一个突出特点是，世界地缘权力中心正在向亚太地区转移。2008 年国际金融危机进一步加剧了这一态势的发展。发展中国家的群体性崛起，特别是亚太地区经济的高速增长，导致东西方实力对比出现重大变化。西方国家总体实力呈下降趋势，非西方国家总体实力增强。根据国际货币基金组织统计数据，2008 年，按购买力计算，美日欧（原欧共体 9 国）GDP 总额为 292020 亿美元，约占世界总额 689969 亿美元的 42.4%，如按汇率计价，美日欧（原欧共体 9 国）GDP 总额为 324827 亿美元，约占世界总额 606898 亿美元的 53.3%，比 20 世纪 90 年代初均有大幅度下降。发展中国家的 GDP 总额则从 2000 年的 36% 上升到世界总额的 41%。[①]发展中国家经济增长率一直高于发达国家，从长远发展角度看，发达国家对发展中国家的经济优势将逐步削弱，南北经济发展将趋向平衡。美国国家情报委员会 2008 年 11 月发表的《转型的世界：2025 年全球大趋势》研究报告认为：世界财富和经济力量正在“从西方向东方转移”，且规模、速度史无前例，这将导致第二次世界大战后确立的国际体系发生翻天覆地的变化。[②] 据有关资料统计，2007 年，经合组织欧洲 22 个成员国的 GDP 总量为 105042 亿美元，亚太

---

① 以上数据均引自林利民：“21 世纪国际体系转型析论”，《现代国际关系》2009 年第 6 期。

② NIC, Global Trends 2025: A Transformed World, p. 1, 7.

地区仅中日韩三国就达10万亿美元，与前者不相上下。由于亚太地区各个国家与地区经济增长率普遍高于欧洲国家，未来10—15年内，亚太经济规模将大大超过欧洲。因此，西方有人称“增长在东方，债务在西方”，“历史的火炬似乎正在从西方传递到东方”。[①] 著名外交大师基辛格认为，世界地缘政治和经济中心正在从大西洋向太平洋转移。[②] 世界体系论者乔万尼·阿瑞吉指出：“这一地区（东亚）在一个有条不紊的国家和一个商业流散团体（海外华人）‘看不见’的领导之下，以惊人的速度成为新的世界工场和世界钱箱，这给西方文明各主要中心带来普遍‘衰落的恐惧’。西方即将从世界资本主义体系发号施令的地位退下，这不仅可能，而且是很可能。”[③] 发展中国家大多由西方殖民地或半殖民地国家演变而来，它们具有不同于西方的国际政治理念，致力于谋求世界和平，追求国际关系的民主、公正和平等。推动建设和谐世界充分反映了广大发展中国家改革国际秩序的诉求。绝大多数发展中国家对中国倡导的建设和谐世界理念都持赞成和肯定态度。发展中国家的发展将不断增强反对霸权主义、强权政治的力量，改变大国主导国际关系的局面，使未来的国际体系不再为大国所完全主宰，有利于促进国际关系民主化。这些新兴力量将为推动建设和谐世界提供强大的力量和精神支撑，成为建设和谐世界的生力军。

三是大国关系发生历史性变化。大国是国际体系中的主导性力量，大国权力对比变化是引发体系性战争的主要因素。稳定的大国关系有利于促进世界持久和平，有利于促进和谐世界建设。在以前的国际体系中，由于社会生产力水平的限制，国际体系中各行为体互动程度较低，互动的平台和机制有限，共同利益纽带薄弱，共有

---

① 引自王辑思：“当代世界政治发展趋势与中国的全球角色”，《北京大学学报》（哲学社会科学版）2009年第1期。

② “基辛格展望中美关系”，《文汇报》（沪）2009年4月3日。

③ ［美］乔万尼·阿瑞吉、贝弗里·J. 西尔弗等：《现代世界体系的混沌与治理》，王宇洁译，生活·读书·新知三联书店，2006年版，第314页。

观念缺失，国家间权力竞争主要表现为军事权力竞争，导致欧洲国际体系在扩展过程中与其他区域文明体系产生了巨大冲突，欧美大国彼此之间呈现出明显的“丛林政治”或“强盗政治”特征。进入21世纪，伴随着高新技术的迅猛发展和经济全球化的拓展，大国之间的相互依存和共同利益不断增加，大国的权力构成及其权力竞争方式发生了变化，导致大国关系发生了历史性变革。尽管大国之间的军事遏制与军事威慑依然存在，但当今的大国关系已经从“丛林政治”时代的要么结盟、要么对抗，向全球化时代的竞争与协调、合作与冲突并存的态势转变。尽管有些国家仍然抱着霸权主义、强权政治和冷战思维不放，企图遏制所谓霸权挑战国，但是，不结盟、不对抗、不冲突，着眼于国家间共同利益，努力扩大利益汇合点，增强互信与合作，以协调代替冲突，以合作代替对抗，更多地通过非军事手段、和平竞争方式，通过谈判进行利益分配、协调矛盾与分歧等，已经成为各大国处理相互关系的主要做法。俄罗斯总统普京强调：“俄罗斯不需要任何形式的对抗。我们也不会参加任何‘神圣同盟’。”① 甚至具有根深蒂固霸权思想的美国也认为：“今天，国际社会面临17世纪民族国家兴起以来建立大国和平竞争而非持续备战的世界的最好机会。”② 中国始终倡导发展以不结盟、不对抗、不冲突，相互尊重，合作共赢，着眼于共同利益和利益汇合点的新型大国关系，促进主要国际战略力量的和谐共存与共同发展。欧洲主要大国则强调坚持多边主义，崇尚国际合作，促进世界多极化，促进国际社会的集体安全，注重军事手段之外其他战略手段的运用。③ 正如前外长李肇星所指出的：“当前国际力量格局调整加快，大国务实合作增多。”“大国利益交汇和相互依存加深。”④ 当今世界主要大

---

① 俄罗斯驻华大使官方网站：“关于俄罗斯总统普京与俄罗斯联邦大使和常驻代表的会议”2006年6月27日，http：//www. russia. org. cn/chn。

② The White House，The National Security of the United States of America，September 2002.

③ 参见［美］罗伯特·卡根：《天堂与实力》，肖蓉等译，新华出版社，2004年版，书中对欧洲战略理念与美国的差异做了比较分析。

④ 李肇星：“2006年国际形势和中国外交工作”，《求是》2007年第1期。

国之间各种战略合作伙伴关系方兴未艾。随着大批新兴大国的迅速崛起，大国关系将朝着更加民主化与平等化的方向发展。大国之间全面对抗的可能性在可预见的时间内难以出现。大国关系总体上将保持平稳发展态势。注重合作、协调共管、合作共治、共同应对全球问题的挑战成为大国关系发展的重要特征。

四是权力向非国家行为体转移。伴随着经济全球化的深入发展，各种跨国关系日益拓展和深化，非国家行为体在国际体系中的规模和数量将不断扩大，作用日益提高。国际体系的构成单元将日益多样化。除主权国家之外，非国家行为体，包括政府间国际组织和非政府间国际组织、区域集团等，都将在国际体系中发挥重要作用。这将对国家主权形成一定的侵蚀和制约，并导致国家主权进行重构。"事实上，当代国际体系的基本特征之一是民族国家已丧失对权力的完全垄断以及在某些领域的支配地位。国家正受到来自上面的地区性和全球性组织的挑战，而下面和侧面则受到准军事力量以及各种各样非政府组织和跨国公司的挑战。"① 非国家行为体正逐步分享国家主权，并对国家权力的行使产生重大影响。各类非国家行为体在国际社会各个领域和职能部门的影响日益扩大，形成了相对独立的权威领域，导致国际体系结构在功能上日益多样化和分散化，权力随之日益分散化。美国学者理查德·哈斯认为："21 世纪国际关系的基本特征正在变成无极化：主宰世界的不是一两个乃至几十个国家，而是几十个拥有和行使各种权力的行为体。与过去相比，这代表着一种结构性转变。""今天的无极世界不只是其他国家和组织崛起的结果，也不只是美国政策失败和愚蠢的结果。它也是全球化不可避免的一个后果。"② 他认为全球化通过两种基本途径强化了无极世界的到来。第一，许多跨国界流动是在政府控制之外和政府不知

① ［美］理查德·哈斯："无极时代——美国霸权结束后将会出现什么情况?"，周岳峰译，载《国外社会科学文摘》（沪）2008 年第 2 期。

② ［美］理查德·哈斯："无极时代——美国霸权结束后将会出现什么情况?"，周岳峰译，载《国外社会科学文摘》（沪）2008 年第 2 期。

道的情况下发生的。因此，全球化削弱了各主要大国的影响力。第二，这样的流动经常增强非国家主体，如能源出口者、恐怖分子、无赖国家，以及财富500强企业的权力。越来越明显的是，作为最强大的国家不再意味着拥有近乎垄断的权力。个人和团体积累和投放实质性权力要比以往任何时候都更加容易。[1] 英国著名国际政治经济学家苏珊·斯特兰奇对全球化发展带来国际体系中权力从主权国家向非国家行为体转移问题进行过系统研究。她认为，随着经济全球化的深入发展，技术变革、金融全球化、贸易全球化和生产全球化将逐步使主权国家的权力流散到非国家行为体身上，主权国家的权力将逐步空洞化，各种各样的非国家行为体分享的权力将不断扩大。[2] 尽管其主权空洞化的论点未免言过其实，全球化发展不是只会单向地削弱国家主权，也有增强国家主权的一面，同时导致国家主权重构，产生国家间共同主权（如欧盟就建构了共同主权），以扩展国家主权行使空间，但经济全球化深入发展带来的权力的多维流散，对于解构传统的霸权政治，削弱大国在国际体系中的主导地位，促进国际关系民主化，无疑具有一定的促进作用。

（三）国际体系结构属性日趋复杂化孕育着新型国际秩序

当今国际体系转型不仅具有系统性变革的特点，而且兼具了体系性变革和互动性变革的特征，是一个全方位的体系转型过程。但是，由于受历史传统、文化价值观念、经济发展水平、发展的不平衡性等多重因素的影响，当今国际体系结构属性在不同地区、不同领域表现出各种不同的形态特征。有学者认为，当今世界存在三重

---

① ［美］理查德·哈斯：“无极时代——美国霸权结束后将会出现什么情况?”，周岳峰译，载《国外社会科学文摘》（沪）2008年第2期。

② 参见［英］苏珊·斯特兰奇：《权力流散——世界经济中的国家与非国家权威》，肖宏宇、耿协峰译，北京大学出版社，2005年版，前言部分。

秩序："它们是以主权原则为基础的国家（关系）秩序、以区域合作为基础的一体化或准一体化地区秩序、以国际组织和世界性机构的治理机制为基础的全球秩序。现实的局面则是国家主权秩序与世界（超国家）秩序重叠、现实主义秩序与理性主义秩序重叠、平等主义（民主）秩序与霸权主义秩序重叠。"[①] 主权国家平等秩序一直是世界上大多数国家的追求。当今世界经济全球化与区域化的迅速发展，将各国融入全球体系和区域体系之中，各种地区和全球性治理机构在不同层次发挥着重要作用，使当今国际体系带有区域化与全球一体化的某些特征。同时，在不同地区，由于全球化和区域化发展程度不平衡，复合相互依赖程度不同，一些地区体系结构属性存在巨大差异。例如，欧盟是当今一体化程度最高的国际组织，其具有主权国家体系与超国家体系的双重特征。可以说，欧盟经济上基本上是超国家的，政治上是政府间合作体系，安全上则具有集体安全的特征。在跨大西洋地区，无论欧美之间存在多大裂痕，经济上的高度相互依赖和集体安全体系的存在都是很难打破的。跨大西洋地区的体系结构具有明显的复合相互依赖的特征，而中东、非洲部分地区基本上呈现出现实主义的权力竞争体系的特征，东亚地区则呈现出区域化合作与权力竞争并存的态势。

从全球范围看，转型中的国际体系权力结构朝着多极多体复合化方向发展。无论是从力量对比看，还是从现有国际政治理念看，大国权力结构在一定程度上仍将长期存在。大国对国际体系的主导地位仍然发挥着重要作用，特别是少数霸权国不会轻易放弃对世界霸权的追求。从理念层面看，尽管全球化的发展带来了一系列新的国际体系结构理念，但极化思维在一定程度上仍然广泛存在。即使是主张无极世界的理查德·哈斯，其探讨无极世界的目的仍在于加强美国对世界的领导力。极化结构的存在仍然是转型中国际体系的

---

① 曹泳鑫："国际政治秩序与世界霸权——国家、地区、全球秩序的三重建构"，载《世界经济与政治》2004 年第 6 期。

一大特征。同时，国际体系构成单元将日趋多样化，特别是各种非国家行为体在国际体系中作用的加强，它们形成了各种跨国关系网络，活跃在国际社会各个职能领域，建立起其发挥相对主导作用的权威领域，同时与主权国家之间的互动和影响不断加强，从而使国际体系结构呈现出多元化、网络化和复合化的特征。因此，未来国际体系结构将呈现多极协调共管、多种行为体合作共治的多极多体复合化结构的特点。约瑟夫·奈认为：在一个全球信息化时代，权力分配模式犹如一盘三维棋局。上层的军事棋局是单极，非美国莫属；中间的经济棋局却是多极，有多种经济权力中心存在，包括美国、日本、欧洲和新兴工业化国家；最下层的跨国关系棋局则超越政府控制界限，权力结构极为分散化。① 这一权力结构模式反映了当今国际体系结构的一些变化趋势。日本学者星野昭吉认为，全球化的发展正在导致"多元复合化国际体系结构"模式的出现，当今国际体系既有传统的主权国家体系的存在，又有跨国关系网络的发展。非国家行为体在跨国关系网络中发挥着主权国家无法取代的作用，并正在弥补、取代主权国家职能的缺失。"现有的全球权力主体的多元化格局已经确立，而且这些主体在数量、活动强度、相互影响等方面取得了巨大的发展，使'威斯特伐利亚'条约建构的、维持了三个多世纪的以国家为单一行为体的国际体系向多元主体的网络化的全球权力结构转变。这种转变既是全球化进程的必要组成部分，也是推进全球化进程的力量之一。"②

当今国际体系结构属性的变化带有去霸权化的特征，制约着霸权行为，有利于促进国际关系民主化。正如有的学者所指出的："世界多极化趋势，国际事务的主导权正在由集中而分散，从核心区域不断向外围地区扩散。不可能出现那种具有唯我独尊力量的所谓世

① ［美］约瑟夫·S. 奈：《硬权力与软权力》，门洪华译，北京大学出版社，2005 年版，第 195 页。

② 杨雪冬：《全球化：西方理论前沿》，社会科学文献出版社，2003 年版，第 242 页。

界盟主。”[①] 国际体系转型所具有的结构属性的多样化和复杂化，实际上是社会生产力发展带来的人类社会交往方式变化在国际关系上的体现，表明威斯特伐利亚体系诞生以来以主权国家为唯一行为体的国际体系结构模式正在消解，出现了多极多体复合化的体系结构模式。主权国家秩序、地区一体化秩序与超国家的全球一体化治理机制并存。这一体系结构模式的转变具有消解霸权主义、强权政治的效用，并在一定程度上引起了国家主权的变革。国际体系结构属性的多样化有助于促进国际合作。无论是主权国家，还是非国家行为体，无论是大国，还是小国，要维护自己的生存与发展，必须依托不同层次的国际载体。在错综复杂的利益关系网络中，合作是协调利益矛盾，促进自身利益和共同利益的最好选择。新自由制度主义认为，在复合相互依存中，国际制度功能扩大，合作大于冲突。这在一定程度上反映了复合化国际体系结构的特有功能，与推动建设和谐世界主张倡导的以合作共赢为主，促进世界和谐的理念具有相通之处。

在当今主权国家体系全球性拓展与全球化带来的相互依存不断增强的背景下，主权国家仍然是国际体系的最重要的行为主体。同时，非国家行为体作用上升，在一定程度弥补了主权国家在跨国关系网络中的功能缺失。非国家行为体的发展实际上是国家主权功能扩展的结果，无法取代主权国家的地位。同时，随着国际体系结构的变化，国家主权正在进行重组和变革，其功能正在发生深刻变化，国家主权功能扩展带来功能领域的新的主权形态，即共同主权。这种功能性的共同主权只有建立在各国自愿让渡、平等共享与互利合作的基础上。因此，相比较西方学界提出的国际体系转型各种结构模式而言，最适应国际体系转型带来的主权变革需求的最好方式，就是各国都坚持和平共处五项原则和公认的国际关系准则，彼此尊重、平等相待、互利共赢、合作共享、和谐共存，才能促进世界的

① 朱宁：“变革中的国际体系与秩序重建”，《光明日报》1999 年 12 月 18 日。

和平与共同发展。正如邓小平所说的："处理国与国之间的关系，和平共处五项原则是最好的方式。其他方式，如'大家庭'方式、'集团政治'方式、'势力范围'方式，都会带来矛盾，激化国际局势。总结国际关系的实践，最具有强大生命力的就是和平共处五项原则。"① 由此可见，和平共处五项原则在全球化深入发展与国际体系转型过程中显示出了新的强大的生命力和时代价值。以和平共处五项原则为基础的建设和谐世界理念，为当今国际体系转型和国际新秩序的建立提供了理想的范式。

国际体系和平转型是一个漫长的过程，具有渐进性、不确定性，其中充满利益关系和权力关系调整引发的一系列矛盾和冲突。随着经济全球化和高新科技的发展，大国力量对比急剧变化，因利益关系和权力关系调整引发的矛盾也在增多。但是，冷战体制结束20多年的国际体系剧烈变革与转型并没有引发大规模体系性战争。尽管局部性的矛盾、冲突、战争不断，但国际安全形势呈现出总体和平、缓和、稳定，局部战争、紧张和动荡的态势。这一态势在可预见的未来仍将继续存在。这表明国际体系和平转型的目标是有可能实现的。国际体系的和平转型可以确保通过和平方式，实现大国间的权力重新分配与调整，保证大国权力转移的和平性，从而避免近代以来国际体系系统性变革所具有的体系性霸权战争，促进世界的持久和平与共同发展。

三、建设和谐世界理念为化解国际体系转型困境提供了新思路

建设和谐世界的过程是一个不断化解矛盾与挑战的过程。尽管

① 《邓小平文选》，第3卷，人民出版社，1993年版，第96页。

当今国际体系转型为推动建设和谐世界提供了一定的机遇和条件，但也引发了一系列新问题、新挑战。关于经济与文化领域的矛盾，上一章已有所论及，此处着重分析国际政治和安全领域的矛盾与问题。当今世界和平面临最突出的问题就是霸权主义、强权政治的新发展，局部冲突与动荡此起彼伏，传统安全与非传统安全相互交织等。推动建设和谐世界，为解决这些问题提供了新的战略思路。

（一）有助于消解霸权主义、强权政治

党的十八大报告在谈到当今世界威胁和平与发展的问题时指出，霸权主义、强权政治和新干涉主义有所上升。霸权主义在世界政治、经济、文化、安全、生态等各个领域将长期存在。正如江泽民所指出的："单极与多极，称霸与反霸的斗争，将成为二十一世纪相当时期内国际斗争的焦点。"[①] 国际体系转型滋生了消解霸权的新因素，但由于国际体系中各种权力分配极不均衡，权力转移和调整也为霸权主义、强权政治提供了新的活动空间。冷战体制的解体导致美国成为"孤独的霸权国"，迎来了所谓"战略间歇期"。美国在世界上面临着"没有竞争对手"的尴尬。"冷战胜利"一度改变了美国国内的政治生态。美国人普遍把"冷战胜利"视为其自由民主制度模式和价值观的胜利，导致美国人看不到冷战后世界多样性和多极化的发展，举国沉浸在对其制度模式和价值观的盲目自信之中，导致美国保守主义政治力量不断膨胀。美国借助经济全球化和高新科技发展的领先地位，赢得了1993年开始的持续113个月的"新经济"增长，综合国力急剧膨胀，不仅在经济上进一步巩固和加强了美元霸权、贸易霸权与技术霸权的地位，而且在军事领域成为世界新军事变革的先锋，军事力量在世界上独占鳌头。素来具有改造世界"天赋使命"的美国急欲把自己的制度模式推广到全世界，这种使命

① 《江泽民论有中国特色社会主义（专题摘编）》，中央文献出版社，2002年版，第519页。

感所具有的扩展美国霸权的欲望与美国超强的综合国力相结合，导致冷战后美国进入了新一轮霸权扩张期。老布什政府推出了新遏制战略和世界新秩序战略，促使美国不仅填补苏联解体后留下的世界地缘政治真空，而且谋求建立以美国霸权和价值观为基础的世界新秩序。1993年上台的克林顿政府提出了参与扩展战略和塑造—反应—准备战略。克林顿认为经济全球化等于政治民主化，而民主化等于世界和平，力图借助经济全球化的发展，拓展自由市场经济体制和世界“民主”，对世界进行“民主化”改造，不仅要巩固冷战胜利取得的“民主化成果”，而且要演变“非民主国家”，不断拓展“民主”新的边疆。2001年上台的小布什政府信奉新保守主义，推行美国至上战略，谋求建立美国的“新帝国”。他把反恐与扩展美国单极霸权相结合，依靠“民主改造”和军事强权，不断拓展美国对世界的控制，推出了以“民主改造、先发制人和单边主义”为主要内容的布什主义。阿富汗战争与伊拉克战争正是这一政策的产物。从冷战结束到2003年十几年时间里，美国为了扩张自己的霸权先后发动了8场较大规模的局部战争。这一轮霸权扩张以第二次伊拉克战争为标志达到顶峰。美国的霸权扩张不仅给其他国家带来了威胁和挑战，而且引发了一系列世界和地区动荡，导致地区局势日趋紧张。

以伊拉克战争为拐点，美国进入了霸权相对衰退时期。2002年以后美国经济衰退，直至2008年金融危机的爆发对美国综合国力造成了极大损害。伊拉克战争引发了美国社会政治危机和全世界的反美主义浪潮。新保守主义政治势力被迫退出美国政治舞台。小布什政府错误的全球战略的推行给美国在全球带来了多重战略困境，如：大中东民主改造计划激发了美国与伊斯兰世界的矛盾；北约东扩遭遇俄罗斯等国的强力阻击；大中亚战略的实施处处受挫；伊拉克和阿富汗重建与民主化改造收效甚微；反恐政策的推行事与愿违，越反越恐，等等。2008年金融危机给予美国霸权地位以重创。2009年上台的奥巴马政府不得不调整美国的全球战略，把反恐和应对气候、能源、经济安全等非传统安全作为美国安全战略的重心之一，结束伊拉克战争，从阿富汗撤兵，改变布什政府片面强调军事能力的做法，主张运用经济、政治、文化、外交等多种手段应对多样性的安全威胁；推行以合作、磋商、对话为主的政策，诉诸于“巧实力”外交，放弃布什政府具有极大进攻性、冒险性和冲突性的美国至上战略。同时，奥巴马政府调整全球战略布局，推行“亚太再平衡”战略，把经济与军事重心转向亚太，重点应对“中国的崛起”。奥巴马政府安全战略的调整是美国国力相对下降的产物，是美国寻求摆脱全球战略困境的尝试。

美国霸权地位由盛而衰，从全面战略扩张走向战略局部收缩和调整，充分说明霸权主义、强权政治与当今和平、发展、合作的时代潮流是相悖的，受到了当今国际体系转型所具有的消解霸权因素的强大制约。正如十八大报告所指出的：“历史昭示我们，弱肉强食不是人类共存之道，穷兵黩武无法带来美好世界。”① 世界多极化趋势的发展有力地牵制了美国单极霸权的扩张。在伊拉克战争问题上，不仅中国与俄罗斯这两个被美国视为潜在的挑战国表示坚决反对，就连美国在欧洲的两个最大盟国——法国和德国也出于抵制美国独霸中东和扩展欧盟南下战略的需要，强烈反对。伊拉克战争所暴露出来的美国赤裸裸的霸权行径及布什政府崇尚武力与强权的战略理念不仅遭到中国等发展中国家的反对，而且遭到其欧洲盟国的强烈抵制，导致美国与盟国的关系出现巨大裂痕。正如有评论所指出的：“西方失去了凝聚力。从表面上看，大西洋两岸关系得到加强，默克尔取代施罗德成为德国总理起了一定作用。但是旧联盟的结构基础，包括实际的和感情的，大大削弱了。”② 世界人民要和平、求合作、促发展的普遍愿望使得霸权主义、强权政治更加不得人心。美国发

---

① 胡锦涛：《坚定不移沿着中国特色社会主义道路前进，为全面建成小康社会而奋斗》，人民出版社，2012 年版，第 46 页。

② ［英］菲利普·斯蒂芬斯：“2007 年的世界：亟需建立新秩序”，载（英）《金融时报》2007 年 1 月 24 日。

动的伊拉克战争师出无名，加上其表现出来的赤裸裸的恃强凌弱、独断专行的作风和一系列战争丑闻的出现，引发了世界性的反美浪潮，导致美国国际形象和软实力遭受极大损害，引发了美国对其军事力量使用问题的重新讨论。伊拉克战争作为美国谋求建立“新帝国”的重要战略步骤，结果却促进了美国霸权地位的衰落。有评论家指出：“伊拉克战争不仅消耗了美国的军事力量，而且削弱了美国的政治意志；中国和印度向美国的经济霸主地位提出了挑战；华盛顿友邦的能力——软力量——受到高涨的反美情绪的侵蚀；对欧洲、拉丁美洲和亚洲的政治家来说，坚定地与美国站在一起意味着得不到选票。正因为如此，美国虽然仍是世界上最强大的国家，但是华盛顿影响国际秩序的能力大大减弱了。”① 美国霸权逐渐式微，最根本原因在于其违背了时代发展潮流。正如一位英国学者所指出的：“20 世纪 90 年代初苏联解体造就了美国唯一超级大国的地位。正是这种情况促使新保守主义者在 90 年代末完全曲解了历史，他们认为美国在全球大肆扩张权力和影响力的时代已经到来了。几年后，我们认识到这种态度是多么荒谬。美国不仅没有登上支配地位，而且情况正在向相反的方向发展。美国可能在军事上仍享有绝对优势，但它的经济实力——从长远来看这是决定性因素——正在走下坡路。冷战之后的过渡时期不仅没有唱响美国时代的序曲，反而呈现出日益鲜明的迹象：一个多极化世界正在崛起。由于对全球趋势的错误解读，布什政府奉行单边主义，这不仅导致伊拉克战争的灾难，而且加速了美国的衰落。”②

推动建设和谐世界在一定程度上把霸权主义和强权政治作为自己消解的对象，因而具有消解霸权主义、强权政治的作用。它主张“在国际关系中弘扬平等互信、包容互鉴、合作共赢的精神，共同维

① ［英］菲利普·斯蒂芬斯：“2007 年的世界：亟需建立新秩序”，载（英）《金融时报》2007 年 1 月 24 日。

② ［英］马丁·雅克：《新保守主义者完成了越共的未竟事业》，转引自王金存：《帝国主义历史的终结》，社会科学文献出版社，2008 年版，第 379 页。

护国际公平正义”,[1] 摒弃各种形式的霸权主义和强权政治，摒弃冷战思维，倡导以和平共处五项原则和其他公认的国际关系准则处理国际关系，以民主、和睦、公正、互利、共赢等作为改进国际秩序的基本价值规范，坚决反对霸权主义，促进世界多极化的发展，推动经济全球化朝着普惠、共赢和均衡的方向发展，促进国际关系民主化，和平解决国际争端等。这些主张顺应了和平、发展、合作时代主潮流的需要，是反对霸权主义、强权政治的有力思想武器。推动建设和谐世界主张所包含的新安全观、新发展观、新秩序观、新文明观等理念是与世界各个领域的霸权思想和行径相悖的，是对霸权主义安全观、秩序观、文明观、发展观的否定和批判，为世界各国在各个领域进行反对霸权主义、强权政治的斗争提供了重要的战略选择。推动建设和谐世界的过程是一个不断消解霸权主义、强权政治的过程。只有根除霸权主义，才有世界和谐。为此，在推动建设和谐世界的实践过程中，必须以和谐世界理念所具有的原则与规范处理国际事务，同时，大力推动世界民主与和平力量的发展。特别是广大发展中国家和转型国家应该坚持在和平中求发展，以发展促和平的思想，致力于促进国家利益和人类的共同利益，通过促进自身的发展以增强世界和平与民主的力量；同时，坚持不懈地进行抵制和反对霸权主义的斗争，推进国际体系中的多极化与权力均衡化，推进国际秩序朝着合理公正的方向发展，不断增强反对霸权主义力量。推动建设和谐世界主张彻底摒弃以一个霸权取代另一个霸权的思维，强调在尊重世界多样性和各国的主体性地位的基础上，按照和而不同的要求，通过加强国际平等互利合作，建立集体安全机制，共享共同安全，加强互利共赢的经济合作，促进世界共同发展，为取代霸权和平观与发展观提供了新的战略选择，具有强大的消解霸权主义的作用。

---

① 胡锦涛：《坚定不移沿着中国特色社会主义道路前进，为全面建成小康社会而奋斗》，人民出版社，2012 年版，第 47 页。

（二）有助于缓和与消除局部冲突与动荡

冷战后，局部冲突与动荡取代大国军事对抗与冲突，成为当今国际体系转型中国际冲突的主要表现形式和主要特征。国际安全形势呈现总体和平、稳定、缓和，局部战争、动荡与紧张的态势。在世界大战打不起来、大国之间大规模战争与冲突的可能性降低的情况下，地区性的、国内的战争、紧张和动荡持续发酵，有些热点问题不断升温。从频率上看，地区战争和局部冲突比冷战期间有所上升。从1991年到21世纪初，世界上发生的较大规模的地区危机、武装冲突和局部战争平均每年超过20起，而冷战期间每年平均只有6起。2005年以来，亚洲地区成为爆发重大武装冲突最多的地区。阿富汗、伊拉克迄今战火不断；菲律宾、斯里兰卡、泰国等国内乱不止。中东地区的巴勒斯坦、黎巴嫩与以色列之间在2006年到2007年就爆发了4场引人注目的冲突。这些冲突既有跨国性质，又有内部冲突的特征，并且相互交织，使中东局势更加错综复杂。2010年底爆发的“阿拉伯之春”运动导致中东北非地区持续动荡，多个国家至今内战不断，社会动荡，民不聊生。在非洲，索马里、苏丹、布隆迪等国内部冲突不断。当今世界已经形成了三条地区冲突地带：一是从外高加索经中亚到西亚；二是从东北亚经东南亚到南亚；三是中东北非地区。

局部战争与动荡加剧是内外多种因素综合作用的产物。一是冷战体制解体，大国力量重组，导致部分地区力量结构失衡，出现权力真空，激发了各种国际力量的竞争。由于外部控制力的消失，一些国家内部或国家间历史上长期积累的民族、宗教矛盾和领土争端加剧，引发一些国家内部部族之间、不同民族和教派之间的激烈冲突。苏联解体后在巴尔干、外高加索和中亚地区一度十分频繁的地区冲突和国家内部动乱就是这方面的代表。随着这些国家政治经济体制转型的结束，这些地区局势趋于稳定。二是西方少数大国肆意干涉别国内部事务。冷战后大国力量对比严重失衡，美国利用“一超”的有利战略地位，加紧扩展单极霸权，插手别国内部事务，支持别国内部的民族分裂势力和宗教势力，培植所谓“民主力量”，煽动“民主革命”，加剧了一些国家内部动乱和地区紧张。冷战后，美国先后发动8场局部战争，目的在于扩展自己在各个地区的控制权。“9·11”事件后，美国借反恐为名，发动了阿富汗战争和伊拉克战争，把势力范围扩展到中亚，谋求独霸中东，把美国地缘控制范围从欧亚大陆边缘渗透到欧亚大陆的心脏地带。美国发动的这两场战争不仅没有消灭这些地区的恐怖主义，相反，引发了这些国家的持续动乱，恐怖主义势力不断膨胀。美国在反恐中采用多重标准，支持一些国家内部的亲美势力，策动“颜色革命”，导致一些国家内部政局动荡，民族、宗教矛盾激化。三是一些国家在现代化进程中出现的民族、宗教主义复兴引发的冲突与动荡不断增加。冷战后，伴随着东西方两大意识形态竞争的消失，不少发展中国家陷入意识形态的“盲区”。在这些国家意识形态转变过程中，面对西方文化霸权的压力，一些国家的政治势力往往祭起民族主义和宗教主义的大旗，反对西方霸权，加上这些国家社会经济发展水平低下，贫富差距扩大，引发了社会动荡和地区冲突。例如，在中东、非洲、中亚、西亚、东南亚、南亚等地区，伊斯兰原教旨主义和泛突厥主义一度膨胀，引发了一系列民族和宗教冲突。部分极端民族主义和宗教主义转向国际恐怖主义活动。本·拉登的基地组织就信奉伊斯兰原教旨主义的“圣战”学说。我国新疆地区的东突厥斯坦民族分裂势力不仅与国际恐怖主义组织联系密切，而且与境外反华势力勾结，在新疆等地区大肆进行恐怖活动。四是因领土和资源争端引发的冲突与紧张态势不断增多。随着国际形势的缓和，世界大战威胁的减弱，各国经济发展与现代化进程的加速推进，世界资源竞争日趋激烈，加上大国的插手和挑衅，历史上一些国家间存在的领土争端、资源争端矛盾不断激化，有的已经演变为武装对峙或冲突，有的导致地区局势紧张。五是因经济危机或金融危机导致政局变更引发的国家内部冲突或社会动荡不断增加。1998 年东南亚金融危机一度导致印尼等国政治局势紧张。泰国近年来政局持续动荡，一定程度上与金融危机有着密切联系。2008 年金融危机爆发后，拉美地区多个国家因经济衰退、失业率上升而发生大规模动荡。“阿拉伯之春”运动直接的导火索就是金融危机带来的粮食危机及各国由于经济衰退无法维持原有的社会福利体系。连社会结构已经进入“超稳定”状态的欧美发达国家也在 2008 年国际金融危机冲击下爆发了多种不同形式的社会运动，引发社会动荡。我国周边安全中存在的“三独（藏独、台独、疆独）”、“三争（中日钓鱼岛与东海大陆架争端、南海争端、中印边界争端）”一度激化，与上述原因有着密切的关系。

局部战争与动荡加剧不仅严重威胁一些国家和地区的安全与稳定，阻碍这些国家的经济发展，而且对世界的总体和平造成极大危害，是推进世界和平与发展事业面临的重大挑战和障碍。推动建设和谐世界主张的着力点之一在于应对这一挑战。首先，总体上看，建设和谐世界谋求世界持久和平与共同繁荣，强调反对霸权主义、强权政治，促进国际关系民主化，推进国际秩序的公正化与合理化，促进国际社会的公平、正义与均衡发展，从而在国际战略全局上解决引发国际冲突的主要矛盾，消解地区冲突与动荡不断增多的国际因素，为缓解甚至消除地区局部性冲突与动荡创造有利条件。其次，针对引发局部冲突与动荡的各种因素，推动建设和谐世界主张都有具体应对思路。建设和谐世界主张强调，反对霸权主义对各国内政的干涉，充分发挥联合国等国际组织在维护世界和地区和平与稳定方面的积极作用，积极推进各地区集体安全机制建设，加强地区安全合作，以维护地区稳定。由中国、俄罗斯和中亚等国建立的上海合作组织对于维护各国之间的安全，促进该地区的安全与稳定发挥了巨大作用，其中形成的“上海合作精神”实质上就是建设和谐世界理念的具体体现，这充分说明了建设和谐世界主张应对地区冲突与动荡的有效性；同时，通过促进发展中国家的经济发展和世界的均衡发展，消除一些国家的贫困现象，减少国家内部和国家间的贫富不均和发展不平衡，消除引发国家内部社会动荡的经济与社会根源。再次，对于国家间历史上存在的争端，建设和谐世界主张继承了我国和平解决国际争端的思想，强调在尊重历史与现实、尊重双方利益和平等互利基础上，通过和平谈判，逐步加以解决。一时解决不了的，可以本着搁置争议、共同开发的原则，通过合作，进行共同开发，共同得利，增进彼此间的互信，为和平解决争端创造新条件。因此，建设和谐世界理念所包含的基本原则和政策、路径对于应对局部冲突和动荡具有很强的针对性。

（三）有助于应对传统安全与非传统安全威胁

冷战后，伴随着经济全球化的深入发展和国际体系转型，国际安全发生了深刻变化。一是国际安全的内涵与要素不断扩展。政治军事安全等传统安全威胁依然存在，一系列非传统安全威胁不断上升。十八大报告指出：“粮食安全、能源资源安全、网络安全等全球性问题更加突出。”① 二是国际安全主体多元化。传统安全主体只有主权国家。在全球化时代，安全主体日益多元化，除主权国家外，还包括了人类社会、各种各样的非国家行为体，甚至个人等。三是维护安全的手段复合化。伴随着安全要素的多样化，维护安全的手段和机制也日益多样化。针对不同的安全威胁，必须采取不同的具有针对性的手段加以应对。同时，必须注意多种手段综合运用，以应对复杂的安全威胁。“国家安全不再是单纯的戍边守疆，而是对涉及整个国家利益安全指数的所有方面进行通盘考量，把政治（国家意志、价值观和凝聚力）、军事因素与经济、文化、外交、技术、环境、资源等参数叠加在一起，把军事和非军事两大领域间所有维度、所有手段组合起来，形成综合安全手段。”② 四是国际安全关系发生

---

① 胡锦涛：《坚定不移沿着中国特色社会主义道路前进，为全面建成小康社会而奋斗》，人民出版社，2012 年版，第 46 页。

② 黄金元：《全球化时代的大国安全》，中国社会科学出版社，2007 年版，第 248 页。

了深刻变化。随着经济全球化的发展和国家间复合相互依存的加强，国家间安全的相互联系不断加强。国家间既存在一定的“安全困境”，又存在着共同安全。非传统安全大多具有全球性、跨国性特点，从而造成了国家间共同安全和人类整体安全的出现，并导致国际安全的整体性不断加强。国际安全必须建立在各国共享生存、共保安全的基础上，而不是彼此相互毁灭和相互威胁。各个安全主体在追求自身安全的同时，必须考虑其他主体的安全和国际社会的整体安全，否则就无安全可言。安全不再是完全的“零和”游戏，不能这边补台，那边拆台。江泽民指出：“各国的安全是相互依存的，再强大的国家，离开国际合作也难以有真正的安全。”[①] 五是传统安全与非传统安全相互交织。传统安全与非传统安全并不是单独存在的，而是相互交织在一起。在一定条件下，传统安全可以转化为非传统安全，如核扩散问题在冷战体制下，属于传统安全范畴，而在冷战后的全球化时代，跨国恐怖组织和犯罪组织可能拥有核武器和大规模杀伤性武器，这一安全主体的非国家性导致这一问题转变非传统安全问题。当然，非传统安全在一定条件下也可能转变为传统安全问题。例如，资源争夺可能演变为国家间的战争。生态安全问题表面上看与政治安全关系不大，但实际上与政治安全密切地交织在一起。例如，由于生态环境恶化，生态难民大量涌现，这必然冲击到其他国家，从而激化国家间矛盾，引起政治纠纷或冲突。这在非洲部分地区已屡见不鲜。

以互信、互利、平等、协作为核心的新安全观是建设和谐世界主张的重要内涵，也是建设和谐世界主张在国际安全领域的原则要求。新安全观强调：确立综合安全思想，反对片面强调军事安全、唯武器论的安全观，主张传统安全与非传统安全并重，建立国家系统安全战略；确立共同安全与国际社会整体安全的思想，在维护本国安全的同时，注重尊重和维护别国的安全、国家间的共同安全和

---

① 《江泽民论有中国特色社会主义（专题摘编）》，中央文献出版社，2002年版，第549页。

国际社会的整体安全；在维护安全的路径上，主张推行合作安全，通过加强国际合作谋求国家间的共同安全。为此，新安全观强调以互信为安全之本，通过平等、互利、协作实现国家的共同安全。江泽民认为："和平共处五项原则和其他公认的国际关系准则，是维护和平的政治基础。互利合作、共同繁荣，是维护和平的经济保障。建立在平等基础上的对话、协商和谈判，是解决争端、维护和平的正确途径。"[①] 新安全观强调，充分发挥联合国等国际组织在维护世界与地区和平中的作用，坚持多边主义和多边安全合作，大力促进全球和地区的集体安全机制建设，促进地区与世界的共同安全。新安全观适应了全球化时代国际安全变化的需要，具有极强的时代性与针对性，为推动国际安全秩序的合理化与公正化建设指明了方向。新安全观提出近 20 年来，在实践中取得了显著成效，焕发出了强大生命力，显示出推进世界持久和平的巨大作用。

总之，建设和谐世界顺应了国际体系转型与变革中世界发展趋势的需要，同时为应对国际体系转型中国际社会面临的矛盾和挑战提供了创造性的战略思路。按照建设和谐世界理念要求，通过加强国际合作和全球性合作，不断推进国际秩序朝着公正化、合理化方向发展，不断化解转型中的国际体系出现的各种矛盾，应对各种新问题和新挑战，未来的国际社会必将会呈现各国在各个领域和谐共存、共同发展的良好态势。

---

① 《江泽民论有中国特色社会主义（专题摘编）》，中央文献出版社，2002 年版，第 540—541 页。

第六章　促进人类和平与发展的崇高事业

中国不仅积极倡导推动建设和谐世界，而且在国际事务中身体力行地践行和谐世界理念和原则。党的十八大的召开进一步坚定了我党带领全国人民走中国特色社会主义道路、实现中华民族伟大复兴的中国梦的自觉自信。走和平发展道路，推动建设和谐世界，既是中国特色社会主义道路的重要组成部分和内在要求，又是中国梦的重要内涵。十八大报告强调指出："中国将继续高举和平、发展、合作、共赢的旗帜，坚定不移致力于维护世界和平、促进世界共同发展。"[①] 在向中国梦迈进的新的历史征程中，中国将坚定不移地走和平发展道路，致力于推动建设持久和平、共同繁荣的和谐世界，在实现中国梦的同时，努力与世界人民一道，共同推进实现世界的和平、发展、合作、共赢之梦。

一、始终不渝走和平发展道路，坚定奉行独立自主的和平外交政策

党的十八大对中国特色社会主义道路的内涵做了进一步丰富和发展，揭示了在这条道路指引下实现中国梦的光明前景和宏伟蓝图。

---

① 胡锦涛：《坚定不移沿着中国特色社会主义道路前进，为全面建成小康社会而奋斗》，人民出版社，2012年版，第47页。

和平发展是中国特色社会主义道路的重要组成部分，是我党始终坚持、不断发展的重要战略选择。党的十八大报告明确指出："必须坚持和平发展。和平发展是中国特色社会主义的必然选择。"① 坚持走中国特色社会主义道路，实现中华民族伟大复兴，就必须坚持走和平发展道路。

（一）和平发展是实现中国梦的必由之路

和平发展战略是基于我国历史发展的必然选择。和平发展道路植根于中华民族优秀传统文化之中，具有深厚的传统文化根柢和历史基础。正如习近平主席所指出的，走和平发展道路是传承和发展中华民族优秀传统文化的必然结果。和平发展来自于中国人民近代遭受侵略的苦难历史记忆。习主席指出："中国人民对战争带来的苦难有着刻骨铭心的记忆，对和平有着孜孜不倦的追求，十分珍惜和平安定的生活。中国人民怕的就是动荡，求的就是稳定，盼的就是天下太平。走和平发展道路，是中国人民从近代以后苦难遭遇中得出的必然结论。"② 己所不欲，勿施于人，奉行独立自主和平外交政策的中国，决不会把这种痛苦与磨难强加于别国人民。

和平发展是我党一以贯之的战略追求。高举和平旗帜，承诺不称霸、不扩张是我党一以贯之的政策主张。从毛泽东、周恩来等老一辈领导人确立独立自主的和平外交政策，创立和平共处五项原则，到改革开放后我党始终追求世界和平、发展与合作，再到创新发展、和平发展道路，和平发展是我党一以贯之的战略追求。正如习主席所指出的，和平发展道路是我党长期艰辛探索和不断实践而形成的，来之不易，我们必须倍加珍惜。

---

① 胡锦涛：《坚定不移沿着中国特色社会主义道路前进，为全面建成小康社会而奋斗》，人民出版社，2012 年版，第 15 页。

② 习近平："更好地统筹国内国际两个大局，夯实走和平发展道路的基础"，《人民日报》2013 年 1 月 30 日。

和平发展战略是基于当今时代发展潮流的必然选择。经济全球化的深入发展为我国利用全球市场和生产要素，推进现代化建设创造了前所未有的有利条件。经济全球化具有的生产要素全球自由流通与配置作用、国际合作的加强、国家共同利益和利益汇合点的增加、全球经济合作机制的扩展与深化等，为我国以和平合作的方式而非战争扩张的方式获取现代化建设所需要的生产要素（包括资本、技术、能源、人才等），积极参与国际经济科技竞争与合作提供了充分条件。冷战后，伴随着经济全球化、高新科技的发展和国际格局变化，国际体系结构正在经历近代以来最为深刻的变化，朝着多元多体多层次复合化方向转型，国际格局的多极化发展促进了国际关系民主化，从而为我国的发展创造了和平稳定的国际安全环境，为大国权力结构以和平方式进行转移和调整创造了一定的条件，使中国的发展得以摆脱大国权力调整必然导致大国之间霸权战争的国际政治窠臼。科技革命孕育新突破，世界文化多样化和社会信息化持续发展，为我国的和平发展提供了新的历史机遇。高新科技的发展使我国的现代化得以摆脱以高能耗为主的旧工业化模式，走信息化与工业化复合发展的新型工业化道路；充分利用科技革命成果和我国人力资源优势，建立创新型国家，走科学发展之路，以实现我国的跨越式发展。由此可见，和平发展道路是基于和平、发展、合作、共赢时代潮流的必然选择。

和平发展战略是基于现实国情的必然选择。改革开放 30 多年大发展的实践证明，和平发展道路不仅带来了中国的巨大发展，也极大地促进了世界的和平与发展，这是世界有目共睹的，实现了中国以自己的发展促进世界和平，以自己的发展促进世界共同发展的诺言。对于实践上取得巨大成功的和平发展战略，我们没有理由轻易改变。今天的中国已经全方位融入了世界，中国的发展更加离不开世界，中国的安全与世界息息相关，中国的前途命运与世界紧密相连，中国的和平发展与世界和平发展的相关度更加强烈。尽管今天的中国取得了巨大的发展，但我国仍处于并将长期处于社会主义初级阶段的基本国情没有变，人民日益增长的物质文化需要同落后的社会生产之间的矛盾这一社会主要基本矛盾没有变，我国是世界上最大发展中国家的国际地位没有变。这是中国最大的国情和最大的实际。发展始终是中国人民的根本利益所在，也是解决中国所有问题的关键。要发展就需要稳定的和平环境。习总书记强调："党的十八大明确提出了'两个一百年'的奋斗目标，我们还明确提出了实现中华民族伟大复兴的'中国梦'的奋斗目标。实现我们的奋斗目标，必须有和平国际环境。没有和平，中国和世界都不可能顺利发展；没有发展，中国和世界也不可能有持久和平。"①

展望未来，我们走和平发展道路的信心和决心将更加坚定。2008年国际金融危机后，国际社会多数国家已经把中国的崛起从"将来时"转变为"进行时"，对中国的战略心态和政策主张正在发生一系列新的变化。中国与世界的互动将面临许多已知和未知的新问题、新挑战。正如有的学者所指出的，未来十年，中国外交将进入一个新老问题并存、各种麻烦共振的阶段，将面临"中国责任论"的压力、外部世界对中国的战略疑虑加剧、中国利益边界拓展与安全保障能力滞后的矛盾、中国被动卷入外部纠纷与冲突的危险、西方对中国软遏制日益加强等一系列新的挑战。② 基于中国历史传统和现实发展战略需要，基于当今国际格局基本态势和时代特征，和平发展仍然是我国必须始终坚持的实现中国梦及中国梦的世界图式的最佳战略选择。

（二）坚定奉行独立自主的和平外交政策

党的十八大报告强调指出："中国将始终不渝走和平发展道路，

① 习近平："更好地统筹国内国际两个大局，夯实走和平发展道路的基础"，《人民日报》2013年1月30日。

② 参见张蕴岭主编：《中国与世界：新变化、新认识与新定位》，中国社会科学出版社，2011年版，第31—36页。

坚定奉行独立自主的和平外交政策。我们坚决维护国家主权、安全、发展利益，决不会屈服于任何外来压力。我们根据事情本身的是非曲直决定自己的立场和政策，秉持公道，伸张正义。中国主张和平解决国际争端和热点问题，反对动辄诉诸武力或以武力相威胁，反对颠覆别国合法政权，反对一切形式的恐怖主义。中国反对各种形式的霸权主义和强权政治，不干涉别国内政，永远不称霸，永远不搞扩张。中国将坚持把中国人民利益同各国人民共同利益结合起来，以更加积极的姿态参与国际事务，发挥负责任大国作用，共同应对全球性挑战。”① 十八大报告阐明了现阶段独立自主和平外交政策的基本原则和要求，为中国外交的未来走向指明了方向。

始终坚持以发展作为执政兴国的第一要务。和平发展道路的主旨在于发展，其核心目标是发展，而不是追求权力扩张，更不是谋求取代别国，成为世界霸权国。作为我国发展战略的重要组成部分，它服从服务于我国现代化建设和经济社会全面发展的需要。胡锦涛强调指出：“在新形势下，外交工作同国家发展的关系更加密切，必须依靠发展、服务发展、促进发展，切实维护全方位对外开放条件下我国发展利益。”② 和平发展道路的基本要义在于：争取和平的环境发展自己，以自己的发展促进世界和平；在强调依靠自身力量和改革创新实现发展的同时，坚持对外开放，学习借鉴别国长处；顺应经济全球化潮流，寻求与各国互利共赢和共同发展；同国际社会一道努力，推动建设持久和平、共同繁荣的和谐世界，实现中国发展与世界的和谐。习总书记强调指出，世界繁荣稳定是中国的机遇，中国发展也是世界的机遇。坚持把世界的机遇转变为中国的机遇，把中国的机遇转变世界的机遇，是走和平发展道路能否成功的关键。为此，必须始终坚持以发展为第一要务，从我国实际出发，坚定不移走自己的路。面对错综复杂的国际环境与周边环境，牢牢扭住经

---

① 胡锦涛：《坚定不移沿着中国特色社会主义道路前进，为全面建成小康社会而奋斗》，人民出版社，2012年版，第47—48页。

② “胡锦涛等中央领导出席第十一次驻外使节会议”，《人民日报》2009年7月21日。

济建设这个中心，坚持聚精会神搞建设，一心一意谋发展。更好地统筹国内国际两个大局，把握发展机遇，不断提高综合国力，不断让广大人民群众享受到和平发展带来的利益，不断夯实走和平发展道路的物质基础和社会基础。增强战略定力，不为任何外部干扰所惑，不为任何外部挑衅所扰，牢牢把握我国发展的主动权，充分利用机遇，集中精力把自己的事情办好，使国家更加富强，使人民更加富裕。同时，在中国与世界各国良性互动、互利共赢中开拓前进。树立世界眼光，加强战略思维，更好地把国内发展与对外开放统一起来，把中国发展与世界发展联系起来，把中国人民利益同世界各国人民共同利益结合起来，不断扩大同各国的互利合作，以更加积极的姿态参与国际事务，共同应对全球性挑战，努力为全球发展作出贡献。

始终坚持和平发展的基本原则。胡锦涛指出：“中国选择和坚持的是和平发展道路。中国的发展是和平的发展、开放的发展、合作的发展。中国人民深刻地认识到，只有通过和平方式实现的发展才是持久的牢靠的发展，也才是既有利于中国人民也有利于世界各国人民的发展。坚持走和平发展道路，就是既通过争取和平的国际环境来发展自己，又通过自己的发展来促进世界和平，永远做维护世界和平、促进共同发展的坚定力量。中国将主要依靠自身力量和改革创新来实现发展，同时坚持对外开放的基本国策，在平等互利的基础上同世界各国开展交流合作，努力实现互利共赢。”[1] 科学发展，就是坚持尊重和遵循经济社会和自然规律发展，推进我国经济社会科学发展，这是和平发展得以行之有效的重要基础；中国充分认识到，作为世界人口大国，中国的现代化必须建立在自主发展基础之上，坚持独立自主，把国家发展的基点和重心放在国内，从本国国情出发，依靠自身力量和改革创新推动经济社会发展，不把问题和矛盾转嫁到其他国家，不把自己的发展建立在损害别国利益基础上，

---

① 《人民日报》2005年11月10日。

不做损人利己、以邻为壑的事情。这是和平发展的关键。适应经济全球化发展的时代潮流，坚定不移奉行对外开放的基本国策，坚持开放发展，把对内改革与对外开放相结合、独立自主与参与经济全球化结合起来，统筹国际国内两个市场、两种资源，以开放姿态积极融入世界，加强与世界各国交流合作，完善内外联动、互利共赢、安全高效的开放型经济体系。这是促进中国与世界共同发展的重要基础。中国坚持以合作谋发展，以合作谋和平，以合作化争端，致力于与其他国家建立和发展不同形式的合作关系，通过扩大与各国互利合作，有效应对全球性问题的挑战，协力解决关乎世界发展和人类生存的重大问题。中国奉行互利共赢的开放战略，坚持自身利益与人类共同利益相统一，在追求自身发展的同时，努力实现与其他国家发展的良性互动，促进世界各国共同发展。

（三）坚决守住和平发展的底线

习总书记强调："我们走和平发展道路，但决不能放弃正当利益，绝不能牺牲国家核心利益。任何外国不要指望我们会拿自己的核心利益做交易，不要指望我们会吞下损害我国主权、安全、发展利益的苦果。"① 这是走和平发展道路的底线。十八大报告强调，我们坚决维护国家主权、安全、发展利益，决不会屈服于任何外来压力。和平发展是符合时代发展潮流的战略选择，其所包含的和平发展、开放发展、合作发展、共同发展、互利共赢等基本原则作为顺应经济全球化发展需要的国际关系普遍原则，必须由各国共同遵守和执行，和平发展才能行之有效。各国只有遵循和平共处五项原则，相互尊重、平等相待、互利合作，坚持走和平发展道路，才有世界的持久和平与共同繁荣。世界的和平发展是相互的、共同的，这是

① 习近平："更好地统筹国内国际两个大局，夯实走和平发展道路的基础"，《人民日报》2013年1月30日。

和平发展道路得以成立的时代基础。正如习总书记所强调的："中国走和平发展道路，其他国家也都要走和平发展道路，只有各国都走和平发展道路，各国才能共同发展，国与国才能和平相处。"[①] 中国历来奉行独立自主的和平外交政策，是促进世界和平发展的坚定力量。中国不把自己的发展建立在损害别国利益基础上，但也决不允许别国损害中国利益。中国追求世界和平，但决不允许别国把战争强加在自己身上。国家的主权、领土完整、安全等核心利益是国家生存发展之本，是国家的生命所在，是不可让渡、不可交易的。失去了核心利益，就失去了国家生存和发展的基础，也就失去了国家的国际社会身份与尊严。走和平发展道路必须以维护国家利益与核心安全为底线，否则，各国之间就没有和平、合作、互利共赢可言。在涉及国家主权和核心安全问题上，中国没有任何妥协退让的余地。中国坚持和平发展与维护国家核心利益的决心是坚定不移的。

（四）坚持和平发展与强军相统一

中国梦包含着强军梦，强军梦支撑着中国梦。近年来，面对我国国际环境与周边安全环境的复杂变化，我国学界先后出现了与和平发展相悖的所谓"弃武论"、"先军论"等不同战略主张。实际上，和平发展与强军并不矛盾，两者是辩证统一的。和平发展决定了我国国防与军事战略的防御性。和平发展道路强调发展的和平性、合作性、互惠性，反对武力崛起和侵略扩张，这就从根本上规定了我国国防政策的防御性。奉行防御性国防政策既是由中国特色社会主义性质和国家根本利益决定的，又是坚持走和平发展道路的必然要求。在军事战略上，我国历来坚持积极防御的战略方针，强调自卫、防御和后发制人的原则，坚持攻守兼备，以防为主，人不犯我，

---

① 习近平："更好地统筹国内国际两个大局，夯实走和平发展道路的基础"，《人民日报》2013 年 1 月 30 日。

我不犯人。无论是过去、现在还是将来，中国一直主张以和平方式解决国际争端，从来不会凭借武力侵略、扩张、欺负别国，中国从来没有在别人国土上发动过战争，从来不同任何国家搞军备竞赛，不对任何国家构成军事威胁，永不称霸，永不扩张，体现了我国国防政策一以贯之的防御性。同时，运用军事手段维护国家利益是防御性国防政策的重要内容之一，也是我国坚定不移的政策。那些指责“中国放弃和平发展道路，转向军事崛起”的言论，不是无中生有、妄加议论，就是别有所图。任何国家不要指望用制造“中国军事威胁论”的方式束缚中国发展防御性军事力量的手脚，不要指望通过污蔑中国“搞军事扩张”来约束中国维护自己的国家利益。中国发展防御性的军事力量，既是我国作为主权国家的正当权益，又是维护国家利益、实现和平发展不可或缺的战略保障。中国坚持防御性国防政策与运用必要的军事手段维护国家利益的坚定性决不会动摇。

和平发展并不意味着只有和平没有战争。由于对涉及当今时代主题的一些重大国际关系发展趋势和特点存在诸多不同认识，一些人提出了与和平发展战略不同甚至相悖的战略主张。有的人只看到当今国际体系中大国军事竞争与冲突的特性，但对经济全球化发展与国际体系转型带来的国际关系新变化、新特点等视而不见，并由此推导出和平与发展的时代主题已经发生根本性变化，认为军事威胁与霸权国的军事遏制已经成为我国最大的安全威胁，主张改和平发展为“军事崛起”，优先发展军事力量，以“军事崛起”完成中国崛起的冲刺任务，并认为舍此别无他法。有的学者只看到经济全球化发展和国际体系转型引起的国际关系新变化，只看到世界和平、发展、合作的发展潮流，却看不到世界仍然存在对和平与发展的威胁性因素。他们认为，按照国际政治发展规律，崛起的大国与现存霸权国进行竞争只会导致两败俱伤，最终成功崛起的往往是二流的不参与霸权竞争的大国，因此主张实行“搭便车”战略，限制甚至停止发展军事力量，以避免刺激霸权国，并将这一战略视为我党韬光养晦政策的主要内容之一。“先军论”推崇军事崛起、武力扩张，逆当今时代潮流而动，已经被历史证明是注定要失败的。“弃武论”把自己的安全寄托于别国之上，寄予大国羽翼之下，无疑是与虎谋皮。和平发展并不意味着只有和平没有战争，也不意味着要放弃武力。必须坚持用“两点论”方法看待当今时代主题问题。从20世纪80年代邓小平提出和平与发展的时代主题观到党的十八大，尽管我党对这一时代主题的具体内涵不断进行丰富发展，但观察分析时代主题问题的“两点论”方法始终没有改变。我党一方面强调和平、发展、合作是时代的主潮流，为和平发展道路创造了一定的时代基础和条件；另一方面又强调和平与发展始终是两个没有解决的战略问题，面临着诸多挑战和威胁。党的十八大报告一方面强调，和平与发展仍然是时代主题；另一方面又强调：“世界仍然很不安宁。国际金融危机影响深远，世界经济增长不稳定不确定因素增多，全球发展不平衡加剧，霸权主义、强权政治和新干涉主义有所上升，局部动荡频繁发生，粮食安全、能源资源安全、网络安全等全球性问题更加突出。”① 对于坚持独立自主和平外交政策的大国中国来说，“先军论”和“弃武论”既不符合中国国情，也不符合时代发展潮流，根本行不通。坚持和平发展的关键在于利用时代发展潮流发展自己，以自己的发展推进世界和平发展，不断夯实和平发展的国际社会基础。看不到这一点，就无法准确把握和平发展道路。习总书记强调指出：“世界潮流，浩浩荡荡，顺之者昌，逆之者亡。纵观世界历史，依靠武力对外侵略扩张最终都是要失败的。这就是历史规律。”②

坚持富国与强军相统一，保障和平发展。就一个国家而言，和平与发展两者之间是辩证统一的，一定程度上表现为富国与强军的

① 胡锦涛：《坚定不移沿着中国特色社会主义道路前进，为全面建成小康社会而奋斗》，人民出版社，2012年版，第46页。

② 习近平：“更好地统筹国内国际两个大局，夯实走和平发展道路的基础”，《人民日报》2013年1月30日。

关系。和平是发展的前提与保障，发展是和平的目标和基础。没有和平就不可能有发展，没有发展也不可能有持久和平。一个国家的总体战略包括发展战略与安全战略，两者是一个硬币的两面，互为一体。没有发展就不可能有国家军事力量的强大，没有军事力量保障就不可能有国家的稳定发展。和平发展战略作为我国发展战略的重要组成部分，处于决定性地位，安全战略服从服务于国家发展战略。就和平发展中的富国与强军关系而言，和平发展决定着强军的政治指向，是强军战略的政治统领。强军战略服务于和平发展，同时，和平发展需要强军的支撑。没有强军，富国就没有安全保障。基于和平发展既是当今世界的主潮流，又是没有解决的两大战略问题，必须坚持富国与强军的统一，坚持维护和平与促进发展的统一，两者不可偏废，在实现中国梦的历史进程中实现强军梦。和平发展与实施强军战略两者并不矛盾。两者统一于国家总体发展战略之中，统一于民族复兴的伟大目标之中。只富国不强军，国将不国；只强军不富国，军将不存。在实现中国梦新的历史进程中，我国的国家利益将不断拓展，国家安全空间与安全需求将不断扩大，我国安全的综合性、复杂性与多变性将不断增强，军事斗争的任务将更加艰巨与多样。正如党的十八大报告所强调的："我国面临的生存安全问题和发展安全问题、传统安全威胁和非传统安全威胁相互交织，要求国防和军队现代化建设有一个大的发展。"① 必须建设与我国国际地位相称、与国家安全和发展利益相适应的巩固国防和强大军队。这既是我国现代化建设的战略任务，又是和平发展不可或缺的重要保障。中国是维护世界和平促进世界发展的坚定力量。中国的发展是世界和平力量的发展，中国的强大是世界和平力量的强大。中国最希望和平，不希望发生战争，但必须防止别人把战争强加于我们，或者以武力相威胁攫取和损害中国的国家利益。建设巩固国防和强

---

① 胡锦涛：《坚定不移沿着中国特色社会主义道路前进，为全面建成小康社会而奋斗》，人民出版社，2012 年版，第 41 页。

大军队是守住走和平发展底线的必然要求。军队必须坚定强军梦的目标，始终牢记听党指挥的强军之魂，聚力能打仗、打胜仗的强军之要，夯实依法治军、从严治军的强军之基，全面推进军队革命化、现代化、正规化建设，以打仗的标准扎扎实实地做好各项军事斗争准备，从严、从难、从实战出发进行军事训练，确保党中央、中央军委一声令下，能够召之即来，来之能战，战之必胜。唯有如此，才能夯实我国和平发展的基石，才能守住和平发展的底线。

二、始终不渝奉行互利共赢开放战略，促进世界共同发展

党的十八大报告明确指出："中国将始终不渝奉行互利共赢的开放战略，通过深化合作促进世界经济强劲、可持续、平衡增长。中国致力于缩小南北差距，支持发展中国家增强自主发展能力。中国将加强同主要经济体宏观经济政策协调，通过协商妥善解决经贸摩擦。中国坚持权力和义务相平衡，积极参与全球经济治理，推动贸易和投资自由化便利化，反对各种形式的保护主义。"① 互利共赢的开放战略既是我国对外开放战略，又是和平发展战略的重要内容，也是我国推动建设和谐世界的重要战略举措，是实现我国与世界共同发展，促进中国与世界经济上和谐互动的重要政策机制。

（一）从政策性开放到互利共赢开放战略

1978 年底召开的党的十一届三中全会确立了改革开放的战略。

① 胡锦涛：《坚定不移沿着中国特色社会主义道路前进，为全面建成小康社会而奋斗》，人民出版社，2012 年版，第 48 页。

30年来，我党把中国人民的根本利益与世界人民的根本利益结合起来，根据我国自身发展与促进世界共同发展的需要，不断调整对外开放战略。对外开放经历了从政策性开放到互利共赢开放的发展过程。随着对外开放的推进，中国由一个相对封闭的国家变成了世界上开放度最大的发展中国家，从封闭型经济走向了开放型经济。对外开放战略的实行不仅促进了中国经济的大发展，而且推动了世界经济的发展与共同繁荣，增进了世界的和平与稳定。

从党的十一届三中全会到1992年党的十四大确立社会主义市场经济体制，我国对外开放基本上处于政策性开放阶段。在十一届三中全会上，我党把国家战略重心转移到经济建设上。为了促进经济发展，推进社会主义现代化建设，对内实行改革，对外实行开放。党中央从政治高度规划经济工作，把经济作为最大的政治来抓，以此统领对外开放全局，以特殊政策和灵活措施作为促进经济增长的生成点，鼓励对外开放。1980年，中国正式在深圳、珠海、汕头、厦门4个地方试办经济特区，实行特殊经济政策和管理制度。1983年，中央决定把经济特区的优惠政策推广至海南岛，实施海南大开发战略。1984年，中央决定开放大连、秦皇岛、天津、烟台、青岛、连云港、南通、上海、宁波、温州、福州、广州、湛江和北海14个沿海港口城市。1985年，中央将长江三角洲、珠江三角洲和闽南三角地区划为沿海经济开发区。1988年，又设立了环渤海经济开发区。1990年，中国开放浦东。1992年6月，开放芜湖、九江、岳阳、武汉和重庆5个沿江城市，不久，又开放了合肥、南昌、长沙、成都、郑州、太原、西安、兰州、银川、西宁、乌鲁木齐、贵阳、昆明、南宁、哈尔滨、长春、呼和浩特17个内陆省会城市，还陆续开放了东北、西北、西南等地70多个边境市、县。至此，通过给予特殊政策和优惠措施等方式，中国初步形成了“经济特区—沿海开放城市—沿海开发区—沿江和内陆省会城市—沿边开放城市”这样一个全方位、多层面、宽领域的对外开放格局。正如江泽民在党的十四大报告中所指出的：“兴办深圳、珠海、汕头、厦门四个经济特区是对外开放的重大步骤，是利用国外资金、技术、管理经验来发展社会主义经济的暂新试验，取得了很大成就。实践证明，经济特区姓‘社’不姓‘资’。在兴办经济特区后，又相继开放沿海十几个城市，在长江三角洲、珠江三角洲、闽东南地区、环渤海地区开辟经济开放区，批准海南建省并成立经济特区。对外开放不断扩大，两亿人口的沿海地带迅速发展，有力地推动了全国的改革开放和经济建设。”①

在邓小平南巡讲话的推动下，1992 年 10 月，中国共产党召开了具有重要历史意义的第十四次全国代表大会，确立了实行社会主义市场经济的战略。1993 年初，全国人大会议将建立社会主义市场经济体制写进了宪法，给予根本大法的保障。党的十四大提出了进一步扩大对外开放的地域，形成多层次、多渠道、全方位对外开放格局；拓宽利用外资的领域；积极开拓国际市场，促进对外贸易多元化，发展外向型经济、改革外贸体制等对外开放的新要求。社会主义市场经济体制的确立为中国全面融入世界市场，融入世界经济体系，积极参与经济全球化奠定了坚实的制度基础和机制保障。1997 年 9 月召开的党的十五大提出了“努力提高对外开放水平”的任务。除了要求完善全方位、多层次、宽领域的对外开放格局之外，十五大报告明确指出：“面对经济、科技全球化趋势，我们要以更加积极的姿态走向世界，……发展开放型经济，增强国际竞争力，促进经济结构优化和国民经济素质提高。”② 要求以提高效益为中心，努力扩大对外商品和服务贸易，优化进出口结构；坚持以质取胜和市场多元化战略，积极开拓国际市场；深化对外经济贸易体制改革，扩大企业外贸经营权；积极参与区域经济合作和全球多边贸易体系；积极有效地利用外资；更好地利用国内国外两个市场、两种资源。2002 年 11 月召开的党的十六大明确提出了“引进来”和“走出去”

① 《江泽民文选》，第 1 卷，人民出版社，2006 年版，第 215 页。
② 《江泽民文选》，第 2 卷，人民出版社，2006 年版，第 26—27 页。

相结合的对外开放战略。要求“适应经济全球化和加入世贸组织的新形势，在更大范围、更广阔领域和更高层次上参与国际经济技术合作和竞争，充分利用国际国内两个市场，优化资源配置，拓宽发展空间，以开放促进改革促进发展”。① 经过长达15年的“入关”和“入世”的艰苦谈判，2001年12月，中国正式成为世界贸易组织的成员，从而实现了国内经济制度与国际经济制度的接轨，标志着中国制度性开放基本完成。

实行社会主义市场经济体制充分激发了经济发展的活力，我国经济呈现出快速发展的态势。加入世界贸易组织之后，中国对世界经济体系的融入不断加深，与世界其他经济体之间的互动增强，同时利益摩擦与冲突也在增加，经济贸易技术等方面的竞争加剧。面对新形势、新挑战和新问题，以胡锦涛为总书记的党中央在2003年党的十六届三中全会上提出了科学发展观的重大战略思想，为开放战略的调整指明了方向。如何统筹国内发展与对外开放成为科学发展观的重要内容之一。2004年9月通过的《中共中央关于加强党的执政能力建设的决定》指出：“坚持用宽广的眼界观察世界，提高科学判断国际形势和进行战略思维的水平。深刻认识国内大局和国际大局、内政和外交的紧密关系，科学把握世界的深刻变化及其特点，主动顺应维护和平、促进发展的时代潮流，正确应对世界多极化、经济全球化和科技进步的发展趋势，做到审时度势、因势利导、内外兼顾、趋利避害。善于从国际形势和国内形势的发展变化中把握发展方向，用好发展机遇，创造发展条件，掌握发展全局。”② 在提出构建社会主义和谐社会战略任务后，如何统筹和谐中国与和谐世界建设，成为中国对外开放战略不得不思考的战略问题。为此，在十六届五中全会上，我党正式提出了“互利共赢的开放战略”。胡锦涛对此强调指出：“在国内市场和国际市场联系日益紧密的情况下，

---

① 《江泽民文选》，第3卷，人民出版社，2006年版，第551页。

② 《科学发展观重要论述摘编》，中央文献出版社、党建读物出版社，2008年版，第48—49页。

我们必须树立全球战略意识，实施互利共赢的开放战略，着力转变对外贸易增长方式，全面提高对外开放水平，扬长避短，趋利避害，在更大范围、更广领域、更高层次上参与国际经济技术合作和竞争，使对外开放更好地促进国内改革发展。”① 党的十七大报告对互利共赢开放战略做了具体阐述，指出：“把‘引进来’和‘走出去’更好结合起来，扩大开放领域，优化开放结构，提高开放质量，完善内外联动、互利共赢、安全高效的开放型经济体系，形成经济全球化条件下参与国际经济合作和竞争新优势。”② 强调“中国将始终不渝奉行互利共赢的开放战略”。“我们将继续以自己的发展促进地区和世界共同发展，扩大同各方利益的汇合点，在实现本国发展的同时兼顾对方特别是发展中国家的正当关切。我们将继续按照通行的国际经贸规则，扩大市场准入，依法保护合作者权益。我们支持国际社会帮助发展中国家增强自主发展能力、改善民生，缩小南北差距。我们支持完善国际贸易和金融体制，推进贸易和投资自由化便利化，通过磋商协作妥善处理经贸摩擦。中国决不做损人利己、以邻为壑的事情。”③ 互利共赢开放战略强调在不断增强中国经济整体国际竞争力的同时，以中国的发展和对外开放推进世界各国的互利共赢和共同发展，共建和谐世界。

党的十八大报告着眼2008年国际金融危机后世界经济发展中出现的一些新问题、新特点，如世界经济增长乏力、西方贸易保护主义上升、中国与一些世界经济体贸易摩擦增加等，进一步对互利共赢开放战略进行了调整和充实，要求通过深化合作促进世界经济强劲、可持续、平衡增长；致力于缩小南北差距，支持发展中国家增强自主发展能力；加强同主要经济体宏观经济政策协调，通过协商妥善解决经贸摩擦；坚持权利与义务相平衡，积极参与全球经济治

---

① 《科学发展观重要论述摘编》，中央文献出版社、党建读物出版社，2008年版，第51—52页。

② 胡锦涛：《高举中国特色社会主义伟大旗帜，为夺取全面建设小康社会新胜利而奋斗》，人民出版社，2007年版，第27页。

③ 同上书，第48页。

理，推动贸易和投资自由化便利化，反对各种形式的保护主义。互利共赢开放战略的不断完善，标志着我国对外开放已经提升到一个新的战略高度，充分体现了我党共建和谐世界的战略思想。

（二）发展开放型经济，实现与各国的互利共赢

改革开放以来，中国不断寻求融入世界经济体系，积极参与经济全球化，不断提升开放型经济发展水平，使中国的发展与世界经济体系密切互动。这种互动关系不是对立的、背离的，而是和谐的。中国在参与经济全球化的过程中不仅实现了自身的发展，而且反过来影响了经济全球化的运行特点和发展方向。“中国的发展某种程度上影响了世界经济的原有结构，同时又推动世界经济形成一个新的结构，这一新结构改变了既定的利益格局，但是却创造了互利共赢。”① “中国是在参与经济全球化中发展的，中国的发展是一种与世界经济互动中的发展、和谐中的发展，而不是背离中的发展，更不是对立中的发展。”② 这表现在：

中国的发展在一定程度上改变了世界市场的产品价格结构。第二次世界大战结束直到20世纪90年代，世界市场产品价格的一个鲜明特点是，初级产品如原材料和能源的价格持续下降，而工业消费品价格则稳中有升。随着经济全球化的迅猛发展，中国加速融入世界工业生产体系，世界产品价格变动趋势发生逆转。基本工业消费品价格持续下降，原材料价格大幅度上涨。其中的主要原因在于中国以低廉的劳动力价格承担了大量工业品生产和出口。中国通过引进跨国公司的投资生产和加工贸易使世界资本获得了盈利机会，使世界新技术新产品获得了在低成本生产下迅速发展的机会，从而增加了世界各国资本、技术等各种生产要素的收益。在对外开放中，

---

① 张幼文：《建设和谐世界与开放战略的调整》，上海市社会科学界第五届学术年会文集《国际责任》，上海人民出版社，2007年版，第75页。

② 张幼文：《建设和谐世界与开放战略的调整》，第74页。

跨国公司的市场和技术垄断，加上中国地方政府通过各种优惠政策吸引外资，包括税收减免、低廉的土地使用价格等，使外资企业得以在很低的成本和税负条件下进行生产，从而极大地降低了工业品价格。同时，企业的规模生产提高了效率，也降低了工业品价格。由此可以看出，中国产品的低价极大地降低了世界市场的工业品价格，并直接影响了世界相关产品的生产者，对世界各国消费者的廉价消费、世界各种高级生产要素的更多盈利、世界经济实现更高增长率等都产生了广泛影响，具有十分积极的作用。中国通过以富裕的劳动力要素参与经济全球化，对世界各国福利的运行是积极的。中国物美价廉商品的出口不仅极大地减少了发达国家和地区人民的生活支出，而且丰富了经济欠发达国家和地区的商品市场，改善了人民的生活质量。对于世界绝大多数国家的人民来说，中国的对外开放和发展不仅没有给他们带来威胁，反而给他们带来了福音。正如 2005 年公布的第一份《中国和平发展道路白皮书》所指出的："中国质优价廉的产品，在满足进口国市场需求的同时，减少了进口国的支出和通货膨胀压力，增进了各国消费者福利。……1997 年以来，随着中国商品进入美国市场，美国消费者每年至少节约数百亿美元的支出。过去 10 年，中国产品使美国消费者节省了 6000 多亿美元，仅 2004 年就节省了近 1000 亿美元。"① 因此，中国参与国际经济合作与竞争不是零和博弈，而是一场正和博弈，是共赢。"中国对世界价格体系的影响是积极的，也是有益的，这种影响促进了世界经济整体上的发展，对和谐世界的建设具有积极的意义。"②

中国的发展影响了全球产业结构布局。中国参与经济全球化不仅影响了世界市场价格体系，而且对国际产业结构产生了重要影响，导致国际产业出现了历史性的空间转移，优化了国际生产布局，使世界生产或是更接近于市场，或是更接近于最低成本的生产要素，

---

① 国务院新闻办公室："中国的和平发展道路"，《人民日报》2005 年 12 月 23 日。

② 张幼文：《建设和谐世界与开放战略的调整》，上海市社会科学界第五届学术年会文集《国际责任》，上海人民出版社，2007 年版，第 76 页。

从而提高了整个世界经济的效率。经济全球化的核心和基础是生产要素的全球流动。伴随着中国融入经济全球化，中国以自己的比较优势吸引跨国公司大规模涌入，导致跨国公司进行大规模产业转移，同时带来了生产要素和生产在亚洲等新兴工业化国家大量集聚。中国迅速成为“世界工厂”。就生产能力看，“中国制造”实至名归。2001年中国已经成为世界第四大生产国，100多种产品的产量跃居世界第一。这些产品分别为家电制造、通讯设备、纺织、医药、机械设备、化工等十多个行业。其中，彩电、洗衣机、冰箱、空调的份额分别达到29%、24%、16%、30%，电风扇和照相机的世界份额均超过50%，电话机、显示器、钟表的世界份额分别达50%、42%、75%，拖拉机和集装箱的份额高达83%。① 随着工业品总量出口不断扩大，中国在世界制成品贸易中的地位显著提高。在制造业国际分工中的地位不断上升的同时，中国主要工业品的国际市场份额也不断扩大。中国的纺织品、服装、钢铁、化学制品、汽车及制品、办公机械和通讯设备出口额占世界的比重急剧提高，由1980年的4.6%、4%、0.3%、0.8%、0%、0.1%提升至2003年的15.9%、23%、2.7%、2.5%、0.5%、12.9%。2003年后，中国主要工业品出口增长速度明显加快，表明中国制造业在越来越多的领域具备了参与国际竞争的能力。② 中国巨大的生产能力是西方发达国家各种高级生产要素与中国劳动力等各种生产要素相结合的结果。在这一国际分工体系中，中国处于国际产业链的低端地位，面临着增产不增值的窘境。但是，这一国际分工体系的形成提升了中国的国际经济地位，并给中国带来了一定的“要素增值依存性”。要素集聚所带来的整体经济规模扩大为中国国际经济地位提升奠定了一定的基础。发达国家拥有大量高级生产要素，但是离开了中国的生产过程，离开了稳定的投资生产环境，这些高级生产要素就不能增值。

---

① 王光荣：“‘中国制造’的崛起，不争的事实”，《光明日报》2002年9月11日。
② 杨丹辉：“中国成为‘世界工场’的国际影响”，《中国工业经济》2005年第9期。

由此可以看出，在20世纪90年代以来的国际分工体系中，中国经济的发展不仅成为影响国际产业结构的重要因素，而且促进世界经济的整体发展，加强了世界各国经济上的相互依存性。

中国积极参与并推动全球多边贸易体系的发展。全球多边贸易体系是经济全球化的最重要基础，是维护国际经济秩序正常运行的制度框架。尽管现行的全球多边贸易体系仍有许多不尽如人意之处，但中国却坚定不移地加入这一体系。中国严格按照“入世”协议，积极履行自己的承诺，不断开发国内市场，逐步降低关税。2005年平均关税已经降到9.9%，并取消了大多数非关税措施。在银行、保险、证券、分销等服务贸易领域加快了开放步伐。在世界贸易组织分类的160多个服务贸易部门中，中国已经开放了100多个，占62.5%，接近发达国家水平。中国清理和修改了3000多部法律、法规和部门规章，涉外经济法律体系不断完善，贸易政策透明度不断增强。中国积极推动新一轮多边贸易谈判。改革开放以来，中国一直以融入现行国际经济体系，以接受现行国际经济规则的方式参与经济全球化和各种国际经济技术合作，并取得了巨大的经济发展。

鉴于中国开放型经济发展的巨大世界经济效应，那种指责中国搞“新殖民主义”的论调是站不住脚的。国际社会部分人士指责中国为了满足自己发展的需要，“掠夺别国的能源和资源”，甚至为了能源和资源需求不讲人权，支持暴政政权等。实际上，中国今天获取能源和资源正是缘于经济全球化把中国置于工业品生产的地位所决定的。中国从来没有采取近代殖民主义者那样的把别国仅仅置于原材料供给和商品销售市场地位的政策。中国对能源和资源的需求极大地提高了发展中国家初级产品的价格，促进了发展中国家的经济发展。中国的生产是全球化的生产，中国的资源和能源需求是全球化生产的需求。因此，无论从中国与发达国家的相互关系看，还是从中国与发展中国家之间的相互关系看，中国开放型的发展模式都是一种有利于世界的互利共赢的模式。中国的发展对世界经济来说，不是威胁，而是机遇。国际社会许多有识之士充分认识到了这一点。诺贝尔经济学奖得主斯蒂格利茨指出，迅速增长的中国经济带给世界的绝非“零和游戏”，中国的成功能够促进全球经济的繁荣与稳定。世界贸易组织总干事拉米认为，将会有更多国家从中国市场开放中受益。中国经济增长有利于所有人。更有分析家指出，一个富裕的中国是维护世界和平的重要力量。那些为中国成功而忧虑的人，原本更应该为中国经济的增长是否会急剧减速而担心。[①]

中国对外开放战略的实施不仅极大地促进了自身经济增长，而且对世界经济增长的贡献不断扩大。2000—2004 年，按购买力平价计算的 GDP 新增量，中国的贡献率达 23. 1%，分别比美国、欧盟和日本高出 6%、13. 3% 和 19. 2%，成为第一大贡献国。就亚洲经济发展来说，中国已经取代日本成为亚洲经济增长的最大引擎。中国已经成为亚洲各国和地区最大的出口市场。20 世纪 90 年代中期以来，中国与东盟的贸易以年均 20% 的速度递增。2007 年，中国—东盟贸易总额达 2025 亿美元，提前突破 2000 亿美元大关。2006 年，中国与日本之间的贸易总额达 2073 亿美元，中国首次成为日本第一大贸易伙伴。中国与印度之间贸易高速增长，2007 年就提前实现了 300 亿美元的目标，达 387 亿美元。在非洲，中国采取积极措施，促进中非贸易发展，带动非洲经济增长。2006 年，中非贸易总额达 555 亿美元，中国成为非洲第三大贸易伙伴。据测算，中非贸易对非洲经济增长贡献率达到 20% 左右。2007 年，中国经济增长率达 11. 4%，对世界经济增长贡献率达 25% 左右，首次超过美国，成为对全球经济增长贡献最大的国家。英国《星期日泰晤士报》曾经发表评论指出，亚洲能摆脱 20 世纪 90 年代末的经济和金融危机，与亚洲各国和中国进行贸易有很大的关系。2001—2003 年，中国对全球经济增长贡献率约为 1/3。如果没有中国的贡献，世界经济很可能会脆弱得多。不仅是非洲和其他生产农矿产品的国家从中国的崛起

---

① 国纪平：“中国和平发展和世界共同繁荣”，《人民日报》2006 年 3 月 31 日。

中受益，日本最近的经济成功一大部分也归功于它向中国提供资本和其他设备。[①] 2008 年国际金融危机重塑了世界经济版图，中国更是成为世界经济发展的最大引擎，对世界经济增长贡献率 2009 年达 50%，2010 年达 25%，2011 年达 23%。国际舆论感叹："中国方舟拯救了世界经济"，"中国经济的增长几乎成为照耀全球经济信心的灯塔"。[②] 中国在自身发展过程中从现行国际经济体系中获得了巨大利益，与现行国际经济体系命运与共、利益攸关，决不会颠覆这一国际经济体系，只会在发展中不断推进国际经济体系的合理化和公正化，做国际经济体系的维护者、建设者和改革者，而不是反叛者和革命者。随着中国经济结构和产业结构水平的提高，中国对世界经济结构的影响力将越来越大，对世界经济体系的作用也将越来越大，将进一步推进世界经济结构水平的提升和各国互利共赢的发展。

（三）加强互利合作，实现共同发展

中国通过参与经济全球化和融入现行国际经济体系，与世界经济体系中的发达国家和发展中国家之间形成了一定的互利共赢的利益格局和结构性的相互依存关系。不仅如此，随着中国国际竞争力的增强，中国政府意识到，中国劳动力密集型产品不仅对发达国家的生产者产生了一定的影响，而且对存在竞争关系的发展中国家产生了影响。同时，随着大批新兴工业化国家的崛起，世界市场上工业品供给与需求的矛盾日益突出，对资源和能源的竞争日益激烈。为此，中国政府强调坚持以互利合作方式，努力实现与世界各国的共同发展。中国在实现自身发展的同时高度关注世界其他国家的发展，关切其他国家的利益，体现了中国负责任大国的形象。

积极参与区域经济合作。2002 年，中国与东盟确立了建立自由

---

① "英报认为中国经济的发展对世界是贡献"，新华网 2005 年 3 月 7 日。

② 任仲平："迎战国际金融危机的'中国答卷'"，《人民日报》2010 年 1 月 5 日。

贸易区的计划。2004 年 11 月，双方正式签署《货物贸易协议》和《争端解决机制协议》。2005 年 7 月，自由贸易区减税进程全面启动。2010 年，中国—东盟自由贸易区如期建成。同时，中国积极推进上海合作组织全面务实合作，启动了投资便利化进程。中国还相继启动了中国—南部非洲关税同盟、中国—海湾合作委员会、中国—新西兰、中国—智利、中国—澳大利亚、中国—巴基斯坦等自由贸易区谈判进程，并与有关国家签署了有关自由贸易区协定。中国也积极参与亚太经济合作组织、中非合作论坛、中国—阿拉伯国家合作论坛、亚欧会议、大湄公河次区域合作等活动。中国与 150 多个国家和地区签署了双边贸易协定或议定书，与 110 多个国家签署了双边投资保护协定，与 80 多个国家签署了避免双重征税协定，成为双边贸易投资自由化和便利化的积极参与者。

妥善处理贸易摩擦。中国遵守国际惯例和世界贸易组织规则，坚持在平等对话基础上，利用世界贸易组织争端解决机制处理贸易摩擦问题，并在制定和实施国内政策时切实考虑国际因素和国际影响，注意把握中国经济发展给外部世界带来的经济效应。中国根据自身改革发展需要，认真考虑汇率改革对周边国家、地区和世界经济金融的影响，稳妥推进汇率机制改革，实行以市场供求为基础、参考一篮子货币进行调节、有管理的浮动汇率制度，使人民币汇率在合理、均衡的水平上保持基本稳定。中国不断加强知识产权保护，健全知识产权保护法律体系，加大执法力度，严厉打击各种违法行为。

不断完善开放型经济体系。按照科学发展观的要求，我国把发展基点主要放在国内力量上，通过扩大内需减少对国际市场的依赖；依靠深化体制改革，促进国内资金的有效利用，减少对国际投资的依赖；依靠体制创新和科技创新，改变粗放型经济增长方式及其对世界经济的负面效应。同时，寻求在更大范围、更广领域、更高层次上参与国际经济技术合作和竞争，谋求改变在国际分工体系中的地位，通过多层次参与国际分工，既提高自身在国际分工中的利益，也充分考虑其他国家的关切，与各国共享经济全球化的利益，共创竞争中的和谐局面；谋求更高的开放效益，在出口问题上，强调改变以出口加工劳动密集型产品的单一战略，转变为多层次战略，提高出口产品质量，强调进出口贸易协调发展，减少出口对各种类型国家的市场压力和就业压力；努力创造参与国际经济技术合作与竞争的新优势，不断提升中国自主创新能力，改变我国在国际分工、国际贸易中的地位，增强与世界其他国家经济技术的互补性。

积极参与全球经济治理。2008 年国际金融危机后，中国本着同舟共济、共渡难关的精神，着眼世界经济复兴的大局，主动参与二十国集团的经济协调与合作活动，并发挥了重要作用；积极倡导和推动金砖国家合作机制建设，为此作出了巨大贡献；在帮助欧洲国家克服主权债务危机、支持发展中国家增强自主发展能力上，中国也作出了巨大贡献。同时，中国坚持权利与义务相平衡的原则，积极推动国际货币基金组织和世界银行改革，推进国际金融体制、贸易体制改革。

党的十八大后，以习近平为总书记的党中央针对中国与发展中国家关系的变化及发展中国家面临的新形势新任务，加大了与发展中国家经济上互利合作的力度，在金砖国家、周边发展中国家、非洲和拉美一些发展中国家不断加大投资和援助力度，让中国的发展更多更好地惠及相关国家，承担了一个大国应尽的责任和义务。①

三、坚持和平共处五项原则，全面发展同各国的友好合作关系

改革开放以来，特别是 20 世纪 90 年代以来，中国在对外关系

① 关于这方面的详细论述，可参见杨洁篪：《新形势下中国外交理论与实践创新》，《求是》2013 年第 16 期。

上基本形成了以大国为关键，以周边为首要，以发展中国家为立足点，以多边为舞台，以多种辅助外交为补充的对外关系格局。中国坚持以和平共处五项原则为基础，顺应时代发展需要，按照建设和谐世界的原则规定和实践要求，推动建设以合作共赢为核心的新型国际关系，拓展与世界各国和各类国际行为体的友好合作关系，身体力行地推动中国与世界各国关系的和谐发展。

（一）推动建立以合作共赢为核心的新型大国关系

大国关系在国际体系中居于核心地位，关系到国际战略格局的稳定，对地区和世界的和平与稳定具有举足轻重的影响。大国关系和谐是促进世界持久和平与共同繁荣的关键，是建设和谐世界的重要战略任务。

冷战后，随着经济全球化的深入发展和国际体系的转型，大国关系出现结构性调整和变化。江泽民指出："大国关系正经历战后以来最重大、最深刻的调整，相互借重、相互依存的关系不断发展，这对我们是有利的。大国关系的调整，是冷战后世界格局发展的必然结果，也是多极化趋势的一个突出表现。"① 由于经济全球化的深入发展导致大国之间的相互依存和共同利益不断增加，大国关系总体上呈现出相互依存、相互制约、相互借重、相对稳定的态势。当今的大国关系正在从传统的"丛林政治"时代的不结盟即对抗模式，转变为相互依存时代的合作与竞争、协调与冲突并存的发展态势。中国政府顺应时代发展要求，因势利导，积极倡导建立以合作共赢为核心的新型大国关系，并身体力行地按照建设和谐世界的实践要求和基本原则，促进与世界主要大国关系的和谐发展。这种新兴大国关系具有不结盟、不对抗、不针对第三国的特点。江泽民最早提出要积极推动新型大国关系的发展。他多次强调指出，为了把一个

① 《江泽民论有中国特色社会主义（专题摘编）》，中央文献出版社，2002年版，第566页。

和平、稳定、繁荣的世界带入21世纪，适应多极化趋势的发展，各国特别是大国应该摈弃冷战思维，不搞军事结盟和军事对抗，两个国家在发展关系时不应该针对第三国。在谈到中俄两国之间达成的战略协作伙伴时，他强调说："我们一致认为，在新世纪，中俄两国应该继续恪守不结盟、不对抗、不针对第三国的原则。"① 1993年11月，他在与美国总统克林顿会晤时提出了"增加信任、减少麻烦、发展合作、不搞对抗"的发展中美关系原则。2001年在谈到《中俄睦邻友好合作条约》时，他进一步指出："条约摒弃了那种国家关系不是结盟就是对抗的冷战思维，强调在不结盟、不对抗、不针对第三国的基础上加强相互理解、信任与合作，确立以互信求安全，以互利求合作的新型国家关系模式。"② 其次，新型大国关系着眼于大国之间的共同利益或利益汇合点，以互利求合作。中国领导人多次强调指出，应该超越社会制度和意识形态的差异，着眼于国家之间的共同利益和利益汇合点，扩大互利合作，避免或减少对抗。江泽民指出："国与国之间应该超越社会制度和意识形态的差异，相互尊重，友好相处。要寻求共同利益的汇合点，扩大互利合作，共同对付人类生存和发展所面临的挑战。"③ 在谈到中美关系时，他强调："我们应该在认清共同利益和共同责任的基础上，总结过去，着眼未来，确定发展面向21世纪的中美关系的指导方针；……积极寻求共同利益的汇合点，既要考虑自身的利益，也要考虑对方的利益。"④ 2006年4月，胡锦涛访问美国期间，与布什总统会谈时表示，中美不仅是利益攸关方，而且是建设性的合作者。再次，必须坚持相互尊重、平等相待、求同存异、增进互信、加强合作的原则。针对大国之间的利益冲突和分歧，应该着眼于长远利益和战略利益，着眼

---

① 《人民日报》1998年11月25日。

② 《人民日报》2001年8月14日。

③ 《江泽民论有中国特色社会主义（专题摘编）》，中央文献出版社，2002年版，第551页。

④ 《江泽民论有中国特色社会主义（专题摘编）》，中央文献出版社，2002年版，第564—565页。

于世界和平与发展的大局，本着相互尊重的原则，尊重对方核心利益，以平等、协商、合作的精神，在求同存异的基础上逐步加以解决。在谈到同西欧大国关系时，江泽民强调：我们愿意同西欧国家在相互尊重的基础上加强合作，增进互信，不做损害对方的事情。互利互补，促进共同发展，以发展长期稳定的友好合作关系。习近平主席在上任后首访俄罗斯时，明确提出了要推动建设以合作共赢为核心的新型国际关系的战略思想。本着上述原则，中国努力发展与世界主要大国之间长期稳定的战略合作或战略伙伴关系。

推动建设以合作共赢为核心的新型国际关系，努力实现中国与世界各个大国关系的良性互动、合作共赢，是以习近平为总书记的党中央运筹大国关系的重要理念。这既是充分汲取历史经验教训、准确把握时代潮流、将中国自身利益与世界各国利益紧密结合作出的战略选择，也是实现“两个一百年”奋斗目标的内在需要和坚持和平发展这一总体对外战略的必然要求。在这一战略思想指导下，中国与世界主要大国关系呈现出新的特点和面貌。

积极谋求建设中美新型大国关系。美国是当今世界唯一的超级大国和全球性霸权国，对国际体系具有举足轻重的影响，在亚太地区具有重要利益和影响力，是中国和平发展进程中面临的最大的国际体系性因素。中美两国之间既有巨大的共同利益，又存在着一系列结构性矛盾。美国是最大的资本主义国家和发达国家，是现存的唯一霸权国。中国是最大的社会主义国家和发展中国家，是崛起速度最快的大国。正确处理好中美关系，促进中美关系健康稳定发展，是建设和谐世界不可回避的重大问题。胡锦涛强调指出：“建设持久和平、共同繁荣的和谐世界，需要健康稳定发展的中美关系。”[①] 2013 年 6 月初，习近平主席在与奥巴马总统会晤时强调，中美合作好了可做世界稳定的压舱石、世界和平的助推器。[②]

---

① 胡锦涛：“在美国 12 个友好团体欢迎宴会上的讲话”，新华社华盛顿 2006 年 4 月 20 日电。
② 习近平：“中国梦与美国梦相通”，《文汇报》2013 年 6 月 9 日。

冷战后，尽管美国出于冷战思维，始终对中国推行接触与遏制两手并用的政策，但中国一直致力于促进中美战略互信与合作，避免和减少对抗，谋求建立健康稳定、互利共赢和建设性合作的中美关系。中国一直强调着眼于双方的共同利益和利益汇合点，着眼于世界和平与发展的大局，着眼于长远利益和战略利益，发展与美国的建设性战略合作关系。2006 年 4 月，胡锦涛访问美国期间，明确提出了“加强对话、扩大共识、增进互信、深化合作，全面推进 21 世纪中美建设性合作关系”的指导思想，呼吁“以宽广深邃的战略眼光，以互利共赢的时代思维审视和处理中美关系”。中国领导人多次表示，中国不愿与美国对抗，制造新的冷战。中国既不愿意取代苏联，更不会取代美国，而是寻求与美国和平共处，共同发展。中国尊重美国在亚太地区的利益和影响。2008 年 9 月 23 日，温家宝总理在参加联大会议期间，在美国友好团体举行的欢迎午宴上发表了题为《继往开来，共创中美关系更加美好的明天》的演讲，强调指出：“中美不是竞争对手，而是合作伙伴，也可以成为朋友。中国政府历来重视发展中美关系。我们真诚希望，中美友好合作能够走出一条不同文化背景的大国和谐相处、共同发展的光明大道。”①

近年来，随着中国快速发展，中美国力差距日趋缩小，中美关系正在发生深刻而复杂的结构性变化。一些战略学者甚至认为，未来的国际格局将重新恢复到中美两极竞争，其他国际战略力量与中美之间的差距将日益扩大，世界将出现两超与多强并存的态势。就中美关系而言，一方面，两国共同利益不断扩大，另一方面，结构性矛盾增多。中美关系处于结构性调整过程中。2013 年 6 月 7—8 日，习近平主席与奥巴马总统在加利福尼亚的安纳伯格举行元首会晤，两国领导人就构建新型大国关系达成重要共识，一致同意，中美将共同努力构建新型大国关系，造福两国人民和世界人民。习主

---

① 新华社纽约 2008 年 9 月 23 日电。

席提出了建设这种新型大国关系的五点理由，① 并用三句话对新型大国关系的内涵进行了精辟概括：一是不冲突、不对抗。客观理性看待彼此战略意图，坚持做伙伴、不做对手；通过对话合作而非对抗冲突的方式，妥善处理矛盾和分歧。二是相互尊重。尊重各自选择的社会制度和发展道路，尊重彼此核心利益和重大关切，求同存异，包容互鉴，共同进步。三是合作共赢。摒弃零和思维，在追求自身利益时兼顾对方利益，在寻求自身发展时促进共同发展，不断深化利益交融格局。习主席提出要在新起点上增进中美跨太平洋合作，强调中美要在加强对话、增进互信、发展合作、管控分歧的过程中，不断推进新型大国关系建设。双方要提升对话互信水平，在开展务实合作方面采取新步骤，建立大国互动新模式，探索管控分歧新办法。

中美建立新型大国关系前无古人，后启来者，是一项没有成功经验可循的历史创举，不会一帆风顺，但只要两国认清形势、认准目标、坚定信心、不断推进，就一定能推动中美关系健康稳定发展。只要中美两国顺应时代潮流，着眼于世界和平与发展大局，牢牢把握以相互尊重、合作共赢为核心的新型大国关系的基本要求，着眼于两国之间的共同利益和利益汇合点，彼此尊重对方的核心利益，不断增强战略互信，妥善处理两国之间的矛盾与分歧，在求同存异的基础上不断加强合作，就有可能避免中美两国实力对比变化带来的结构性矛盾冲突，保持中美关系的和平稳定发展，为建设持久和平共同繁荣的和谐世界做贡献。

不断深化和拓展中俄战略协作伙伴关系。中俄两国是世界大国，在国际新秩序建设方面有着高度一致性。推进中俄战略协作伙伴关系的深化和发展是建设和谐世界的重要环节，也是确保中国周边和谐稳定的重要战略举措。在当前亚太格局急剧变化的形势下，加强中俄两国实质性的战略合作，对促进亚太和平与发展具有特别重要

---

① 参见习近平：“中国梦与美国梦相通”，《文汇报》2013年6月9日。

的意义。不断深化和拓展中俄战略协作伙伴关系是建设和谐世界的重要支撑。

目前，“中俄关系是世界上最重要的一组双边关系，更是最好的一组大国关系”。① 表现在：政治互信上升到新的水平，成为好邻居、好伙伴、好朋友；两国友好合作关系日益制度化和规范化；两国各个层次的战略磋商与联系机制日趋完善和多样化；各个领域的友好往来和合作不断深入；经贸合作不断加强，水平稳步提升；能源等领域重大合作项目取得新突破；军事领域的合作不断深化；两国在国际与地区事务中加强协作与配合；边界问题完全解决。中俄战略协作伙伴关系的不断发展和深化，不仅造福两国人民，而且对建设和谐世界具有重要的推动作用。2013 年 3 月底，习近平担任国家主席后把首次出访定在俄罗斯。中俄两国领导人不仅就中俄关系的未来发展达成了一系列协定，为推进中俄关系从政治、安全领域进一步向经济、社会、人文、民间拓展奠定了坚实基础，而且两国领导人就建立以合作共赢为核心的新型国际关系达成了高度一致，对推进新型国际关系发展将具有重要作用。

谋求建立中日战略互惠关系。日本是中国重要邻国，两国同处东亚。发展健康稳定的中日关系不仅有利于促进两国的共同安全，造福两国人民，而且有利于促进亚太地区乃至世界的和平与发展。

进入 21 世纪，基于中日实力对比的深刻变化，中国经济总量和综合国力超越日本，引起了日本对华心态上的失落甚至怨恨。日本右翼政治势力有意利用这一事态捞取民意，日本政治右倾化导致日本对外战略向所谓“正常世界大国”转向，急欲摆脱第二次世界大战后确立的国际体制的束缚，谋求成为世界军事大国。加上美国推行“亚太再平衡”战略，有意利用日本牵制我国，强化美国在亚太的主导地位，不断释放日本的军事能量，鼓励日本在一定限度内

① 习近平：“顺应时代前进潮流，促进世界和平发展——在莫斯科国际关系学院的演讲”，《人民日报》2013 年 3 月 24 日。

增强军事力量，为美国亚太防御体系做贡献。在这些因素刺激下，日本政府在对华关系上日趋强硬，在钓鱼岛和东海海洋权益争端、亚太秩序建构、历史认识问题、军备竞赛等方面不断挑衅中国，导致中日关系进入了20世纪70年代以来的最低点，出现了“政冷经衰”的局面。不仅两国之间的政治交往，特别是高层领导人之间的政治交往停滞，而且两国经济贸易合作呈现一定的下降趋势。

中国政府历来认为中日两国关系和则两利，斗则两败，应该从战略高度和世界和平与发展的大局出发，从两国人民的福祉出发，妥善处理和发展两国关系。针对日本借助美国的支持，在钓鱼岛、历史问题、东海海洋权益等问题上不断挑衅的做法，中国在对其进行有理有力有节斗争的同时，积极谋求推进中日战略互惠关系的发展。对日本实现钓鱼岛所谓“国有化”的挑衅行为，中国政府从经济、政治、军事、法律、舆论、民间和官方等各个领域和路径进行了全面反制，有效遏制了日本的企图，并在钓鱼岛问题上不断扩大我国的主动权。

目前，中日两国国力对比仍然处于急剧变化之中，日本对华民意短期内不可能得到改善，加上日本金融危机后出现的国内经济政治困局，日本政治家无力改变目前中日关系的困局。中国的对日斗争将是长期的。中日关系走向健康稳定的发展道路尚需时日。无论如何，中国政府致力于推动中日战略互惠关系发展的立场和态度不会改变。

积极推动中欧（盟）全面战略伙伴关系。建立和谐的中欧关系是建设和谐世界的重要环节。中欧之间无论在全球战略层面，还是在双边关系层面都存在着巨大的共同利益。就全球战略层面看，中国与欧洲具有许多相同或相近的国际战略理念。欧洲联盟鉴于战争给欧洲造成巨大灾难的历史教训，在第二次世界大战后走上了通过加强一体化合作的联合自强的道路。这条道路是以共同经济利益为基础，以制度和法制为保障，以合作治理为特点的和平发展之路，与中国倡导的和平发展道路有某些相同或相近之处。在对外战略方面，欧盟强调多边合作，以经济杠杆为主要手段，反对唯军事和武器论的安全观，倡导合作安全。相同或相近的战略理念使中欧双方在全球战略层面具有诸多共识。双方都主张推进世界多极化，建立以多极为基础的国际秩序，坚持以多边主义处理国际问题，注重发挥联合国的作用，强调以和平方式，通过协调与磋商解决争端，反对动则使用武力；中欧在防核扩散、反对恐怖主义、裁军和军备控制，以及应对非传统安全等方面都存在着许多共识。当然，在全球战略层面，中欧之间也存在着一定分歧和矛盾。就中欧双边关系而言，中欧之间存在着巨大的共同利益。双方各处欧亚大陆东西两端，不存在地缘战略竞争和直接的军事威胁；在经济贸易领域，中国历史上曾经是欧洲重要的海外市场。中欧之间历史上有着悠久的联系。随着中国改革开放的推进，中欧之间经济贸易关系发展迅速。欧洲是当今世界第一大经济体，中国是当今世界经济增长速度最快的国家，中欧之间经济上存在巨大的互补性，巨大的共同利益为中欧关系的平稳发展奠定了坚实基础。自 1975 年中国与欧洲共同体建立正式关系后，中国与欧洲及其主要大国的关系发展一直比较顺利。特别是经过 1989 年“政治风波”的短暂波折后，1995 年开始，欧洲在其推行的新亚洲战略中特别重视发展对中国的关系。1995 年到 2003 年，欧盟先后发表了 5 份对华政策文件。伊拉克战争后，中欧关系出现了新发展的态势，中国通过了第一份对欧盟政策文件。中欧关系进入了新阶段。外界普遍认为，1995 年到 2005 年是中欧关系发展的“蜜月期”。中国与欧盟及其主要大国之间确立了全面战略伙伴关系。尽管 2006 年后中欧关系出现了一些波折和问题，但是中国政府始终坚持以和平共处五项原则为基础，着眼于中欧之间的共同利益，从维护世界和平与发展的大局出发，处理中欧关系中出现的问题，力求使中欧关系走上正常化。2008 年金融危机为中欧关系的发展带来了转机。为了改善中欧关系，缩小中欧贸易逆差，中国主动派出庞大政府采购团，前往欧洲国家进行大规模采购。中国还提议建立中欧经贸高层对话机制，探讨中欧贸易、投资和经济合作问题。这一建议得到欧盟的响应。2009 年 1 月底 2 月初，温家宝总理访问了欧盟总部和英国、德国、西班牙与瑞士四国，进一步表达了发展与欧洲联盟和欧洲国家关系的立场和原则。欧盟各国鉴于中国巨大的市场和经济利益，鉴于与中国存在的诸多全球战略层面的共同需求，特别是在金融危机的冲击下，欧洲各国经济形势更加严峻，对中国市场和资本的需求更显突出。2008 年 2 月到 3 月，法国先后派遣包括前总理拉法兰在内的多名特使前往中国寻求改善对华关系。同年 4 月，欧盟委员会主席巴罗佐率领欧盟大型代表团访问中国，力图修补中欧关系。在各方共同努力下，中欧关系得到全面恢复和发展。中欧之间的共同利益远大于彼此间的矛盾和分歧。只要本着相互尊重、相互信赖、相互借鉴、合作共赢的原则，双方的关系就一定会有更加广阔的发展前景。

不断发展中印战略合作伙伴关系。印度是中国的邻国，也是正在崛起的发展中国家，是建设和谐世界可以借助的重要战略力量。中印两国同时崛起使得两国之间既存在一定的战略竞争，也存在发展带来的巨大共同利益。如何促进两国共同利益的增长，并使中印之间的竞争良性化，是发展中印关系和建设和谐世界必须考虑的重要问题。印度国内主流观点认为，与中国建立稳定、合作和互利的关系符合其国家利益。虽然有些战略学者和官员认为中国将对印度构成“长期威胁和竞争”，但他们同时认为，印度可以通过经济接触、军事准备、大国平衡外交，把这些威胁和竞争限制在可控范围之内。印度总理曼莫汉·辛格认为：“印度准备面对新的全球化的世界。中国是这个新世界的重要组成部分。我们必须与中国接触，学会既与它竞争，又与它合作。”[①] 基于这些认识，印度对我国采取防范与合作并举的两手战略。中印两国不仅彼此间存在巨大共同利益，而且在国际战略层面存在诸多共识。两国都处在着力发展经济、促进社会全面均衡协调发展阶段，急需和平稳定的国际安全环境和互

① 《参考消息》2008 年 1 月 15 日。

利合作的国际经济条件。作为发展中的大国，两国都主张推进世界多极化和国际关系民主化，推进国际秩序公正化与合理化改革；两国都面临着一系列非传统安全威胁，在这一领域存在巨大合作空间。从中印关系的发展态势看，随着两国经济社会快速发展，两国之间的共同经济利益将不断增加。经过20世纪90年代10年的发展，中印关系稳步前进，从“冷和平”进入到“热合作”状态。2005年是中印建交55周年。温家宝总理访问印度，两国达成了面向和平与繁荣的战略合作伙伴关系。2006年1月，胡锦涛访问印度，提出发展和充实战略合作伙伴关系的“十项战略”。2008年1月13—15日，印度总理辛格访问中国。在两国共同推动下，中印关系取得了长足的发展。两国各个层次交往频繁，各个领域交流与合作增加，双方投资贸易不断增长。在边界问题上，两国达成了解决边界问题政治指导原则的协定，同意分三个阶段完成边界谈判。两国在地区与全球事务上协调与沟通不断加深。印度成为上海合作组织观察员，中国成为南亚国家联盟列席成员。两国在亚太、东亚、东南亚、中东等地区事务上也有协调与合作。在全球事务中，中国与印度都坚持独立自主的外交政策，都主张推动世界多极化、建立公正合理的国际新秩序，反对霸权主义。印度政府对中国提出的建设和谐世界理念有着一定的共识。要使中印关系的发展服务于建设和谐世界的需要，中印两国今后还必须进一步增进沟通与协调，加强战略互信，妥善处理彼此间的分歧和矛盾；利用两国经济社会大发展的机遇，不断加强经济贸易合作，增强彼此间的相互依存，增进共同利益；同时，加强两国关系的机制化和制度化建设。

（二）拓展睦邻友好外交，致力于促进亚洲和谐

睦邻友好是中国的外交传统。20世纪90年代以来，随着亚太格局的变化和区域化的发展，中国适时调整了周边外交政策，以进一步拓展睦邻友好合作关系。江泽民指出：“中国的安全和建设，需要

周边国家的合作与支持。中国的发展与稳定，也必将符合亚太地区各国的利益，也符合中国的利益。”① “中国致力于发展同周边国家的睦邻友好合作不是权宜之计，而是顺应时代要求，从中国和本地区各国人民长远利益作出的必然选择。”② 2002 年 10 月，十六大报告提出了“与邻为善、以邻为伴”的周边外交方针。2003 年 12 月，温家宝在出席中国—东盟首脑会议上提出了“睦邻、安邻、富邻”的发展周边关系的原则。2005 年，胡锦涛正式提出了建设和谐世界的倡议。为促进中国与周边国家的友好合作，中国政府采取了一系列战略举措：

一是妥善处理和解决边界与领土争端。从 1994 年到 2004 年，中国与俄罗斯，中亚的哈萨克斯坦、塔吉克斯坦、吉尔吉斯斯坦等国划定了全部的边界。1999 年底，中国与越南签订了关于陆地和北部湾边界条约。2005 年 4 月 11 日，温家宝总理访问印度期间，两国达成了《关于解决边界问题政治指导原则的协定》，开始了新的边界谈判。双方一致同意，在解决边界问题之前，保持实际控制线地区的和平与稳定，运用和平方式解决边界争端。中国本着搁置争议、共同开发的原则，致力于和平解决南海争端。2002 年 11 月，中国与有关国家达成了《南海各方行为准则宣言》，与多个国家签署了联合开发南海能源的协议，使这一被西方战略界称为“第二个波斯湾”的热点问题得到了控制。2005 年 3 月，中国与越南和菲律宾在南海共同开发上迈出了重要步伐，签署了《在南中国海协议区三方联合海洋地震工作协议》。2005 年，中国与朝鲜就联合开发南黄海部分海域油气资源达成协议，暂时消除了与朝鲜和韩国的争议。中国与日本就钓鱼岛和东海大陆架争端问题进行了多轮战略对话与磋商。2008 年 6 月，在胡锦涛访问日本达成原则协议的基础上，两国就合作开发部分油气田达成协议。

---

① 《人民日报》2001 年 7 月 18 日。

② 《江泽民论有中国特色社会主义（专题摘编）》，中央文献出版社，2002 年版，第 529 页。

二是积极倡导新安全观，促进与周边国家安全领域的互信与合作。1994年7月，东盟地区安全论坛一建立，中国就参与了该组织的对话与合作，并在会议上首次提出新安全观的理念，承诺以和平共处五项原则为基础，建立地区安全秩序，促进地区的和平与稳定。在上海五国元首会晤机制建立后，中国积极推动有关国家达成了关于加强边界和军事领域互信的协定。与此同时，中国积极开展与日本、东盟等国的安全对话。在印巴核争端、朝鲜核危机、南海争端、克什米尔争端等地区热点问题上，中国积极主动劝和，做了大量的疏导和调解工作，为维护地区和平与安全作出了巨大贡献。中国还积极促进把危机转化为合作的契机，倡议以朝核问题六方会谈为基础，建立东北亚安全合作机制。中央决定继续推进朝鲜核问题六方会谈，抓紧研究半岛和平稳定机制和东北亚安全机制建设问题，力争建立我国能够发挥主导性作用的东北亚安全合作机制。在南海争端问题上通过共同开发，建立经济协作区。

三是坚持开放包容、合作共赢，与周边国家建立命运利益共同体。1997年，东南亚金融危机期间，中国在自身经济面临巨大困难的情况下，主动向东南亚国家提供了40多亿美元的援助，并承诺人民币不贬值，还主动向东南亚国家开放市场，为东南亚国家走出经济困境作出了积极的贡献。这一事件也成为中国进一步加强与东南亚国家关系的重要转折点。随着中国经济的高速增长，中国与周边国家的经济合作与贸易往来加速发展。2013年10月初，习近平主席出席在印度尼西亚巴厘岛召开的亚太经合组织非正式领导人会议时，明确表示中国将给亚太发展带来更大机遇，强调要开放包容、合作共赢，不能相互踩脚。中国希望同亚太伙伴们携手同心，共同创建引领世界、惠及各方、造福子孙的美好亚太。中方希望形成合力，共同推动亚太经济一体化进程。中方对任何有利于亚太区域融合的机制安排都持开放态度，同时认为，有关安排应该建立合作而非对立的关系，倡导开放而非封闭的理念，寻求共赢而非零和的结果，实现一体化而非碎片化的目标。要相互借鉴、相互促进，形成彼此融合、互为补充的局面。致力于开放式发展，坚决反对贸易保护主义。坚定信心，为多边贸易体制注入新的活力，共同推进命运利益共同体的建立。

四是促进区域合作，为建设和谐亚洲提供机制保障。20世纪90年代以来，中国适应区域化合作不断发展的趋势，因势利导，不断推进周边地区不同层次的区域合作。从周边地区的北、东、西三个方向不断推进区域合作。1996年4月，中国积极推动和倡导建立了上海五国元首会晤机制，2001年正式组建了上海合作组织。如今这一组织已经发展成为促进俄罗斯、中国和中亚各国在政治、经济、安全等方面进行全面合作的重要平台。印度、伊朗、巴基斯坦已成为该组织的列席成员。1997年12月，中国正式参与中国、日本、韩国与东盟10国之间的“10+3”和中国与东盟10国之间的“10+1”磋商机制。中国与东盟确立了睦邻互信伙伴关系框架。2002年11月4日，中国与东盟10国正式确立了建立中国—东盟自由贸易区的计划，2010年正式建成中国—东盟自由贸易区。2003年，中国正式签署了《东南亚友好合作条约》，明确承诺以和平方式解决国际争端，不以武力或武力威胁成员国。2005年中国与南亚国家联盟建立了机制性联系，并参与了南亚国家联盟首脑会议，进一步促进了与南亚国家联盟的合作。此外，中国还积极参与亚太经济合作组织的活动以及次区域经济合作，如湄公河区域合作、图门江区域合作等。2005年4月，胡锦涛在亚非峰会上提出了建设和谐亚洲的倡议，强调进一步加强亚洲区域合作。周边区域合作的发展不仅进一步密切了中国与周边国家的睦邻友好关系，而且对于化解美国主导的亚太地区军事同盟体系对我国的压力，具有独特而重要的作用。

近年来，随着中国的快速发展和亚太格局的急剧变化，中国周边安全局势错综复杂。2008年的国际金融危机加速世界地缘权力中心向亚太转移，导致亚太各大国战略和亚太格局急剧调整。美国推行“亚太再平衡”战略，力图牵制中国亚太影响力的拓展。中国在金融危机后国际地位的急剧提升加速了亚太格局调整。与我国存在领土和海洋权益争端的周边国家急于借助外域势力获取既得利益，不断向我挑衅，制造事端。金融危机后，海洋资源和权益竞争的激化进一步加剧了我国周边海洋权益争端问题。面对错综复杂的周边安全局势，如何经略大周边，建设和谐亚洲，成为全面建成小康社会新阶段我国外交不得不面对的重要问题。对此，十八大报告再次强调，坚持与邻为善、以邻为伴，巩固睦邻友好，深化互利合作，努力使自身发展更好地惠及周边国家。

党的十八大后，以习近平为总书记的党中央认真审视中国与东盟国家关系的新变化，明确提出坚持正确的义利观，加强与周边发展中国家的友好合作，经略大周边，强调正视周边发展中国家的发展任务和需求，加大对周边国家经济发展的扶助，让中国的发展更多更好地惠及周边发展中国家。在 2013 年博鳌亚洲论坛年会上，习近平主席重申了这一政策主张，并强调“亲望亲好，邻望邻好”。在这次会议上，习近平主席就推进亚洲和世界的共同发展提出了四点建议：勇于变革创新，为促进共同发展提供不竭动力；同心维护和平，为促进共同发展提供安全保障；着力推进合作，为促进共同发展提供有效途径；坚持包容开放，为促进共同发展提供广阔空间。他还表示：中国将继续妥善处理同有关国家的分歧和摩擦，在坚定捍卫国家主权、安全、领土完整的基础上，努力维护同周边国家关系和地区和平稳定大局。中国将在国际和地区热点问题上继续发挥建设性作用，坚持劝和促谈，为通过对话谈判妥善解决有关问题作出不懈努力；中国将继续推动亚洲和世界范围的地区合作。9 月中旬，习主席在上海合作组织比什凯克峰会上提出弘扬“上海精神”，促进各国共同发展，打造上合组织命运利益共同体的战略思想。2013 年 10 月初，习主席出访印度尼西亚和马来西亚，并出席亚太经合组织非正式首脑会议，促成了中国与印度尼西亚和马来西亚之间全面战略合作伙伴关系的建立。

李克强总理在出席文莱东盟峰会时，倡导中国与东盟之间的合作关系要在过去“黄金十年”的基础上，寻求新的战略突破，携手建立更加紧密的中国—东盟命运共同体。为此，今后10年，中国与东盟之间将建立宽领域、深层次、高水平合作框架，推动双方合作迈上新台阶，为本地区人民带来更多福祉。他表示，中国愿意与东盟积极探讨签署睦邻友好合作条约，夯实双方战略互信的政治基础；加强安全领域交流与合作，完善中国—东盟防长会议机制，在非传统安全领域深化合作；打造中国—东盟自由贸易区的“升级版”，在货物贸易、服务贸易、投资合作等领域采取实质性举措，进一步提升贸易投资自由化、便利化水平，实现2020年贸易总额达到万亿美元的目标；推动互联互通建设，加强软硬件建设，筹建亚洲基础设施投资银行，优先为东盟一些国家基础设施建设提供融资支持；加强金融合作，共同防范新的风险，扩大双边货币互换的规模和范围，增加跨境贸易本币结算试点，强化清迈倡议多边化合作等；发展海上合作伙伴关系，推动海洋经济尤其是渔业、海上互联互通、海上环保和科研、海上搜救等领域务实合作，共同建设21世纪“海上丝绸之路”；密切人文交流，双方共同制定《中国—东盟文化合作行动计划》，促进文教、青年、智库、媒体等领域交流。在东亚合作问题上，中国主张坚持“东亚合作精神”，坚持东盟主导、协商一致、照顾各方舒适度等一些行之有效的原则，发扬光大具有东亚特色的区域合作模式。在南海问题上，中国将坚持与东盟国家对话与合作，切实维护南海地区的和平稳定。这不仅是中国自身发展的需要，也是维护东亚地区和平与发展的需要。

（三）加强与广大发展中国家的团结合作

加强与发展中国家的团结与合作历来是我国外交的立足点。江泽民指出：“广大发展中国家是反对霸权主义与强权政治、促进世界和平与发展的主要力量，是推动建立公正合理的国际政治经济新秩序的主力军，是我们在国际舞台上的同盟军。要始终把加强同发展中国家的团结与合作，作为我国对外政策的基本立足点，充分发挥我们同发展中国家互相支持的政治优势。”① 发展中国家是建设和谐世界的主力军。作为最大的发展中国家，中国历来坚定地站在发展中国家一边，致力于加强与发展中国家的团结与合作，维护发展中国家权益。面对冷战后国际关系的复杂变化，为进一步加强与发展中国家的团结合作，中国逐步调整对发展中国家的政策，采取切实可行的措施，促进中国与发展中国家关系的发展。十八大报告指出："我们将加强同广大发展中国家的团结合作，共同维护发展中国家正当权益，支持扩大发展中国家在国际事务中的代表性和发言权，永远做发展中国家的可靠朋友和真诚伙伴。”② 习近平主席强调，中国将进一步推进南北对话与南南合作，加强与包括金砖国家在内的广大发展中国家在各个领域的团结与合作，为发展中国家的发展作出应有的贡献。

一是加强与发展中国家在反对霸权主义和强权政治领域的团结合作。在国际人权斗争领域、国际经济机制制定与改革方面，中国与发展中国家密切合作，相互协调；在推进国际秩序公正化合理化方面，中国与发展中国家密切合作，共同努力，建立了一系列多边和双边合作机制，为促进国际经济政治秩序的改进发挥重要推动作用。

二是调整对发展中国家的援助战略，促进与发展中国家的经济合作。从20世纪90年代中期开始，中国逐步调整对发展中国家的援助战略。一方面，中国开始实行“引进来”和“走出去”相结合的对外开放战略；另一方面，绝大部分发展中国家都推行开放政策和市场经济，寻求国际经济合作。这为促进中国与发展中国家的经济贸易合作创造了条件。中国适时调整对发展中国家的援助战略，从原来的援助方式比较单一（主要以无偿援助为主）和援助资金来源单一（主要以政府财政拨款为主）转向援助方式多元化，援助资

① 《江泽民论有中国特色社会主义（专题摘编）》，中央文献出版社，2002年版，第551页。
② 胡锦涛：《坚定不移沿着中国特色社会主义道路前进，为全面建成小康社会而奋斗》，人民出版社，2012年版，第48页。

金来源多渠道化。1995 年前后，中国开始调整对非洲的援助战略。在援助方式上，在保留部分无偿援助的同时，侧重以合资合作项目建设、人力资源援助、经济合作援助等为主。援助资金从以政府财政拨款为主，转向政府、企业和其他渠道筹措资金。如在中非合作中，由中国政府担保和提供一定的财政补助，鼓励中国企业到非洲投资，与非洲国家进行合资合作项目建设。2013 年，习近平主席在首次出访非洲期间明确提出要以“真、实、亲、诚”四字为箴言，开展对非洲的合作，表示中国将不折不扣落实对非洲的承诺，不附加任何政治条件，重在帮助非洲国家把资源优势转化为发展优势。在出访特立尼达和多巴哥、哥斯达黎加时，习主席与有关国家领导人落实了一大批重大合作项目，充分体现了我国帮助中美洲有关国家发展的诚意。习主席宣布，中国将面向加勒比海国家设立优惠贷款和基础设施专项贷款，以帮助这些国家发展经济。这一举措受到有关国家的欢迎，增进了这些国家对中国的信任。

三是加强与发展中国家的多边合作。为了进一步推动南南合作，中国主动倡议和推动与发展中国家的一系列地区合作组织加强联系与合作，通过多边舞台，加强同发展中国家的团结与合作。中国与非洲国家联盟建立了中非合作论坛，中国与海湾合作委员会、阿拉伯国家联盟、拉美地区的南方共同市场，包括周边地区的区域合作组织（如东盟等）都建立了联系或合作机制。

（四）积极参与多边事务，推动国际秩序和国际体系朝着公正合理方向发展

20 世纪 90 年代中期以来，为了适应经济全球化和区域化发展的需要，中国对国际体系融入的深度和广度不断加强，中国在各种国际组织中的权益也日益增加。中国逐步加强了多边外交，以增加中国的发言权，维护中国在多边外交舞台的利益。从党的十五大提出参与多边外交开始，每届党代会报告在有关外交问题部分都把多边

外交作为中国对外政策的重要组成部分。十五大报告指出：积极参与多边外交活动，在联合国和其他国际及区域性组织中发挥作用，支持发展中国家维护自身正当权益。十七大报告再次强调指出："我们将继续参与多边事务，承担相应国际义务，发挥建设性作用，推动国际秩序朝着更加公正合理的方向发展。"① 十八大报告强调："我们将积极参与多边事务，支持联合国、二十国集团、上海合作组织、金砖国家等发挥积极作用，推动国际秩序和国际体系朝着公正合理的方向发展。"②

中国多边外交呈现出以下特点：一是全方位性。中国不仅积极参与联合国这个全球最大的多边外交舞台的活动，而且与世界上其他重要区域性组织都建立了一定的联系和合作机制，与世界上几乎所有主要的国际组织进行交往，甚至包括北约组织。二是多领域性。中国多边外交涉及经济、政治、安全、生态、社会等各个领域。三是参与态度更为积极主动。中国不仅积极寻求加入一些重要国际组织，如世界贸易组织，而且主动推动建立一些国际组织，如上海合作组织、"10+3"和"10+1"磋商机制、亚欧首脑会议等。中国还积极推动有关朝核问题的六方会谈，并寻求在六方会谈基础上建立朝鲜半岛和平稳定机制和东北亚安全合作机制。四是中国多边外交呈现出以联合国为主要舞台，以周边为首要，以发展中国家为重点的布局特征。

2008年金融危机后，大国的竞争进一步聚焦于国际机制与规则；中国进一步加强了对多边外交的参与，在多个国际组织中的地位和作用不断加强，如二十国集团、世界银行、国际货币基金组织、金砖国家首脑会晤机制等。随着中国的快速发展，中国的多边外交将进一步活跃和丰富多彩。

---

① 胡锦涛：《高举中国特色社会主义伟大旗帜，为夺取全面建设小康社会新胜利而奋斗》，人民出版社，2007年版，第49页。

② 胡锦涛：《坚定不移沿着中国特色社会主义道路前进，为全面建成小康社会而奋斗》，人民出版社，2012年版，第48页。

（五）充分发挥多种辅助外交的作用，夯实国家关系发展社会基础

随着中国对外开放不断扩大，中国与世界的联系日益紧密，中国融入国际体系的深度和广度不断加强，中国国内各个领域、各个层次，甚至个人与国际社会的交流与往来也不断增多。全球化和全球信息网络的发展导致国内问题国际化和国际问题国内化趋势不断加强。各种新形式的外交，如公众外交、舆论外交、政党外交、民间外交、军事外交等作用不断提升。人们常说的“全球化时代，外交无所不在”，反映了当今外交发展的新趋势。为了适应这一趋势发展的需要，更好地促进中国与世界各国的友好合作，促进中国人民与世界各国人民的相互了解，增进彼此友情，我国充分重视发挥各种辅助外交在国家外交战略中的作用。胡锦涛在十七大报告中指出：“我们将继续开展同各国政党和政治组织的交流合作，加强人大、政协、军队、地方、民间团体对外交往，增进中国人民和各国人民的相互了解和友谊。”① 十八大报告强调：“我们将扎实推进公共外交和人文交流，维护我国海外合法权益。我们将开展同各国政党和政治组织的友好往来，加强人大、政协、地方、民间团体的对外交流，夯实国家关系发展社会基础。”② 习近平主席明确指出，国之交在民亲，必须大力加强与各国的文化和民间交流，促进各国人民之间的友好往来，不断增进人民之间的友谊。

总之，党的十八大规划了中国未来一段时期的外交战略，揭示了中国人民愿与世界各国人民一道，为推动建设持久和平、共同繁荣的和谐世界而努力奋斗的决心和信心。中国主张顺应和平、发展、

---

① 胡锦涛：《高举中国特色社会主义伟大旗帜，为夺取全面建设小康社会新胜利而奋斗》，人民出版社，2007 年版，第 49 页。

② 胡锦涛：《坚定不移沿着中国特色社会主义道路前进，为全面建成小康社会而奋斗》，人民出版社，2012 年版，第 48—49 页。

合作的时代潮流，适应经济全球化与国际体系转型的需要，坚定不移走和平发展道路，奉行互利共赢的对外开放战略；以和平共处五项原则为基础，积极拓展与世界各国的友好合作关系，积极推动建设持久和平与共同繁荣的和谐世界。展望未来，在向中国梦迈进的历史新征程中，具有和平主义和崇尚公平正义传统的中国人民，必将伴随着强国强军梦的实现，不断为人类和平与发展的崇高事业作出更多更大的贡献，为推动建设持久和平、共同繁荣的和谐世界倾注更大的力量，为实现中国梦的世界图式作出更大的努力，让中国梦不仅造福中国人民，而且造福世界人民。

参考文献

1. 胡锦涛：《坚定不移沿着中国特色社会主义道路前进，为全面建成小康社会而奋斗》，人民出版社，2012 年版。

2. 本书编写组：《十八大报告辅导读本》，人民出版社，2012 年版。

3. 《马克思恩格斯选集》（1—4 卷），人民出版社，1995 年版。

4. 《毛泽东选集》（1—4 卷），人民出版社，1991 年版。

5. 《毛泽东外交文选》，中央文献出版社、世界知识出版社，1994 年版。

6. 《周恩来外交文选》，人民出版社，1990 年版。

7. 《邓小平文选》（2、3 卷），人民出版社，1993 年版。

8. 《江泽民文选》（3 卷本），人民出版社，2006 年版。

9. 《江泽民论有中国特色社会主义（专题摘编）》，中央文献出版社，2002 年版。

10. 《科学发展观重要论述摘编》，中央文献出版社、党建读物出版社，2008 年版。

11. 《深入学习实践科学发展观活动领导干部学习文件选编》，中央文献出版社、党建读物出版社，2008 年版。

12. 胡锦涛：《论构建社会主义和谐社会》，中央文献出版社，2013 年版。

13. 《毛泽东邓小平江泽民论科学发展》，中央文献出版社、党建读物出版社，2008 年版。

14. 上海社会科学联合会：《和谐世界——和平发展与文明多样性》，上海人民出版社，2006 年版。

15. 梁守德等：《全球化与和谐世界》，世界知识出版社，2007 年版。

16. 杨洁勉等：《大体系——多极多体的新组合》，天津人民出版社，2008 年版。

17. 黄仁伟等：《中国和平发展道路的历史选择》，上海人民出版社，2008 年版。

18. 王军旗主编：《十七大以来党的理论创新与实践创新》，人民日报出版社，2012 年版。

19. 江凌飞主编：《高举和平、发展、合作旗帜》，国防大学出版社，2007 年版。

20. 郑必坚：《思考的历程——关于中国和平发展道路的由来、根据、内涵和前景》，中共中央党校出版社，2006 年版。

21. 王西欣主编：《深入贯彻党的十八大精神丛书》（4 卷本），人民出版社，2012 年版。

22. 毕京京等主编：《坚持和发展中国特色社会主义的时代号角》，国防大学出版社，2013 年版。

23. 赵进军主编：《和平 · 和谐 · 合作——中国外交十年历程》，世界知识出版社，2012 年版。

24. 林辉基：《科学发展观——和谐世界论》，山东人民出版社，2008 年版。

25. 李忠杰：《走向未来的中国与世界》，中共党史出版社，2012 年版。

26. 张蕴岭主编：《中国与世界：新变化、新认识与新定位》，中国社会科学出版社，2011 年版。

27. 李景治等：《中国和平发展与构建和谐世界研究》，中国人民大学出版社，2011 年版。

28. 杨发喜：《从协和万邦到建设和谐世界》，人民出版社，

2008 年版。

29. 李秋发：《建设和谐世界研究》，军事科学出版社，2010 年版。

30. 俞正樑等：《21 世纪全球政治新范式》，复旦大学出版社，2005 年版。

31. 陈建编著：《外交，让世界走向和谐》，中国人民大学出版社，2012 年版。

32. 赵智奎：《改革开放 30 年思想史》（3 卷本），人民出版社，2008 年版。

33. 张蕴岭等：《构建和谐世界：理论与实践》，社会科学文献出版社，2008 年版。

34. 胡树祥主编：《中国外交与国际发展战略研究》，中国人民大学出版社，2009 年版。

35. 秦治来：《和平 · 发展 · 合作——为什么要推动建设和谐世界?》，人民出版社，2008 年版。

后　记

2012年11月，在中国特色社会主义现代化建设的关键时期，我党召开了具有承前启后、继往开来重大历史意义的十八大。十八大对于凝聚全党全国各族人民的共识，坚定对中国特色社会主义的道路自信、理论自信和制度自信，向实现中华民族伟大复兴的中国梦迈进，无疑具有重大历史作用，对凝聚国内外各种社会力量，攻坚克难，进一步解放思想，深化改革开放，努力完成“两个一百年”的奋斗目标具有巨大的指导、动员和激励作用。为深入贯彻落实党的十八大精神，上海市委宣传部与上海市社会科学规划办公室迅速推出了“党的十八大精神研究”系列课题。作为从事理论教学和研究工作的一员，出于政治责任和职业意识，我们积极参与了课题招标工作，并有幸获得了其中的《推动建设持久和平共同繁荣的和谐世界》课题研究任务。课题组成员经过反复讨论，充分研习国内外已有研究成果，走访咨询，把我们的学习体会汇编成册，初步完成了课题研究工作。期间以论文形式发表了两篇阶段性成果，还有几篇论文待发表。

在学习研究过程中，我们课题组成员既为我党推动建设和谐世界战略思想的独创性、科学性、合理性、深刻性、丰富性及其重大现实意义和深远的历史意义而兴奋、钦服，又对如何使这一具有深厚传统和时代特色、具有普遍世界意义和时代价值的重大战略思想付诸实践，为世界所接受，对促进人类和平与发展的崇高事业产生更大效应，推进和平、发展、合作、共赢之梦的实现，而深感责任重大。在向全面建成小康社会目标迈进、努力实现中国梦的新的历史征程中，一方面，中国的快速发展对世界产生的张力将越来越大；另一方面，我国发展面临的国际压力和阻力也会越来越大。实现中国梦及其世界图式任重道远。

解放思想、实事求是、与时俱进、求真务实，是科学发展观最鲜明的精神实质。实践发展永无止境，认识真理永无止境，理论创新永无止境。勇于实践、勇于变革、勇于创新，不断探索中国发展与世界发展的互动规律，是推动建设和谐世界的基本要求。如何使走和平发展道路、推动建设和谐世界战略思想在外交实践中落到实处，不断提高我国应对国际形势复杂变化、化解外部困局和风险的能力？如何进一步深化对这一战略思想的理论研究，使其既为我国外交实践提供切实有效的理论和政策指导，又向世界提供更加具有说服力和逻辑解释力的理论模式，并成为国际社会的公共精神产品？这需要社会各方面力量的共同努力，理论工作者当然责无旁贷。就思想资源而言，要深化对推动建设和谐世界的理论研究，必须进一步深化对传统文化时代价值的挖掘，从传统文化中汲取充分的养料；进一步深化对马克思主义国际关系思想，特别是我党外交思想史的研究，从中探索历史经验和智慧；进一步学习借鉴西方国际政治理论及相关学科的优秀成果，在此基础上进行综合集成创新，进一步充实、丰富、深化推动建设和谐世界战略思想的理论基础。就实践层面而言，要把这一重大战略思想付诸实践，并产生实效，必须坚持理论与实践相结合，进一步增强全球视野和战略思维，脚踏实地进行调查研究，跟踪观察国际形势的瞬息变化，及时作出科学判断，科学把握中国发展与世界发展的互动规律和特点，分阶段、分步骤、分领域、分层次、分对象地制定针对性的政策举措，使这一重大战略思想从理念层面转化为实践行动，落实到各个具体环节和具体领域，以实实在在的行动践行这一战略思想，让世界感知中国的“世界梦”的益处和美好远景。

领受课题研究任务后，尽管我们毫不懈怠，抓紧一切可利用的时间进行学习研究，但目前的成果仅仅是把我们的一些学习体会梳理成文、汇集成册而已。由于才疏学浅，时间紧迫，书中自有不少纰漏、谬误之处，恳请各位方家批评指正，以便在今后的学习研究中进一步提高和深化完善。

作者

2013 年 10 月